ŒUVRES COMPLÈTES

DE

LA FONTAINE

Nogent-le-Rotrou. — Imprimé par A. Gouverneur, avec les caractères elzeviriens de la Librairie Daffis.

ŒUVRES

COMPLÈTES

DE

LA FONTAINE

Publiées d'après les textes originaux

ACCOMPAGNÉES DE NOTES ET SUIVIES D'UN LEXIQUE

par

CH. MARTY-LAVEAUX

———

TOME I

FABLES

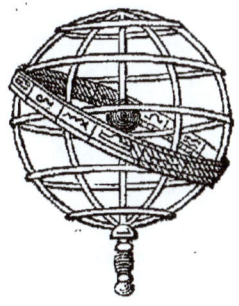

PARIS

PAUL DAFFIS, ÉDITEUR-PROPRIÉTAIRE

DE LA BIBLIOTHÈQUE ELZEVIRIENNE

7, rue Guénégaud

———

M DCCC LXIII

AVERTISSEMENT.

Nous n'éprouvons nul embarras à reprendre aujourd'hui la publication d'une édition, commencée il y a plus de quinze ans, et souvent interrompue par des causes indépendantes de notre volonté.

En effet nos opinions relatives au respect dû aux textes de nos grands écrivains ne se sont point modifiées, elles se sont seulement affermies.

Rien de ce qui forme la base même du travail n'est donc changé, mais nous nous écarterons en quelques points du plan primitif.

A la *Préface* annoncée comme devant se trouver en tête du premier volume nous substituerons des *Documents biographiques* et une *Etude sur la langue de La Fontaine* qui précéderont le *Lexique*.

Nous utiliserons dans ces derniers travaux les *avertissements provisoires* des volumes déjà publiés.

Nous avions condamné ces *avertissements provisoires* à disparaître; cependant, toute réflexion faite, peut-être que ceux de nos lecteurs qui sont curieux des moindres particularités de la constitution du texte, feront bien de les conserver.

CH. MARTY-LAVEAUX.

FABLES CHOISIES

MISES EN VERS

PAR M. DE LA FONTAINE (¹).

1. Tel est le titre modeste de toutes les éditions des Fables publiées du vivant de l'auteur. Nous suivons ici le texte de la dernière (5 parties, 1678 à 1694). Les six premiers livres ont paru d'abord en un volume in-4°. *A Paris, chez Claude Barbin.* Le privilége est du « 6 Juin 1667 » et l'achevé d'imprimer du « 31 Mars 1668. »

A MONSEIGNEUR

LE DAUPHIN.[1]

MONSEIGNEUR,

S'IL y a quelque chose d'ingenieux dans la Republique des Lettres, on peut dire que c'est la maniere dont Esope a debité sa Morale. Il seroit veritablement à souhaiter que d'autres mains que les miennes y eussent ajoûté les ornemens de la Poësie;

1. Louis, dauphin de France, appelé communément *le grand Dauphin*, fils de Louis XIV et de Marie-Thérèse d'Autriche, naquit à Fontainebleau le 1er novembre 1661 et mourut à Meudon le 14 avril 1711. Les six premiers livres de fables composant le recueil que La Fontaine lui offre ici furent achevés d'imprimer le 31 mars 1668. A cette époque le jeune prince avoit pour précepteur le président de Périgni, qui mourut en 1670 et fut alors remplacé par Bossuet. Richelet, qui, en 1689, a inséré cette dédicace dans un volume intitulé : *Les plus belles lettres des meilleurs auteurs françois, avec des notes*, fait la remarque suivante sur le titre de *Monseigneur* donné au Dauphin : « Sous le Regne de Henri IV. de Loüis XIII. et bien auparavant, on

puisque le plus sage des Anciens [1] *a jugé qu'ils n'y
étoient pas inutiles. J'ose,* MONSEIGNEUR, *vous en
presenter quelques Essais. C'est un Entretien convenable à vos premieres années. Vous estes en un
âge où l'amusement et les jeux sont permis aux
Princes; mais en mesme temps vous devez donner
quelques-unes de vos pensées à des réflections se-
rieuses. Tout cela se rencontre aux Fables que nous
devons à Esope. L'apparence en est puerile, je le
confesse; mais ces puerilitez servent d'envelope à
des veritez importantes.*

Je ne doute point, MONSEIGNEUR, *que vous ne
regardiez favorablement des Inventions si utiles, et
tout ensemble si agreables : car, que peut-on souhaiter davantage que ces deux poincts? Ce sont eux qui
ont introduit les Sciences parmy les hommes. Esope
a trouvé un Art singulier de les joindre l'un*

apelloit le Fils aîné du Roi de France, MONSIEUR. On l'a
nommé quelque tems de la même sorte sous Loüis XIV;
mais, depuis douze ou treize ans, Sa Majesté a voulu qu'on
nommât MONSEIGNEUR celui qu'on avoit apelé MONSIEUR,
et cela avec justice. On n'a fait que lui redonner la qualité
qu'il avoit euë avant le Regne de François I. On n'a
qu'à lire les *Cent Nouvelles nouvelles*, et l'on verra que je ne
dis rien là-dessus que de vrai. »

1. Il n'est pas fort difficile de deviner que par cette pé-
riphrase : *le plus Sage des Anciens*, La Fontaine veut dési-
gner Socrate. Aujourd'hui on préféreroit avec raison se
servir tout simplement du nom propre; il n'en étoit pas de
même alors. Bouhours, dans ses *Remarques nouvelles*, publiées en 1675, consacre un long article à cette question à
propos des noms d'Epaminondas et de Cambyse dont les
prédicateurs et les avocats avoient, à ce qu'il rapporte,
singulièrement abusé. « M. Fléchier, dit-il, aime mieux *un
Ancien* tout pur, que *Thucidide*, *Xénophon*; d'autres Ecrivains
préferent *un Sage* à *Socrate*, et *un Poëte* à *Juvénal*. » (Edit.
in-4°, p. 147.)

avec l'autre. La lecture de son Ouvrage répand insensiblement dans une ame les semences de la vertu,
et luy apprend à se connoistre, sans qu'elle s'apper-
çoive de cette étude, et tandis qu'elle croit faire
toute autre chose. C'est une Adresse dont s'est servi
tres-heureusement celuy sur lequel sa Majesté a
jetté les yeux pour vous donner des Instructions. Il
fait en sorte que vous apprenez sans peine, ou,
pour mieux parler, avec plaisir, tout ce qu'il est
necessaire qu'un Prince sçache. Nous esperons beaucoup de cette Conduite; mais à dire la vérité, il y a
des choses dont nous esperons infiniment davantage.
Ce sont, MONSEIGNEUR, les qualitez que nostre
Invincible Monarque vous a données avec la Naissance; c'est l'Exemple que tous les jours il vous
donne. Quand vous le voyez former de si grands
Desseins; quand vous le considerez qui regarde
sans s'étonner l'agitation de l'Europe, et les machines qu'elle remuë pour le détourner de son entreprise; quand il penetre dés sa premiere démarche
jusques dans le cœur d'une Province où l'on trouve
à chaque pas des Barrieres insurmontables, et qu'il
en subjugue une autre en huit jours ¹, pendant la
saison la plus ennemie de la guerre, lors que le
repos et les plaisirs regnent dans les Cours des

---

1. Cette province subjuguée *en huit jours*, est la Franche-
Comté qui venoit d'être soumise plus rapidement encore
que ne l'avoit été la Flandre l'année précédente. Corneille a
dit dans des stances *Au Roy sur sa conqueste de la Franche-
Comté* :

> Et ta course en neuf jours achève une carriere
> Que l'on verroit couster un siècle à d'autres Rois.

Voyez dans mon édition de Corneille, tome X, p. 224,
la note relative au premier de ces deux vers.

autres Princes; quand non content de dompter les hommes, il veut triompher aussi des Elemens; et quand au retour de cette Expedition où il a vaincu comme un Alexandre, vous le voyez gouverner ses peuples comme un Auguste; avoüez le vray, MONSEIGNEUR, vous soûpirez pour la gloire aussi bien que luy, malgré l'impuissance de vos années; vous attendez avec impatience le temps où vous pourrez vous declarer son Rival dans l'amour de cette divine Maistresse. Vous ne l'attendez pas, MONSEIGNEUR, vous le prevenez. Je n'en veux pour témoignage que ces nobles inquietudes, cette vivacité, cette ardeur, ces marques d'esprit, de courage, et de grandeur d'ame que vous faites paroistre à tous les momens. Certainement c'est une joye bien sensible à nostre Monarque, mais c'est un spectable bien agreable pour l'Univers que de voir ainsi croistre une jeune Plante qui couvrira un jour de son ombre tant de Peuples et de Nations. Je devrois m'étendre sur ce sujet; mais comme le dessein que j'ay de vous divertir est plus proportionné à mes forces que celuy de vous loüer, je me haste de venir aux Fables, et n'ajoûteray aux veritez que je vous ay dites que celles-cy : c'est, MONSEIGNEUR, que je suis avec un zele respectueux,

Votre tres-humble, tres-obeïssant,
et tres-fidelle serviteur,

DE LA FONTAINE.

PREFACE.

L'INDULGENCE que l'on a euë pour quelques-unes de mes Fables, me donne lieu d'esperer la mesme grace pour ce Recueil. Ce n'est pas qu'un des Maistres de nostre Eloquence n'ait dés-approuvé le dessein de les mettre en Vers. Il a creu que leur principal ornement est de n'en avoir aucun, que d'ailleurs la contrainte de la Poësie jointe à la severité de nostre Langue m'embarrassoient en beaucoup d'endroits, et banniroient de la pluspart de ces Recits la breveté, qu'on peut fort bien appeller l'ame du Conte, puisque sans elle il faut necessairement qu'il languisse. Cette opinion ne sçauroit partir que d'un homme d'excellent goust [1] :

1. Cet homme « d'excellent goust », qui dissuadoit La Fontaine d'écrire ses fables, étoit l'avocat Olivier Patru. La

je demanderois seulement qu'il en relaschast
quelque peu, et qu'il creust que les Graces La-
cedémoniennes ne sont pas tellement ennemies
des Muses Françoises, que l'on ne puisse souvent les faire marcher de compagnie.

Aprés tout, je n'ay entrepris la chose que sur
l'exemple, je ne veux pas dire des Anciens,
qui ne tire point à consequence pour moy, mais
sur celuy des Modernes. C'est de tous temps, et
chez tous les peuples qui font profession de
Poësie, que le Parnasse a jugé cecy de son
Appanage. A peine les Fables qu'on attribuë à

troisième et la quatrième de ses *lettres à Olinde*, écrites en
1659, nous offrent des modèles de ces apologues en prose
sans aucun ornement, auxquels il vouloit qu'on s'en tînt.
Leur extrême briéveté nous permet de les mettre sous les
yeux du lecteur qui pourra les comparer aux fables dans
lesquelles La Fontaine a traité les mêmes sujets.

Apologue de l'Idole.

Un pauvre homme qui avoit chez lui un dieu de bois,
prioit tous les jours ce dieu de le tirer de la misere où il
se trouvoit. Enfin voyant que toutes ses dévotions lui
étoient infructueuses, de dépit il prend l'Idole, et le jettant
de grande force contre terre, il le met en pieces. L'Idole
au dedans étoit plein d'or; et aussitôt qu'il fut brisé, cet
or parut. Le pauvre homme le ramasse, et s'écrie en le
ramassant : Que tu es méchant! Que tu es ingrat! Quand
je t'adorois, tu ne m'as fait aucun bien; et maintenant que
je viens de t'outrager, tu m'as enrichi.

Apologue du Vieillard et de la Mort.

Un pauvre homme chargé d'années, coupe du bois dans
une forêt, et l'emporte sur ses épaules. Après avoir che-
miné longtemps avec grand travail, enfin le cœur et les
forces lui manquant, il jette son fardeau par terre, et las
d'une vie si malheureuse, souhaite et appelle cent fois la
mort. La mort vient, et lui demande ce qu'il veut d'elle. Le
vieillard épouvanté : Je veux, dit-il, que tu m'aides à me
charger.

Esope virent le jour, que Socrate trouva à propos de les habiller des livrées des Muses. Ce que Platon en rapporte est si agreable, que je ne puis m'empescher d'en faire un des ornemens de cette Preface. Il dit que Socrate estant condamné au dernier supplice, l'on remit l'execution de l'Arrest à cause de certaines Festes. Cebes l'alla voir le jour de sa mort. Socrate luy dit que les Dieux l'avoient averty plusieurs fois pendant son sommeil, qu'il devoit s'appliquer à la Musique avant qu'il mourust. Il n'avoit pas entendu d'abord ce que ce songe signifioit : car comme la Musique ne rend pas l'homme meilleur, à quoy bon s'y attacher ? Il faloit qu'il y eust du mystere là-dessous ; d'autant plus que les Dieux ne se lassoient point de luy envoyer la mesme inspiration. Elle luy estoit encore venuë une de ces Festes. Si bien qu'en songeant aux choses que le Ciel pouvoit exiger de luy, il s'estoit avisé que la Musique et la Poësie ont tant de rapport, que possible estoit-ce de la derniere qu'il s'agissoit : Il n'y a point de bonne Poësie sans Harmonie ; mais il n'y en a point non plus sans fiction ; et Socrate ne sçavoit que dire la verité. Enfin il avoit trouvé un temperament. C'estoit de choisir des Fables qui continssent quelque chose de veritable, telles que sont celles d'Esope. Il employa donc à les mettre en Vers les derniers momens de sa vie.

Socrate n'est pas le seul qui ait consideré comme sœurs, la Poësie et nos Fables. Phedre a témoigné qu'il estoit de ce sentiment ; et par l'excellence de son Ouvrage nous pouvons

juger de celui du Prince des Philosophes. Aprés
Phèdre, Avienus a traité le mesme sujet. Enfin
les Modernes les ont suivis. Nous en avons des
exemples non-seulement chez les Estrangers,
mais chez nous. Il est vray que lors que nos
gens y ont travaillé, la Langue estoit si diffe-
rente de ce qu'elle est, qu'on ne les doit considerer que comme Estrangers. Cela ne m'a point
détourné de mon Entreprise; au contraire, je
me suis flaté de l'esperance que si je ne courois
dans cette Carriere avec succez, on me donne-
roit au moins la gloire de l'avoir ouverte.

Il arrivera possible que mon travail fera
naistre à d'autres personnes l'envie de porter la
chose plus loin. Tant s'en faut que cette matiere soit épuisée, qu'il reste encore plus de
Fables à mettre en Vers, que je n'en ay mis.
J'ay choisi veritablement les meilleures, c'est-à-
dire celles qui m'ont semblé telles. Mais outre
que je puis m'estre trompé dans mon choix,
il ne sera pas difficile de donner un autre
tour à celles-là mesme que j'ay choisies; et si
ce tour est moins long, il sera sans doute plus
approuvé. Quoy qu'il en arrive, on m'aura toûjours obligation; soit que ma temerité ait esté
heureuse, et que je ne me sois point trop écarté
du chemin qu'il faloit tenir, soit que j'aye seulement excité les autres à mieux faire.

Je pense avoir justifié suffisamment mon dessein; quant à l'execution, le Public en sera
juge. On ne trouvera pas icy l'elegance ni l'ex-
tréme breveté, qui rendent Phèdre recommand-
dable; ce sont qualitez au dessus de ma por-

tée. Comme il m'étoit impossible de l'imiter en
cela, j'ay crû qu'il faloit en recompense égayer
l'Ouvrage plus qu'il n'a fait. Non que je le
blasme d'en estre demeuré dans ces termes : la
Langue Latine n'en demandoit pas davantage;
et si l'on y veut prendre garde, on reconnoistra dans cét Auteur le vray Caractere et le vray
Genie de Terence. La simplicité est magnifique
chez ces grands hommes : moy qui n'ay pas
les perfections du langage comme ils les ont
euës, je ne la puis élever à un si haut point.
Il a donc falu se recompenser d'ailleurs; c'est
ce que j'ay fait avec d'autant plus de hardiesse
que Quintillien dit qu'on ne sçauroit trop égayer
les Narrations [1]. Il ne s'agit pas icy d'en apporter une raison; c'est assez que Quintillien l'ait
dit. J'ay pourtant consideré que ces Fables
estant sceuës de tout le monde, je ne ferois rien
si je ne les rendois nouvelles par quelques traits
qui en relevassent le goust. C'est ce qu'on demande aujourd'huy. On veut de la nouveauté et
de la gayeté. Je n'appelle pas gayeté ce qui
excite le rire; mais un certain charme, un air
agreable qu'on peut donner à toutes sortes de
sujets, mesme les plus serieux.

Mais ce n'est pas tant par la forme que j'ay
donnée à cét Ouvrage qu'on en doit mesurer le
prix, que par son utilité et par sa matiere. Car
qu'y a-t-il de recommandable dans les produc-

---

1. Ego vero narrationem... ut si ullam partem orationis
omni qua potest gratia et venere exornandam puto. Quint.
Inst. orat., IV, 2.

tions de l'esprit, qui ne se rencontre dans l'Apologue ? C'est quelque chose de si divin, que plusieurs personnages de l'Antiquité ont attribué la
plus grande partie de ces Fables à Socrate,
choisissant pour leur servir de Pere, celuy des
mortels qui avoit le plus de communication avec
les Dieux. Je ne sçais comme ils n'ont point fait
descendre du Ciel ces mesmes Fables, et comme
ils ne leur ont point assigné un Dieu qui en eust
la Direction, ainsi qu'à la Poësie et à l'Eloquence. Ce que je dis n'est pas tout-à-fait sans
fondement; puisque s'il m'est permis de mesler
ce que nous avons de plus sacré parmy les
erreurs du Paganisme, nous voyons que la Verité a parlé aux hommes par Paraboles; et la
Parabole est-elle autre chose que l'Apologue,
c'est-à-dire un exemple fabuleux, et qui s'in-
sinuë avec d'autant plus de facilité et d'effet,
qu'il est plus commun et plus familier ? Qui ne
nous proposeroit à imiter que les maistres de la
Sagesse, nous fourniroit un sujet d'excuse; il
n'y en a point quand des Abeilles et des Fourmis
sont capables de cela mesme qu'on nous demande.

C'est pour ces raisons que Platon ayant
banny Homere de sa Republique, y a donné à
Esope une place tres-honorable. Il souhaite que
les enfans succent ces Fables avec le lait : il re-
commande aux Nourrices de les leur apprendre;
car on ne sauroit s'accoûtumer de trop bonne-
heure à la sagesse et à la vertu : Plûtost que
d'estre reduits à corriger nos habitudes, il faut
travailler à les rendre bonnes, pendant qu'elles

sont encore indifferentes au bien ou au mal. Or quelle methode y peut contribuër plus utilement que ces Fables? Dites à un enfant que Crassus allant contre les Parthes, s'engagea dans leur Païs sans considerer comment il en sortiroit : que cela le fit perir luy et son armée, quelque effort qu'il fist pour se retirer. Dites au mesme enfant, que le Renard et le Bouc descendirent au fond d'un puits pour y éteindre leur soif : que le Renard en sortit s'étant servy des épaules et des cornes de son Camarade comme d'une échelle : au contraire le Bouc y demeura pour n'avoir pas eu tant de prévoyance, et par consequent il faut considerer en toute chose la fin. Je demande lequel de ces deux exemples fera le plus d'impression sur cét enfant. Ne s'arrestera-t-il pas au dernier, comme plus conforme et moins disproportionné que l'autre à la petitesse de son esprit? Il ne faut pas m'alleguer que les pensées de l'enfance sont d'elles-mesmes assez enfantines, sans y joindre encore de nouvelles Badineries. Ces Badineries ne sont telles qu'en apparence, car dans le fond elles portent un sens tres-solide. Et comme par la definition du Point, de la Ligne, de la Surface, et par d'autres principes tres-familiers nous parvenons à des connoissances qui mesurent enfin le Ciel et la Terre; de mesme aussi, par les raisonnemens et consequences que l'on peut tirer de ces Fables, on se forme le jugement et les mœurs, on se rend capable des grandes choses.

Elles ne sont pas seulement Morales; elles donnent encore d'autres connoissances. Les

proprietez des Animaux, et leurs divers Carac-
teres y sont exprimez; par consequent les nostres aussi, puisque nous sommes l'abregé de ce
qu'il y a de bon et de mauvais dans les creatures
irraisonnables. Quand Promethée voulut former
l'homme, il prit la qualité dominante de chaque
Beste. De ces pieces si differentes il composa
nostre espece, il fit cét Ouvrage qu'on appelle
le petit monde. Ainsi ces Fables sont un Tableau
où chacun de nous se trouve dépeint. Ce qu'elles
nous representent confirme les personnes d'âge
avancé dans les connoissances que l'usage leur
a données, et apprend aux enfans ce qu'il faut
qu'ils sçachent. Comme ces derniers sont nou-
veau-venus dans le monde, ils n'en connoissent
pas encore les habitans, ils ne se connoissent
pas eux mesmes. On ne les doit laisser dans
cette ignorance que le moins qu'on peut : il leur
faut apprendre ce que c'est qu'un Lion, un Renard, ainsi du reste; et pourquoy l'on compare
quelquefois un homme à ce Renard ou à ce
Lion. C'est à quoy les Fables travaillent : les
premieres Notions de ces choses proviennent
d'elles.

J'ay deja passé la longueur ordinaire des
Prefaces; cependant je n'ay pas encore rendu
raison de la conduite de mon Ouvrage. L'Apologue est composé de deux parties, dont on
peut appeller l'une le Corps, l'autre l'Ame.
Le Corps est la Fable, l'Ame la Moralité.
Aristote n'admet dans la Fable que les Animaux; il en exclud les hommes et les Plantes.
Cette Regle est moins de necessité que de bien-

seance, puisque ny Esope, ny Phedre, ny aucun des Fabulistes ne l'a gardée ; tout au contraire de la Moralité dont aucun ne se dispense. Que s'il m'est arrivé de le faire, ce n'a esté que dans les endroits où elle n'a pû entrer avec grace, et où il est aisé au Lecteur de la suppléer. On ne considere en France que ce qui plaist. C'est la grande regle, et pour ainsi dire la seule. Je n'ay donc pas creu que ce fust un crime de passer par-dessus les anciennes Coûtumes, lors que je ne pouvois les mettre en usage sans leur faire tort. Du temps d'Esope, la Fable estoit contée simplement, la Moralité separée, et toûjours ensuite. Phedre est venu, qui ne s'est pas assujetty à cét Ordre : il embellit la Narration, et transporte quelquefois la Moralité de la fin au commencement. Quand il seroit necessaire de luy trouver place, je ne manque à ce précepte que pour en observer un qui n'est pas moins important. C'est Horace qui nous le donne. Cét Auteur ne veut pas qu'un Ecrivain s'opiniastre contre l'incapacité de son esprit, ni contre celle de sa matiere. Jamais, à ce qu'il prétend, un homme qui veut reüssir n'en vient jusques-là : il abandonne les choses dont il voit bien qu'il ne sçauroit rien faire de bon.

Et quæ
Desperat tractata nitescere posse, relinquit [1].

C'est ce que j'ay fait à l'égard de quelques Moralitez, du succez desquelles je n'ay pas bien espéré.

---

1. HORAT., *Ars poet.*, v. 150.

Il ne reste plus qu'à parler de la vie d'Esope.
Je ne vois presque personne qui ne tienne pour
Fabuleuse celle que Planude nous a laissée. On
s'imagine que cét Auteur a voulu donner à son
Heros un Caractere, et des avantures qui ré-
pondissent à ses Fables. Cela m'a paru d'abord
specieux ; mais j'ay trouvé à la fin peu de cer-
titude en cette Critique. Elle est en partie fon-
dée sur ce qui se passe entre Xantus et Esope :
on y trouve trop de niaiseries : et qui est le
Sage à qui de pareilles choses n'arrivent point ?
Toute la vie de Socrate n'a pas esté serieuse.
Ce qui me confirme en mon sentiment, c'est
que le Caractere que Planude donne à Esope,
est semblable à celuy que Plutarque luy a donné
dans son Banquet des sept-Sages, c'est-à-dire
d'un homme subtil, et qui ne laisse rien passer.
On me dira que le Banquet des sept-Sages est
aussi une invention. Il est aisé de douter de
tout : quant à moy je ne vois pas bien pourquoy Plutarque auroit voulu imposer à la postérité dans ce Traité-là, luy qui fait profession
d'estre veritable par tout ailleurs, et de conserver à chacun son Caractere. Quand cela seroit,
je ne sçaurois que mentir sur la foy d'autruy :
me croira-t-on moins que si je me m'arreste à
la mienne ? car ce que je puis est de composer
un tissu de mes Conjectures, lequel j'intituleray
Vie d'Esope. Quelque vraysemblable que je le
rende, on ne s'y asseurera pas ; et Fable pour
Fable le Lecteur preferera toûjours celle de
Planude à la mienne.

LA VIE D'ESOPE

LE PHRYGIEN.

ous n'avons rien d'asseuré touchant la naissance d'Homere et d'Esope. A peine mesme scait-on ce qui leur est arrivé de plus remarquable. C'est dequoy[1] il y a lieu de s'étonner, veu que l'Histoire ne rejette pas des choses moins agreables et moins necessaires que celle-là[2]. Tant de destructeurs de Nations, tant de Princes sans merite, ont trouvé des gens qui nous ont appris jusqu'aux moindres particularitez de leur vie, et nous ignorons les plus importantes de celles d'Esope et d'Homere, c'est-à-dire des deux personnages qui ont le mieux merité des Siecles suivans. Car Homere n'est pas seulement le Pere des Dieux, c'est aussi celuy des bons Poëtes. Quant à Esope, il me semble qu'on le devoit mettre au nombre des Sages, dont la Grece s'est

---

1. On lit dans l'édition de 1668 : C'est dont il y a lieu de s'étonner.
2. Ainsi dans les éditions publiées du vivant de l'auteur. *Celles-là* dans toutes les éditions modernes.

tant vantée, luy qui enseignoit la veritable Sagesse,
et qui l'enseignoit avec bien plus d'art que ceux qui
en donnent des Definitions et des Regles. On a veritablement recueilly les vies de ces deux grands
Hommes; mais la pluspart des Sçavans les tiennent
toutes deux fabuleuses; particulierement celle que
Planude a écrite. Pour moy, je n'ay pas voulu
m'engager dans cette Critique. Comme Planude vivoit
dans un siecle où la memoire des choses arrivées à
Esope ne devoit pas estre encore éteinte, j'ay crû qu'il
sçavoit par tradition ce qu'il a laissé[1]. Dans cette
croyance je l'ay suivy, sans retrancher de ce qu'il a
dit d'Esope que ce qui m'a semblé trop puerile ou qui
s'écartoit en quelque façon de la bien-seance.

Esope estoit Phrygien, d'un Bourg appellé Amo-
rium. Il nacquit vers la cinquante-septiéme Olym-
piade, quelque deux cens ans aprés la fondation de
Rome. On ne sçauroit dire s'il eut sujet de remercier
la Nature, ou bien de se plaindre d'elle : car en le
doüant d'un tres-bel esprit, elle le fit naistre difforme
et laid de visage, ayant à peine figure d'homme;
jusqu'à luy refuser presque entierement l'usage
de la parole. Avec ces defauts, quand il n'auroit
pas esté de condition à estre Esclave, il ne pouvoit
manquer de le devenir. Au reste, son ame se maintint toûjours libre, et indépendante de la fortune.
Le premier Maistre qu'il eut, l'envoya aux champs
labourer la terre; soit qu'il le jugeast incapable de
toute autre chose, soit pour s'oster de devant les
yeux un objet si desagreable. Or il arriva que ce
Maistre estant allé voir sa maison des champs, un
Païsan lui donna des Figues : il les trouva belles, et
les fit serrer fort soigneusement, donnant ordre à son

1. L'intervalle entre Esope et Planude étoit de 1800 ans
au moins. La Fontaine semble ne pas s'en être rendu
compte; à moins qu'il ne faille voir là une de ces distrac-
tions auxquelles il étoit sujet.

Sommelier, appelé Agathopus, de les luy apporter au sortir du bain. Le hazard voulut qu'Esope eut affaire dans le logis. Aussi-tost qu'il y fut entré, Agathopus se servit de l'occasion, et mangea les Figues avec quelques-uns de ses Camarades; puis ils rejetterent cette friponnerie sur Esope, ne croyant pas qu'il se pust jamais justifier, tant il estoit begue, et paroissoit idiot. Les chastimens dont les Anciens usoient envers leurs Esclaves, estoient fort cruels, et cette faute tres-punissable. Le pauvre Esope se jetta aux pieds de son Maistre; et se faisant entendre du mieux qu'il pût, il témoigna qu'il demandoit pour toute grace qu'on sursist de quelques momens sa punition. Cette grace luy ayant esté accordée, il alla querir de l'eau tiede, la bût en presence de son Seigneur, se mit les doigts dans la bouche; et ce qui s'ensuit; sans rendre autre chose que cette eau seule. Aprés s'estre ainsi justifié, il fit signe qu'on obligeast les autres d'en faire autant. Chacun demeura surpris : on n'auroit pas crû qu'une telle invention pûst partir d'Esope. Aga-thopus et ses Camarades ne parurent point étonnez. Ils bûrent de l'eau comme le Phrygien avoit fait, et se mirent les doigts dans la bouche; mais ils se gar-dèrent bien de les enfoncer trop avant. L'eau ne laissa pas d'agir, et de mettre en evidence les Figues toutes cruës encore, et toutes vermeilles. Par ce moyen Esope se garantit; ses accusateurs furent punis dou-blement, pour leur gourmandise et pour leur méchan-ceté. Le lendemain, aprés que leur Maistre fut party, et le Phrygien estant à son travail ordinaire, quelques Voyageurs égarez (aucuns disent que c'estoient des Prestres de Diane) le prierent au nom de Jupiter Hospitalier qu'il leur enseignast le chemin qui con-duisoit à la Ville. Esope les obligea premierement de se reposer à l'ombre; puis leur ayant presenté une legere collation, il voulut estre leur guide, et ne les quitta qu'aprés qu'il les eut remis dans leur chemin. Les bonnes gens leverent les mains au Ciel, et prierent

Jupiter de ne pas laisser cette action charitable sans
recompense. A peine Esope les eut quittez, que le
chaud et la lassitude le contraignirent de s'endormir.
Pendant son sommeil il s'imagina que la Fortune
estoit debout devant luy, qui luy délioit la langue,
et par mesme moyen luy faisoit présent de cét art
dont on peut dire qu'il est l'Auteur. Réjouy de cette
avanture, il s'éveilla en sursaut; et en s'éveillant.
Qu'est-cecy? dit-il, ma voix est devenuë libre; je
prononce bien un rasteau, une charruë, tout ce que
je veux. Cette merveille fut cause qu'il changea de
Maistre. Car comme un certain Zenas qui estoit là en
qualité d'Oeconome, et qui avoit l'œil sur les Esclaves,
en eut batu un outrageusement pour une faute qui ne
le meritoit pas, Esope ne put s'empescher de le
reprendre; et le menaça que ses mauvais traitemens
seroient sceus; Zenas pour le prevenir, et pour se
vanger de luy, alla dire au Maistre qu'il estoit arrivé
un prodige dans sa maison : que le Phrygien avoit
recouvré la parole; mais que le méchant ne s'en servoit qu'à blasphemer, et à médire de leur Seigneur.
Le Maistre le crût, et passa bien plus avant, car il
luy donna Esope, avec liberté d'en faire ce qu'il voudroit. Zenas de retour aux champs, un Marchand
l'alla trouver, et luy demanda si pour de l'argent il
le vouloit accommoder de quelque Beste de somme.
Non pas cela, dit Zenas, je n'en ay pas le pouvoir;
mais je te vendray si tu veux un de nos Esclaves.
Là-dessus ayant fait venir Esope, le Marchand dit :
Est-ce afin de te mocquer que tu me proposes l'achapt
de ce personnage? On le prendroit pour un Outre[1].
Dés que le Marchand eut ainsi parlé, il prit congé

---

1. Nous suivons, comme nous l'avons annoncé, l'édition
de 1678-1694, mais on lit *une outre* dans l'édition de
1668. Cette variante s'explique par les changements de
genre que ce mot a subis. Voir le *lexique* à la fin des
œuvres.

d'eux, partie murmurant, partie riant de ce bel objet.
Esope le rappela, et luy dit : Achepte-moy hardiment :
je ne te seray pas inutile. Si tu as des enfants qui
crient et qui soient méchans, ma mine les fera taire :
on les menacera de moy comme de la Beste. Cette
raillerie plût au Marchand. Il achepta nostre Phrygien trois oboles, et dit en riant : Les Dieux soient
loüez ; je n'ay pas fait grande acquisition à la vérité,
aussi n'ay-je pas déboursé grand argent. Entre-autres
denrées, ce Marchand trafiquoit d'Esclaves. Si bien
qu'allant à Ephese pour se defaire de ceux qu'il avoit,
ce que chacun d'eux devoit porter pour la commodité du voyage fut départy selon leur employ et selon
leurs forces. Esope pria que l'on eust égard à sa taille ;
qu'il estoit nouveau venu, et devoit estre traité doucement. Tu ne porteras rien, si tu veux, luy repartirent
ses Camarades. Esope se picqua d'honneur, et voulut
avoir sa charge comme les autres. On le laissa donc
choisir. Il prit le Panier au pain ; C'estoit le fardeau
le plus pesant. Chacun crût qu'il l'avoit fait par
bestise : mais dés la disnée le Panier fut entamé, et
le Phrygien déchargé d'autant ; ainsi le soir, et de
mesme le lendemain ; de façon qu'au bout de deux
jours il marchoit à vuide. Le bon sens et le raisonne-
ment du personnage furent admirez. Quant au Marchand, il se défit de tous ses Esclaves, à la reserve
d'un Grammairien, d'un Chantre, et d'Esope, lesquels
il alla exposer en vente à Samos. Avant que de les
mener sur la place, il fit habiller les deux premiers le
plus proprement qu'il pût, comme chacun farde sa
marchandise. Esope au contraire ne fut vestu que
d'un sac, et placé entre ses deux Compagnons, afin
de leur donner lustre. Quelques acheteurs se presen-
terent ; entre autres un Philosophe appellé Xantus.
Il demanda au Grammairien et au Chantre ce qu'ils
sçavoient faire : Tout, reprirent-ils. Cela fit rire le
Phrygien, on peut s'imaginer de quel air. Planude
rapporte qu'il s'en falut peu qu'on ne prist la fuite,

tant il fit une effroyable grimace. Le Marchand fit son Chantre mille oboles, son Grammairien trois mille, et en cas que l'on achetast l'un des deux, il devoit donner Esope par dessus le marché. La cherté du Grammairien et du Chantre dégoûta Xantus. Mais pour ne pas retourner chez soy sans avoir fait quelque emplete, ses disciples lui conseillerent d'acheter ce petit bout d'homme qui avoit ry de si bonne grace : on en feroit un épouvantail : il divertiroit les gens par sa mine. Xantus se laissa persuader, et fit prix d'Esope à soixante oboles. Il luy demanda devant que de l'acheter, à quoy il luy seroit propre; comme il l'avoit demandé à ses Camarades. Esope répondit, à rien, puisque les deux autres avoient tout retenu pour eux. Les Commis de la Doüane remirent genereusement à Xantus le sol pour livre, et luy en donnerent quitance sans rien payer. Xantus avoit une femme de goust assez délicat, et à qui toutes sortes de gens ne plaisoient pas; si bien que de luy aller presenter serieusement son nouvel Esclave, il n'y avoit pas d'apparence; à moins qu'il ne la voulust mettre en colere, et se faire mocquer de luy. Il jugea plus à propos d'en faire un sujet de plaisanterie; et alla dire au logis qu'il venoit d'acheter un jeune Esclave le plus beau du monde et le mieux fait. Sur cette nouvelle, les filles qui servoient sa femme se penserent battre à qui l'auroit pour son serviteur; mais elles furent bien étonnées quand le Personnage parut. L'une se mit la main devant les yeux, l'autre s'enfuit, l'autre fit un cry. La Maistresse du logis dit que c'estoit pour la chasser qu'on luy amenoit un tel Monstre: qu'il y avoit long-temps que le Philosophe se lassoit d'elle. De parole en parole le differend s'échauffa, jusqu'à tel poinct que la femme demanda son bien, et voulut se retirer chez ses parens. Xantus fit tant par sa patience, et Esope par son esprit, que les choses s'accommoderent. On ne parla plus de s'en aller, et peut-être que l'accoûtumance effaça

à la fin une partie de la laideur du nouvel Esclave.
Je laisseray beaucoup de petites choses où il fit
paroistre la vivacité de son esprit : car quoy qu'on
puisse juger par là de son Caractere, elles sont de
trop peu de consequence pour en informer la poste-
rité. Voicy seulement un échantillon de son bon sens
et de l'ignorance de son Maistre. Celuy-cy alla chez
un Jardinier se choisir luy-mesme une salade. Les
herbes cüeillies, le Jardinier le pria de luy satisfaire
l'esprit sur une difficulté qui regardoit la Philosophie
aussi-bien que le Jardinage. C'est que les herbes qu'il
plantoit et qu'il cultivoit avec un grand soin ne profi-
toient point, tout au contraire de celles que la terre
produisoit d'elle-mesme, sans culture ny amendement.
Xantus rapporta le tout à la Providence, comme on
a coûtume de faire quand on est court. Esope se mit
à rire; et ayant tiré son Maistre à part, il luy conseilla de dire à ce Jardinier qu'il luy avoit fait une
réponse ainsi generale, parce que la question n'estoit
pas digne de luy; il le laissoit donc avec son garçon,
qui asseurément le satisferoit. Xantus s'estant allé
promener d'un autre costé du Jardin, Esope compara
la terre à une femme, qui ayant des enfans d'un premier mary en épouseroit un second qui auroit aussi
des enfans d'une autre femme : Sa nouvelle Espouse
ne manqueroit pas de concevoir de l'aversion pour
ceux-cy, et leur osteroit la nourriture, afin que les
siens en profitassent. Il en estoit ainsi de la terre, qui
n'adoptoit qu'avec peine les productions du travail et
de la culture, et qui reservoit toute sa tendresse et
tous ses bien-faits pour les siennes seules; elle estoit
marastre des unes, et mere passionnée des autres.
Le Jardinier parut si content de cette raison qu'il
offrit à Esope tout ce qui étoit dans son Jardin.
Il arriva quelque temps après un grand differend
entre le Philosophe et sa Femme. Le Philosophe
estant de festin mit à part quelques friandises ; et dit
à Esope. Va porter cecy à ma bonne Amie. Esope

l'alla donner à une petite Chienne qui estoit les delices de son Maistre. Xantus de retour ne manqua pas de demander des nouvelles de son Present, et si on l'avoit trouvé bon. Sa femme ne comprenoit rien à ce langage : On fit venir Esope pour l'éclaircir. Xantus qui ne cherchoit qu'un pretexte pour le faire battre, luy demanda s'il ne luy avoit pas dit expressement : Va-t-en porter de ma part ces friandises à ma bonne amie. Esope répondit là-dessus que la bonne amie n'estoit pas la femme, qui pour la moindre parole menaçoit de faire un divorce, c'estoit la Chienne qui enduroit tout, et qui revenoit faire caresses aprés qu'on l'avoit battuë. Le Philosophe demeura court ; mais sa femme entra dans une telle colere, qu'elle se retira d'avec luy. Il n'y eut parent ny amy par qui Xantus ne lui fist parler, sans que les raisons ny les prieres y gagnassent rien. Esope s'avisa d'un stratagême. Il acheta force gibier, comme pour une nopce considerable, et fit tant qu'il fut rencontré par un des domestiques de sa Maistresse. Celuy-cy luy demanda pourquoy tant d'apprests. Esope lui dit que son Maistre, ne pouvant obliger sa femme de revenir, en alloit épouser une autre. Aussi-tost que la Dame sceut cette nouvelle, elle retourna chez son Mary par esprit de contradiction, ou par jalousie. Ce ne fut pas sans la garder bonne à Esope, qui tous les jours faisoit de nouvelles pieces à son Maistre, et tous les jours se sauvoit du chastiment par quelque trait de subtilité. Il n'estoit pas possible au Philosophe de le confondre. Un certain jour de marché, Xantus qui avoit dessein de regaler quelques uns de ses Amis, luy commanda d'acheter ce qu'il y auroit de meilleur, et rien autre chose. Je t'apprendray, dit en soy-mesme le Phrygien, à specifier ce que tu souhaites, sans t'en remettre à la discretion d'un Esclave. Il n'acheta donc que des langues, lesquelles il fit accommoder à toutes les sausses : l'Entrée, le Second, l'Entre-mets, tout ne fut que langues. Les Conviez loüerent d'abord le choix de ce Mets, à la fin, ils s'en dégoûterent. Ne t'ay-je pas commandé, dit Xantus, d'acheter ce qu'il y auroit de meilleur? Et qu'y a-t-il de meilleur que la Langue? reprit Esope. C'est le lien de la vie civile, la Clef des Sciences, l'Organe de la verité et de la raison. Par elle on bastit les Villes, et on les police; on instruit; on persuade; on regne dans les Assemblées; on s'acquitte du premier de tous les devoirs qui est de loüer les Dieux. Et bien (dit Xantus qui prétendoit l'attraper) achete-moy demain ce qui est de pire : ces mesmes personnes viendront chez moy, et je veux diversifier. Le lendemain Esope ne fit servir [1] que le mesme Mets, disant que la Langue est la pire chose qui soit au monde. C'est la Mere de tous debats, la Nourrice des procez, la source des divisions et des guerres. Si l'on dit qu'elle est l'Organe de la Verité, c'est aussy celuy de l'Erreur, et qui pis est, de la Calomnie. Par elle on détruit les Villes, on persuade de méchantes choses. Si d'un costé elle loüe les Dieux, de l'autre elle profere des Blasphêmes contre leur puissance. Quelqu'un de la compagnie dit à Xantus, que veritablement ce valet luy estoit fort necessaire; car il sçavoit le mieux du monde exercer la patience d'un Philosophe. Dequoy vous mettez-vous en peine? reprit Esope. Et trouve-moy, dit Xantus, un homme qui ne se mette en peine de rien. Esope alla le lendemain sur la place; et voyant un Païsan qui regardoit toutes choses avec la froideur et l'indifference d'une statuë, il aména ce Païsan au logis. Voilà, dit-il à Xantus, l'homme sans soucy que vous demandez. Xantus commanda à sa femme de faire chauffer de l'eau, de la mettre dans un bassin, puis de laver elle-mesme les pieds de son nouvel Hoste. Le Païsan la laissa faire, quoy qu'il sceust fort bien qu'il ne meritoit pas cét honneur; mais il disoit en luy-mesme : C'est peut-estre la coûtume d'en user

1. Ne fit encore servir, dans l'édition de 1668.

ainsi. On le fit asseoir au haut-bout; il prit sa place sans ceremonie. Pendant le repas, Xantus ne fit autre chose que blasmer son Cuisinier : rien ne luy plaisoit; ce qui estoit doux, il le trouvoit trop salé; et ce qui estoit trop salé il le trouvoit doux. L'homme sans soucy le laissoit dire, et mangeoit de toutes ses dents. Au Dessert on mit sur la table un Gasteau que la femme du Philosophe avoit fait : Xantus le trouva mauvais, quoy qu'il fust tres-bon. Voilà, dit-il, la patisserie la plus méchante que j'aye jamais mangée : il faut brûler l'Ouvriere; car elle ne fera de sa vie rien qui vaille : qu'on apporte des fagots. Attendez, dit le Païsan; je m'en vais querir ma femme; on ne fera qu'un buscher pour toutes les deux. Ce dernier trait desarçonna le Philosophe, et luy osta l'esperance de jamais attraper le Phrygien. Or, ce n'estoit pas seulement avec son Maistre qu'Esope trouvoit occasion de rire et de dire de bons mots. Xantus l'avoit envoyé en certain endroit : il rencontra en chemin le Magistrat qui luy demanda où il alloit. Soit qu'Esope fust distrait, ou pour une autre raison, il répondit qu'il n'en sçavoit rien. Le Magistrat, tenant à mépris et irreverence cette réponse, le fit mener en prison. Comme les Huissiers le conduisoient : Ne voyez-vous pas, dit-il, que j'ay tres-bien répondu? Sçavois-je qu'on me feroit aller où je vas? Le Magistrat le fit relascher; et trouva Xantus heureux d'avoir un Esclave si plein d'esprit. Xantus de sa part voyoit par là de quelle importance il luy estoit de ne point affranchir Esope; et combien la possession d'un tel Esclave luy faisoit d'honneur. Mesme un jour, faisant la débauche avec ses disciples, Esope qui les servoit, vid que les fumées leur échauffoient déja la cervelle, aussi-bien au Maistre qu'aux Ecoliers. La débauche de vin, leur dit-il, a trois degrez; le premier de volupté, le second d'yvrognerie, le troisiéme de fureur. On se mocqua de son observation, et on continua de vuider les pots. Xantus s'en donna jusqu'à perdre la raison, et à se vanter qu'il boiroit la Mer. Cela fit rire la compagnie. Xantus soûtint ce qu'il avoit dit, gagea sa maison qu'il boiroit la Mer toute entiere, et pour asseurance de la gageure il déposa l'anneau qu'il avoit au doigt. Le jour suivant, que les vapeurs de Bacchus furent dissipées, Xantus fut extremement surpris de ne plus trouver son anneau, lequel il tenoit fort cher. Esope luy dit qu'il estoit perdu, et que sa maison l'estoit aussi, par la gageure qu'il avoit faite. Voila le Philosophe bien alarmé. Il pria Esope de luy enseigner une défaite. Esope s'avisa de celle-cy. Quand le jour que l'on avoit pris pour l'execution de la gageure fut arrivé, tout le peuple de Samos accourut au rivage de la Mer pour estre témoin de la honte du Philosophe. Celuy de ses Disciples qui avoit gagé contre luy triomphoit déja. Xantus dit à l'Assemblée : Messieurs, j'ay gagé veritablement que je boirois toute la Mer, mais non pas les Fleuves qui entrent dedans : C'est pourquoy que celuy qui a gagé contre moy détourne leur cours; et puis je feray ce que je me suis vanté de faire. Chacun admira l'expedient que Xantus avoit trouvé pour sortir à son honneur d'un si mauvais pas. Le Disciple confessa qu'il estoit vaincu, et demanda pardon à son Maistre. Xantus fut reconduit jusqu'en son logis avec acclamations. Pour récompense Esope luy demanda la liberté. Xantus la luy refusa, et dit que le temps de l'affranchir n'estoit pas encore venu : si toutefois les Dieux l'ordonnoient ainsi, il y consentoit; partant, qu'il prist garde au premier présage qu'il auroit estant sorty du logis : s'il estoit heureux, et que par exemple deux Corneilles se presentassent à sa veuë, la liberté luy seroit donnée : s'il n'en voyoit qu'une, qu'il ne se lassast point d'estre Esclave. Esope sortit aussi-tôst. Son Maître estoit logé à l'écart, et apparemment vers un lieu couvert de grands arbres. A peine nostre Phrygien fut hors, qu'il apperceut deux Corneilles qui s'abatirent

sur le plus haut. Il en alla avertir son Maistre, qui
voulut voir luy-mesme s'il disoit vray. Tandis que
Xantus venoit, l'une des Corneilles s'envola. Me trom-
peras-tu toûjours? dit-il à Esope : qu'on luy donne
les estrivieres. L'ordre fut executé. Pendant le supplice
du pauvre Esope on vint inviter Xantus à un repas :
il promit qu'il s'y trouveroit. Helas! s'écria Esope,
les presages sont bien menteurs! moy qui ay veu deux
Corneilles je suis battu; mon Maistre qui n'en a veu
qu'une est prié de nopces. Ce mot plût tellement à
Xantus qu'il commanda qu'on cessast de foüetter
Esope : mais quant à la liberté, il ne se pouvoit
resoudre à la luy donner; encore qu'il la luy promist
en diverses occasions. Un jour ils se promenoient tous
deux parmy de vieux monumens, considerant avec
beaucoup de plaisir les Inscriptions qu'on y avoit
mises. Xantus en apperceut une qu'il ne put entendre,
quoy qu'il demeurast long-temps à en chercher l'expli-
cation. Elle estoit composée des premieres lettres de
certains mots. Le Philosophe avoüa ingenûment que
cela passoit son esprit. Si je vous fais trouver un
Tresor par le moyen de ces lettres, luy dit Esope,
quelle recompense auray-je? Xantus luy promit la
liberté, et la moitié du Tresor. Elles signifient, poursuivit Esope, qu'à quatre pas de cette Colomne nous
en rencontrerons un. En effet ils le trouverent, après
avoir creusé quelque peu dans terre. Le Philosophe
fut sommé de tenir parole; mais il reculoit toûjours.
Les Dieux me gardent de t'affranchir, dit-il à Esope,
que tu ne m'ayes donné avant cela l'intelligence de
ces lettres : ce me sera un autre tresor plus precieux
que celuy lequel nous avons trouvé. On les a icy gra-
vées, poursuivit Esope, comme estant les premieres
lettres de ces mots ἀπόϐας βήματα, etc. c'est-à-
dire. *Si vous reculez quatre pas, et que vous creusiez,
vous trouverez un Tresor.* Puisque tu es si subtil,
repartit Xantus, j'aurois tort de me défaire de toy :
n'espere donc pas que je t'affranchisse. Et moy,

repliqua Esope, je vous denonceray au Roy Denys;
car c'est à luy que le Tresor appartient, et ces
mesmes lettres commencent d'autres mots qui le
signifient. Le Philosophe intimidé dit au Phrygien
qu'il prist sa part de l'argent, et qu'il n'en dist mot,
dequoy Esope declara ne luy avoir aucune obligation,
ces lettres ayant esté choisies de telle maniere qu'elles
enfermoient un triple sens et signifioient encore, *En
vous en allant, vous partagerez le Tresor que vous aurez
rencontré.* Dés qu'ils furent de retour, Xantus commanda que l'on enfermast le Phrygien, et que l'on
luy mist les fers aux pieds de crainte qu'il n'allast
publier cette avanture. Helas! s'écria Esope, est-
ce ainsi que les Philosophes s'acquittent de leurs
promesses? Mais faites ce que vous voudrez, il
faudra que vous m'affranchissiez malgré vous. Sa
prediction se trouva vraye. Il arriva un prodige qui
mit fort en peine les Samiens. Un Aigle enleva
l'anneau public (c'estoit apparemment quelque sceau
que l'on apposoit aux deliberations du Conseil), et le
fit tomber au sein d'un Esclave. Le Philosophe fut
consulté là-dessus, et comme estant Philosophe, et
comme estant un des premiers de la Republique. Il
demanda temps, et eut recours à son Oracle ordinaire;
c'estoit Esope. Celuy-cy luy conseilla de le produire
en public; parce que, s'il rencontroit bien, l'honneur
en seroit toûjours à son Maistre; sinon, il n'y auroit
que l'Esclave de blasmé. Xantus approuva la chose,
et le fit monter à la Tribune aux harangues. Dés
qu'on le vid, chacun s'éclata de rire, personne ne
s'imagina qu'il pust rien partir de raisonnable d'un
homme fait de cette maniere. Esope leur dit qu'il ne
faloit pas considerer la forme du vase, mais la liqueur
qui y estoit enfermée. Les Samiens luy crierent qu'il
dist donc sans crainte ce qu'il jugeoit de ce Prodige.
Esope s'en excusa sur ce qu'il n'osoit le faire. La
fortune, disoit-il, avoit mis un débat de gloire entre
le Maistre et l'Esclave : si l'Esclave disoit mal, il

seroit battu; s'il disoit mieux que le Maistre, il seroit
battu encore. Aussi-tost on pressa Xantus de l'affranchir. Le Philosophe resista long-temps. A la fin le
Prevost de ville le menaça de le faire de son office, et
en vertu du pouvoir qu'il en avoit comme Magistrat;
de façon que le Philosophe fut obligé de donner les
mains. Cela fait, Esope dit que les Samiens estoient
menacez de servitude par ce Prodige; et que l'Aigle
enlevant leur sceau ne signifioit autre chose qu'un
Roy puissant qui vouloit les assujettir. Peu de temps
aprés, Cresus Roy des Lydiens fit denoncer à ceux de
Samos qu'ils eussent à se rendre ses tributaires; sinon
qu'il les y forceroit par les armes. La plus part estoient
d'avis qu'on lui obeïst. Esope leur dit que la Fortune
presentoit deux chemins aux hommes; l'un de liberté
rude et épineux au commencement, mais dans la suite
tres-agreable; l'autre d'Esclavage dont les commen-
cemens estoient plus aisez, mais la suite laborieuse.
C'estoit conseiller assez intelligiblement aux Samiens
de défendre leur liberté. Ils renvoyerent l'Ambassadeur de Cresus avec peu de satisfaction. Cresus se
mit en estat de les attaquer. L'Ambassadeur luy dit
que tant qu'ils auroient Esope avec eux il auroit
peine à les reduire à ses volontez, veu la confiance
qu'ils avoient au bon sens du Personnage. Cresus le
leur envoya demander, avec promesse de leur laisser
la liberté s'ils le luy livroient. Les principaux de la
Ville trouverent ces conditions avantageuses, et ne
crûrent pas que leur repos leur coûtast trop cher
quand ils l'acheteroient aux dépens d'Esope. Le
Phrygien leur fit changer de sentiment en leur contant que les Loups et les Brebis ayant fait un traité
de paix, celles-cy donnerent leurs Chiens pour ostages.
Quand elles n'eurent plus de défenseurs, les Loups les
étranglerent avec moins de peine qu'ils ne faisoient.
Cet Apologue fit son effet : les Samiens prirent une
deliberation toute contraire à celle qu'ils avoient
prise. Esope voulut toutefois aller vers Cresus, et dit

qu'il les serviroit plus utilement estant prés du Roy
que s'il demeuroit à Samos. Quand Cresus le vid, il
s'étonna qu'une si chétive creature luy eust esté un si
grand obstacle. Quoy! voilà celuy qui fait qu'on
s'oppose à mes volontez! s'écria-t-il. Esope se pros-
terna à ses pieds. Un homme prenoit des Sauterelles,
dit-il : une Cigale luy tomba aussi sous la main. Il
s'en alloit la tuër comme il avoit fait les Sauterelles.
Que vous ay-je fait? dit-elle à cet homme : je ne
ronge point vos bleds; je ne vous procure aucun
dommage : vous ne trouverez en moy que la voix,
dont je me sers fort innocemment. Grand Roy, je
ressemble à cette Cigale; je n'ay que la voix, et ne
m'en suis point servy pour vous offenser. Cresus
touché d'admiration et de pitié, non seulement luy
pardonna, mais il laissa en repos les Samiens à sa
consideration. En ce temps-là le Phrygien composa
ses Fables, lesquelles il laissa au Roy de Lydie, et fut
envoyé par luy vers les Samiens, qui decernerent à
Esope de grands honneurs. Il luy prit aussi envie de
voyager, et d'aller par le monde, s'entretenant de
diverses choses avec ceux que l'on appelloit Philosophes.
Enfin il se mit en grand credit pres de Lycerus Roy
de Babilone. Les Rois d'alors s'envoyoient les uns aux
autres des Problêmes à soudre sur toutes sortes de
matieres, à condition de se payer une espece de tribut
ou d'amende, selon qu'ils répondroient bien ou mal
aux questions proposées : en quoy Lycerus assisté
d'Esope avoit toûjours l'avantage, et se rendoit
illustre parmy les autres, soit à résoudre, soit à proposer. Cependant nostre Phrygien se maria; et ne
pouvant avoir d'enfans, il adopta un jeune homme
d'extraction noble, appellé Ennus. Celuy-cy le paya
d'ingratitude, et fut si méchant que d'oser soüiller le
lit de son bien-facteur [1]. Cela estant venu à la connoissance d'Esope, il le chassa. L'autre afin de s'en

1. L'édition de 1668 porte *bienfaiteur*.

venger contrefit des lettres par lesquelles il sembloit
qu'Esope eust intelligence avec les Rois qui estoient
emules de Lycerus. Lycerus persuadé par le cachet
et par la signature de ces lettres, commanda à un
de ses Officiers nommé Hermippus, que sans chercher
de plus grandes preuves il fist mourir promptement le
traistre Esope. Cet Hermippus estant amy du Phrygien luy sauva la vie, et à l'insceu de tout le monde,
le nourrit long-temps dans un Sepulchre, jusqu'à ce
que Nectenabo Roy d'Egypte sur le bruit de la
mort d'Esope crût à l'avenir rendre Lycerus son tributaire. Il osa le provoquer, et le défia de luy envoyer
des Architectes qui sceussent bastir une Tour en
l'air, et par mesme moyen un homme prest à
répondre à toutes sortes de questions. Lycerus ayant
leu les lettres et les ayant communiquées aux plus
habiles de son Estat, chacun d'eux demeura court;
ce qui fit que le Roy regreta Esope; quand Hermippus luy dit qu'il n'estoit pas mort, et le fit venir. Le
Phrygien fut tres-bien receu, se justifia, et pardonna à
Ennus. Quant à la lettre du Roy d'Egypte, il n'en fit
que rire, et manda qu'il envoiroit au Printemps les
Architectes et le Répondant à toutes sortes de questions. Lycerus remit Esope en possession de tous ses
biens, et luy fit livrer Ennus pour en faire ce qu'il
voudroit. Esope lè receut comme son enfant, et pour
toute punition luy recommanda d'honorer les Dieux
et son Prince; se rendre terrible à ses ennemis, facile
et commode aux autres; bien traiter sa femme, sans
pourtant luy confier son secret; parler peu, et chasser
de chez soy les Babillards; ne se point laisser abatre
aux mal-heurs; avoir soin du lendemain, car il vaut
mieux enrichir ses ennemis par sa mort, que d'estre
importun à ses amis pendant son vivant; sur tout
n'estre point envieux du bonheur ny de la vertu
d'autruy, d'autant que c'est se faire du mal à soy-
mesme. Ennus touché de ces avertissemens et de la
bonté d'Esope, comme d'un trait qui luy auroit pene-

tré le cœur, mourut peu de temps aprés. Pour revenir au défi de Nectenabo, Esope choisit des Aiglons,
et les fit instruire (chose difficile à croire :) il les fit,
dis-je, instruire à porter en l'air chacun un panier
dans lequel estoit un jeune enfant. Le Printemps venu,
il s'en alla en Egypte avec tout cet équipage; non
sans tenir en grande admiration et en attente de son
dessein les peuples chez qui il passoit. Nectenabo,
qui sur le bruit de sa mort avoit envoyé l'Enigme,
fut extrémement surpris de son arrivée. Il ne s'y
attendoit pas; et ne se fust jamais engagé dans un tel
défi contre Lycerus, s'il eust crû Esope vivant. Il luy
demanda s'il avoit amené les Architectes et le Répondant. Esope dit, que le Répondant estoit luy-mesme;
et qu'il feroit voir les Architectes quand il seroit sur
le lieu. On sortit en pleine campagne, où les Aigles
enleverent les paniers avec les petits enfans, qui
crioient qu'on leur donnast du mortier, des pierres et
du bois. Vous voyez, dit Esope à Nectenabo, je vous
ay trouvé les Ouvriers, fournissez-leur des materiaux.
Nectenabo avoüa que Lycerus estoit le vainqueur[1]. Il
proposa toutefois cecy à Esope. J'ay des Cavales en
Egypte qui conçoivent au hannissement[2] des Chevaux
qui sont devers Babylone : Qu'avez-vous à répondre
là-dessus ? Le Phrygien remit sa réponse au lendemain ;
et retourné qu'il fut au logis, il commanda à des
enfans de prendre un chat, et de le mener foüettant
par les ruës. Les Egyptiens qui adorent cet Animal,
se trouverent extremement scandalisez du traitement
que l'on luy faisoit. Ils l'arracherent des mains des
enfans, et allerent se plaindre au Roy. On fit venir en
sa presence le Phrygien. Ne sçavez-vous pas, luy dit
le Roy, que cet Animal est un de nos Dieux? Pourquoy donc le faites-vous traiter de la sorte? C'est
pour l'offense qu'il a commise envers Lycerus, reprit

---

1. *Que Lycerus l'emportoit* (édition de 1668).
2. Dans l'édition de 1668 : *sur le seul hannissement.*

La Fontaine. — I.   3

Esope : car la nuit derniere il luy a étranglé un Coq extrémement courageux, et qui chantoit à toutes les heures. Vous estes un menteur, repartit le Roy; comment seroit-il possible que ce chat eust fait en si peu de temps un si long voyage? Et comment est-il possible, reprit Esope, que vos Jumens entendent de si loin nos Chevaux hannir, et conçoivent pour les entendre? En suite de cela le Roy fit venir d'Heliopolis certains personnages d'esprit subtil, et sçavans en questions Enigmatiques. Il leur fit un grand Regal, où le Phrygien fut invité. Pendant le Repas ils proposerent à Esope diverses choses; celle-cy entr'autres. Il y a un grand Temple qui est appuyé sur une Colomne entourée de douze Villes, chacune desquelles a trente Arcboutans, et autour de ces Arcboutans se promenent l'une aprés l'autre deux Femmes, l'une blanche, l'autre noire. Il faut renvoyer, dit Esope, cette question aux petits enfans de nostre païs. Le Temple est le Monde, la Colomne l'An, les Villes ce sont les Mois, et les Arcboutans les Jours, autour desquels se promenent alternativement le Jour et la Nuit. Le lendemain Nectenabo assembla tous ses amis. Souffrirez-vous, leur dit-il, qu'une moitié d'homme, qu'un avorton soit la cause que Lycerus remporte le prix, et que j'aye la confusion pour mon partage? Un d'eux s'avisa de demander à Esope qu'il leur fist des questions de choses dont ils n'eussent jamais entendu parler. Esope écrivit une cedule par laquelle Nectenabo confessoit devoir deux mille talens à Lycerus. La Cedule fut mise entre les mains de Nectenabo toute cachetée. Avant qu'on l'ouvrist, les amis du Prince soûtinrent que la chose contenuë dans cet écrit estoit de leur connoissance. Quand on l'eut ouverte, Nectenabo s'écria : Voila la plus grande fausseté du monde: Je vous en prens à témoin tous tant que vous estes. Il est vray, repartirent-ils, que nous n'en avons jamais entendu parler. J'ay donc satisfait à vostre demande, reprit Esope. Nectenabo le renvoya com-

blé de presens, tant pour luy que pour son Maistre.
Le sejour qu'il fit en Egypte est peut-estre cause
que quelques uns ont écrit qu'il fut Esclave avec
Rhodopé, celle-là qui des liberalitez de ses amans fit
élever une des trois Pyramides qui subsistent encore,
et qu'on void avec admiration : c'est la plus petite,
mais celle qui est bastie avec le plus d'art. Esope à
son retour dans Babylone fut receu de Lycerus avec
de grandes demonstrations de joye et de bien-veillance :
ce Roy luy fit eriger une statuë. L'envie de voir et
d'apprendre le fit renoncer à tous ces honneurs. Il
quitta la Cour de Lycerus où il avoit tous les avan-
tages qu'on peut souhaiter, et prit congé de ce Prince
pour voir la Grece encore une fois. Lycerus ne le
laissa point partir sans embrassemens et sans larmes,
et sans le faire promettre sur les Autels qu'il reviendroit achever ses jours auprés de luy. Entre les Villes
où il s'arresta, Delphes fut une des principales. Les
Delphiens l'écouterent fort volontiers, mais ils ne luy
rendirent point d'honneurs. Esope piqué de ce
mépris, les compara aux bastons qui flottent sur
l'onde. On s'imagine de loin que c'est quelque chose
de considerable ; de prés on trouve que ce n'est rien.
La comparaison luy coûta cher. Les Delphiens en
conceurent une telle haine, et un si violent desir de
vengeance (outre qu'ils craignoient d'estre décriez par
luy), qu'ils resolurent de l'oster du monde. Pour y
parvenir, ils cacherent parmy ses hardes un de leurs
vases sacrez, pretendant que par ce moyen ils con-
vaincroient Esope de vol et de sacrilege, et qu'ils le
condamneroient à la mort. Comme il fut sorty de
Delphes, et qu'il eut pris le chemin de la Phocide, les
Delphiens accoururent comme gens qui estoient en
peine. Ils l'accuserent d'avoir dérobé leur Vase. Esope
le nia avec des sermens : on chercha dans son équipage, et il fut trouvé. Tout ce qu'Esope put dire
n'empescha point qu'on ne le traitast comme un cri-
minel infame. Il fut ramené à Delphes chargé de fers,

mis dans des cachots, puis condamné à estre preci-
pité. Rien ne luy servit de se défendre avec ses armes
ordinaires, et de raconter des Apologues; les Delphiens s'en moquerent. La Grenoüille, leur dit-il, avoit
invité le Rat à la venir voir; afin de luy faire traverser l'onde, elle l'attacha à son pied. Dés qu'il fut
sur l'eau, elle voulut le tirer au fond, dans le dessein
de le noyer, et d'en faire ensuite un repas. Le mal-
heureux Rat resista quelque peu de temps. Pendant
qu'il se debattoit sur l'eau, un Oyseau de proye l'apperceut, fondit sur luy, et l'ayant enlevé avec la
Grenoüille qui ne se pût détacher, il se repût de l'un
et de l'autre. C'est ainsi, Delphiens abominables,
qu'un plus puissant que nous me vangera : je periray;
mais vous perirez aussi. Comme on le conduisoit au
supplice, il trouva moyen de s'échaper, et entra dans
une petite Chapélle dediée à Apollon. Les Delphiens
l'en arracherent. Vous violez cet Asile, leur dit-il,
parce que ce n'est qu'une petite Chapelle; mais un
jour viendra que vôtre méchanceté ne trouvera point
de retraite seure, non pas mesme dans les temples : il
vous arrivera la mesme chose qu'à l'Aigle, laquelle
nonobstant les prieres de l'Escarbot, enleva un Lievre
qui s'estoit refugié chez luy : La generation de l'Aigle
en fut punie jusque dans le giron de Jupiter. Les Delphiens peu touchez de tous ces Exemples, le precipi-
terent. Peu de temps après sa mort une peste tres-
violente exerça sur eux ses ravages : ils demanderent
à l'Oracle par quels moyens ils pourroient appaiser le
courroux des Dieux. L'Oracle leur répondit qu'il n'y
en avoit point d'autre que d'expier leur forfait, et
satisfaire aux Manes d'Esope. Aussi-tost une Pyra-
mide fut élevée. Les Dieux ne témoignerent pas seuls
combien ce crime leur déplaisoit; les hommes ven-
gerent aussi la mort de leur Sage. La Grece envoya
des Commissaires pour en informer, et en fit une
punition rigoureuse.

FABLES CHOISIES.

A MONSEIGNEUR

LE DAUPHIN[1].

Je chante les Heros dont Esope est le Pere.
Troupe de qui l'Histoire, encor que menson-
gere,
Contient des veritez qui servent de leçons.
Tout parle en mon Ouvrage, et mesme les Poissons.
Ce qu'ils disent s'adresse à tous tant que nous sommes.
Je me sers d'Animaux pour instruire les Hommes.
ILLUSTRE REJETTON D'UN PRINCE aimé des Cieux
Sur qui le Monde entier a maintenant les yeux,
Et qui faisant fléchir les plus superbes Testes,
Contera desormais ses jours par ses Conquestes:
Quelqu'autre te dira d'une plus forte voix
Les faits de tes Ayeux et les vertus des Rois.

1. V. ci-dessus page 3, note 1.

Je vais t'entretenir de moindres Aventures,
Te tracer en ces vers de legeres Peintures :
Et si de t'agréer je n'emporte le prix,
J'auray du moins l'honneur de l'avoir entrepris.

LIVRE PREMIER.

FABLE I.

LA CIGALE ET LA FOURMY.

La Cigale ayant chanté
    Tout l'Esté,
Se trouva fort dépourveuë
Quand la bize fut venuë.
Pas un seul petit morceau
De moûche ou de vermisseau.
Elle alla crier famine
Chez la Fourmy sa voisine ;
La priant de luy prester
Quelque grain pour subsister
Jusqu'à la saison nouvelle.
Je vous payray, luy dit-elle,
Avant l'Oust, foy d'animal,
Interest et principal.
La Fourmy n'est pas presteuse :
C'est là son moindre défaut.
Que faisiez-vous au temps chaud ?

Dit-elle à cette emprunteuse.
Nuit et jour à tout venant
Je chantois, ne vous déplaise.
Vous chantiez? j'en suis fort aise.
Et bien, dansez maintenant.

II.

LE CORBEAU ET LE RENARD.

Maistre Corbeau sur un arbre perché
    Tenoit en son bec un fromage.
Maistre Renard par l'odeur alleché
    Lui tint à peu près ce langage.
Et bon jour, Monsieur du Corbeau.
Que vous estes joly! que vous me semblez beau!
    Sans mentir si vostre ramage
    Se rapporte à vostre plumage,
Vous êtes le Phœnix des hostes de ces bois.
A ces mots le Corbeau ne se sent pas de joye :
    Et pour monstrer sa belle voix,
Il ouvre un large bec, laisse tomber sa proye.
Le Renard s'en saisit, et dit : Mon bon Monsieur,
    Apprenez que tout flateur
    Vit aux dépens de celuy qui l'écoute.
Cette leçon vaut bien un fromage sans doute.
    Le Corbeau honteux et confus
Jura, mais un peu tard, qu'on ne l'y prendroit plus.

III.

LA GRENOUILLE QUI SE VEUT FAIRE
AUSSI GROSSE QUE LE BŒUF.

Une Grenoüille vid un Bœuf,
  Qui luy sembla de belle taille.
  Elle qui n'estoit pas grosse en tout comme
    un œuf,
Envieuse s'étend, et s'enfle, et se travaille,
  Pour égaler l'animal en grosseur ;
    Disant, Regardez bien ma sœur,
Est-ce assez? dites moy, n'y suis-je point encore?
Nenny. M'y voicy donc? Point du tout. M'y voila?
Vous n'en approchez point. La chetive pecore
    S'enfla si bien qu'elle creva.
Le monde est plein de gens qui ne sont pas plus sages :
Tout Bourgeois veut bastir comme les grands Seigneurs;
  Tout petit Prince a des Ambassadeurs,
    Tout Marquis veut avoir des Pages [1].

IV.

LES DEUX MULETS.

Deux Mulets cheminoient; l'un d'avoine chargé:
  L'autre portant l'argent de la Gabelle.
  Celuy-cy glorieux d'une charge si belle,
  N'eût voulu pour beaucoup en être soulagé.

1. Boileau avoit dit trois ans auparavant, dans sa
Vᵉ satire (v. 114).

Le Duc et le Marquis se reconnut aux Pages.

Il marchoit d'un pas relevé,
Et faisoit sonner sa sonnette :
Quand l'ennemy se presentant,
Comme il en vouloit à l'argent,
Sur le Mulet du fisc une troupe se jette,
Le saisit au frein, et l'arreste.
Le Mulet en se défendant [1]
Se sent percer de coups, il gemit, il soûpire.
Est-ce donc là, dit-il, ce qu'on m'avoit promis?
Ce Mulet qui me suit, du danger se retire,
Et moy j'y tombe et je peris.
Amy, luy dit son camarade,
Il n'est pas toûjours bon d'avoir un haut employ.
Si tu n'avois servy qu'un Meûsnier, comme moy,
Tu ne serois pas si malade.

V.

LE LOUP ET LE CHIEN.

Un loup n'avoit que les os et la peau;
Tant les Chiens faisoient bonne garde.
Ce Loup rencontre un Dogue aussi puissant
que beau,
Gras, poly, qui s'estoit fourvoyé par mégarde.
L'attaquer, le mettre en quartiers,
Sire Loup l'eust fait volontiers.
Mais il faloit livrer bataille;
Et le Mâtin estoit de taille
A se défendre hardiment.
Le Loup donc l'aborde humblement,
Entre en propos, et luy fait compliment

1. Edition de 1668 : *Le mulet se défendant.*

Sur son embonpoint qu'il admire.
Il ne tiendra qu'à vous, beau Sire,
D'estre aussi gras que moy, luy repartit le Chien.
Quittez les bois, vous ferez bien :
Vos pareils y sont miserables,
Cancres, haires, et pauvres diables,
Dont la condition est de mourir de faim.
Car quoy? Rien d'assuré : point de franche lipée;
Tout à la pointe de l'épée.
Suivez-moy; vous aurez un bien meilleur destin.
Le Loup reprit, Que me faudra-t-il faire?
Presque rien, dit le Chien, donner la chasse aux gens
Portans bastons, et mendians;
Flater ceux du logis; à son Maistre complaire;
Moyennant quoy vostre salaire
Sera force reliefs de toutes les façons;
Os de poulets, Os de pigeons :
Sans parler de mainte caresse.
Le Loup déja se forge une felicité
Qui le fait pleurer de tendresse.
Chemin faisant il vid le col du Chien pelé.
Qu'est-ce là? luy dit-il. Rien. Quoy rien? Peu de chose.
Mais encor? Le colier dont je suis attaché
De ce que vous voyez est peut-être la cause.
Attaché? dit le Loup : vous ne courez donc pas
Où vous voulez? Pas toûjours, mais qu'importe?
Il importe si bien, que de tous vos repas
Je ne veux en aucune sorte :
Et ne voudrois pas même à ce prix un tresor.
Cela dit, Maistre Loup s'enfuit, et court encor.

VI.

LA GENISSE, LA CHEVRE, ET LA BREBIS,
EN SOCIETÉ AVEC LE LION.

La Genisse, la Chevre, et leur sœur la Brebis,
Avec un fier Lion Seigneur du voisinage,
Firent societé, dit-on, au temps jadis,
Et mirent en commun le gain et le dommage.
Dans les laqs de la Chevre un Cerf se trouva pris.
Vers ses associez aussi tost elle envoye.
Eux venus, le Lion par ses ongles conta,
Et dit, Nous sommes quatre à partager la proye;
Puis en autant de parts le Cerf il dépeça :
Prit pour luy la premiere en qualité de Sire;
Elle doit estre à moy, dit-il, et la raison,
     C'est que je m'appelle Lion,
     A cela l'on n'a rien à dire.
La seconde par droit me doit échoir encor :
Ce droit, vous le sçavez, c'est le droit du plus fort.
Comme le plus vaillant je pretens la troisiéme.
Si quelqu'une de vous touche à la quatriéme,
    Je l'étrangleray tout d'abord.

VII.

LA BESACE.

Jupiter dit un jour : Que tout ce qui respire
S'en vienne comparoistre aux pieds de ma
    grandeur :
Si dans son composé quelqu'un trouve à redire,

Il peut le declarer sans peur :
Je mettray remede à la chose.
Venez Singe, parlez le premier, et pour cause.
Voyez ces animaux : faites comparaison
De leurs beautez avec les vostres.
Estes-vous satisfait? Moy, dit-il, pourquoy non?
N'ay-je pas quatre pieds aussi bien que les autres?
Mon portrait jusqu'icy ne m'a rien reproché.
Mais pour mon frere l'Ours, on ne l'a qu'ébauché.
Jamais, s'il me veut croire, il ne se fera peindre.
L'Ours venant là-dessus, on crut qu'il s'alloit plaindre.
Tant s'en faut; de sa forme il se loüa tres-fort;
Glosa sur l'Elephant : dit qu'on pourroit encor
Ajoûter à sa queuë, oster à ses oreilles :
Que c'estoit une masse informe et sans beauté.
L'Elephant estant écouté,
Tout sage qu'il estoit, dit des choses pareilles.
Il jugea qu'à son appetit
Dame Baleine estoit trop grosse.
Dame Fourmy trouva le Ciron trop petit,
Se croyant pour elle un colosse.
Jupin les renvoya s'estant censurez tous :
Du reste contens d'eux; mais parmy les plus fous
Nostre espece excella; car tout ce que nous sommes,
Linx envers nos pareils, et Taupes envers nous,
Nous nous pardonnons tout, et rien aux autres hommes :
On se void d'un autre œil qu'on ne void son prochain.
Le fabriquateur souverain
Nous crea Besaciers tous de mesme maniere,
Tant ceux du temps passé que du temps d'aujourd'huy.
Il fit pour nos défaux la poche de derriere,
Et celle de devant pour les défaux d'autruy.

VIII.

L'HIRONDELLE ET LES PETITS OYSEAUX.

Une Hirondelle en ses voyages
    Avoit beaucoup appris. Quiconque a beau-
        coup veu
        Peut avoir beaucoup retenu.
Celle-cy prevoyoit jusqu'aux moindres orages,
    Et devant qu'ils fussent éclos,
    Les annonçoit aux Matelots.
Il arriva qu'au temps que la chanvre se seme
Elle vid un Manant en couvrir maints sillons.
Cecy ne me plaist pas, dit-elle aux Oysillons,
Je vous plains : Car pour moy, dans ce peril extrême,
Je sçauray m'éloigner, ou vivre en quelque coin.
Voyez-vous cette main qui par les airs chemine ?
        Un jour viendra, qui n'est pas loin,
Que ce qu'elle répand sera votre ruïne.
De là naîtront engins à vous enveloper,
        Et lacets pour vous attraper ;
        Enfin mainte et mainte machine
        Qui causera dans la saison
        Vostre mort ou vostre prison.
        Gare la cage ou le chaudron.
        C'est pourquoy, leur dit l'Hirondelle,
        Mangez ce grain, et croyez-moy.
        Les Oyseaux se moquerent d'elle :
        Ils trouvoient aux champs trop dequoy.
        Quand la cheneviere fut verte,
L'Hirondelle leur dit : Arrachez brin à brin
        Ce qu'a produit ce maudit grain ;
        Ou soyez seurs de vostre perte.
Prophete de mal-heur, babillarde, dit-on,
        Le bel employ que tu nous donnes !
        Il nous faudroit mille personnes

Pour éplucher tout ce canton.
La chanvre estant tout à fait creuë,
L'Hirondelle ajoûta : Cecy ne va pas bien :
    Mauvaise graine est tost venuë.
Mais puisque jusqu'icy l'on ne m'a cruë en rien ;
    Dés que vous verrez que la terre
    Sera couverte, et qu'à leurs bleds
    Les gens n'estant plus occupez
    Feront aux oysillons la guerre ;
    Quand regingletes et rezeaux
    Attraperont petits oyseaux ;
    Ne volez plus de place en place :
Demeurez au logis, ou changez de climat :
Imitez le Canard, la Gruë, et la Becasse.
    Mais vous n'estes pas en estat
De passer comme nous les deserts et les ondes,
    Ny d'aller chercher d'autres mondes.
C'est pourquoy vous n'avez qu'un party qui soit seur :
C'est de vous renfermer aux trous de quelque mur.
    Les Oysillons las de l'entendre,
Se mirent à jazer aussi confusément
Que faisoient les Troyens quand la pauvre Cassandre
    Ouvroit la bouche seulement.
    Il en prit aux uns comme aux autres.
Maint Oysillon se vid esclave retenu.
Nous n'écoutons d'instincts que ceux qui sont les nostres,
Et ne croyons le mal que quand il est venu.

IX.

LE RAT DE VILLE,
ET LE RAT DES CHAMPS.

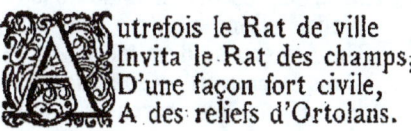utrefois le Rat de ville
Invita le Rat des champs,
D'une façon fort civile,
A des reliefs d'Ortolans.

Sur un Tapis de Turquie
Le couvert se trouva mis.
Je laisse à penser la vie
Que firent ces deux amis.

Le régal fut fort honneste :
Rien ne manquoit au festin;
Mais quelqu'un troubla la feste
Pendant qu'ils estoient en train.

A la porte de la salle
Ils entendirent du bruit.
Le Rat de ville détale,
Son camarade le suit.

Le bruit cesse, on se retire :
Rats en campagne aussi-tost;
Et le Citadin de dire,
Achevons tout nostre rost.

C'est assez, dit le Rustique;
Demain vous viendrez chez moy :
Ce n'est pas que je me pique
De tous vos festins de Roy.

Mais rien ne vient m'interrompre;
Je mange tout à loisir.
Adieu donc : fy du plaisir
Que la crainte peut corrompre.

X.

LE LOUP ET L'AGNEAU.

La raison du plus fort est toûjours la meilleure.
Nous l'allons montrer tout à l'heure.
Un Agneau se desalteroit
Dans le courant d'une onde pure.
Un Loup survient à jeun qui cherchoit avanture,

Et que la faim en ces lieux attiroit.
Qui te rend si hardy de troubler mon breuvage?
   Dit cét animal plein de rage :
Tu seras chastié de ta temerité.
Sire, répond l'Agneau, que vostre Majesté
   Ne se mette pas en colere;
   Mais plûtost qu'elle considere
   Que je me vas desalterant
     Dans le courant,
   Plus de vingt pas au-dessous d'Elle;
Et que par consequent en aucune façon
  Je ne puis troubler sa boisson.
Tu la troubles, reprit cette beste cruelle,
Et je sçais que de moy tu médis l'an passé.
Comment l'aurois-je fait si je n'estois pas né?
  Reprit l'Agneau, je tete encor ma mere.
   Si ce n'est toy, c'est donc ton frere.
Je n'en ay point. C'est donc quelqu'un des tiens :
   Car vous ne m'épargnez guere,
   Vous, vos bergers, et vos chiens.
On me l'a dit : il faut que je me vange.
   Là dessus au fond des forests
   Le Loup l'emporte, et puis le mange,
   Sans autre forme de procez.

XI.

L'HOMME ET SON IMAGE.

Pour M. L. D. D. L. R.[1]

Un homme qui s'aimoit sans avoir de rivaux[2],
 Passoit dans son esprit pour le plus beau du
  monde.
 Il accusoit toûjours les miroirs d'estre faux;

1. Le duc de La Rochefoucauld qui avoit déja publié la
2ᵉ édition de ses Maximes quand cette fable parut.
 2. Vers imité d'Horace, *Art. poét.* 444.
  Quin sinè rivali teque et tua solus amares.

Vivant plus que content dans son erreur profonde.
Afin de le guerir, le sort officieux
   Presentoit par tout à ses yeux
Les Conseillers muets dont se servent nos Dames ;
Miroirs dans les logis, miroirs chez les Marchands,
   Miroirs aux poches des galands,
   Miroirs aux ceintures des femmes.
Que fait nostre Narcisse ? Il se va confiner
Aux lieux les plus cachez qu'il peut s'imaginer,
N'osant plus des miroirs éprouver l'avanture :
Mais un canal formé par une source pure,
   Se trouve en ces lieux écartez.
Il s'y void ; il se fasche : et ses yeux irritez
Pensent appercevoir une chimere vaine.
Il fait tout ce qu'il peut pour éviter céte eau.
   Mais quoy, le canal est si beau
   Qu'il ne le quitte qu'avec peine.
   On void bien où je veux venir.
  Je parle à tous ; et cette erreur extrême
Est un mal que chacun se plaist d'entretenir.
Nostre ame c'est cét Homme amoureux de luy-mesme,
Tant de Miroirs ce sont les sottises d'autruy ;
Miroirs de nos défaux les Peintres legitimes.
  Et quant au Canal, c'est celuy
Que chacun sçait, le Livre des Maximes.

XII.

LE DRAGON A PLUSIEURS TESTES,
ET LE DRAGON A PLUSIEURS QUEUES.

Un envoyé du Grand Seigneur
  Preferoit, dit l'Histoire, un jour chez l'Em-
   pereur,
  Les forces de son Maistre à celles de l'Empire.
Un Alleman se mit à dire :

Nostre prince a des dépendans
Qui de leur Chef sont si puissans,
Que chacun d'eux pourroit soudoyer une armée.
Le Chiaoux homme de sens,
Luy dit : Je sçais par renommée
Ce que chaque Electeur peut de monde fournir ;
Et cela me fait souvenir
D'une avanture estrange, et qui pourtant est vraye.
J'estois en un lieu seur, lors que je vis passer
Les cent testes d'une Hydre au travers d'une haye.
Mon sang commence à se glacer,
Et je crois qu'à moins on s'effraye.
Je n'en eus toutefois que la peur sans le mal.
Jamais le corps de l'animal
Ne pût venir vers moy, ny trouver d'ouverture.
Je resvois à cette avanture,
Quand un autre Dragon qui n'avoit qu'un seul chef,
Et bien plus d'une queuë, à passer se presente.
Me voila saisi derechef
D'estonnement et d'épouvante.
Ce chef passe, et le corps, et chaque queuë aussi.
Rien ne les empescha ; l'un fit chemin à l'autre.
Je soûtiens qu'il en est ainsi
De vostre Empereur et du nostre.

XIII.

LES VOLEURS ET L'ASNE.

Pour un Asne enlevé deux voleurs se battoient:
L'un vouloit le garder ; l'autre le vouloit
vendre.
Tandis que coups de poin trotoient,
Et que nos champions songeoient à se défendre,
Arrive un troisiéme larron,
Qui saisit Maistre Aliboron.

L'Asne c'est quelquefois une pauvre Province.
  Les Voleurs sont tel et tel Prince;
Comme le Transsilvain, le Turc, et le Hongrois.
  Au lieu de deux j'en ay rencontré trois :
  Il est assez de cette marchandise.
De nul d'eux n'est souvent la Province conquise.
Un quart Voleur survient qui les accorde net,
  En se saisissant du Baudet.

XIV.

SIMONIDE PRESERVÉ PAR LES DIEUX.

On ne peut trop loüer trois sortes de personnes,
  Les Dieux, sa Maistresse, et son Roy.
 Malherbe le disoit : j'y souscris quant à moy :
  Ce sont maximes toûjours bonnes.
La loüange chatoüille, et gagne les esprits.
Les faveurs d'une belle en sont souvent le prix.
Voyons comme les Dieux l'ont quelquefois payée.
  Simonide avoit entrepris
L'éloge d'un Athlete, et la chose essayée,
Il trouva son sujet plein de recits tout nus.
Les parens de l'Athlete estoient gens inconnus,
Son pere un bon bourgeois, luy sans autre merite;
  Matiere infertile et petite.
Le Poëte d'abord parla de son Heros.
Aprés en avoir dit ce qu'il en pouvoit dire,
Il se jette à costé; se met sur le propos
De Castor et Pollux; ne manque pas d'écrire
Que leur exemple estoit aux luteurs glorieux;
Eleve leurs combats, specifiant les lieux
Où ces freres s'étoient signalez davantage :
  Enfin l'éloge de ces Dieux
  Faisoit les deux tiers de l'ouvrage.

L'Athlete avoit promis d'en payer un talent :
   Mais quand il le vid, le galand
N'en donna que le tiers, et dit fort franchement
Que Castor et Pollux acquittassent le reste.
Faites-vous contenter par ce couple celeste,
   Je vous veux traiter cependant.
Venez souper chez moy, nous ferons bonne vie.
   Les conviez sont gens choisis,
   Mes parens, mes meilleurs amis.
   Soyez donc de la compagnie.
Simonide promit. Peut-estre qu'il eut peur
De perdre outre son deû le gré de sa loüange.
   Il vient, l'on festine, l'on mange.
   Chacun estant en belle humeur,
Un domestique accourt, l'avertit qu'à la porte
Deux hommes demandoient à le voir promptement.
   Il sort de table, et la cohorte
   N'en perd pas un seul coup de dent.
Ces deux hommes estoient les gemeaux de l'éloge.
Tous deux luy rendent grace, et pour prix de ses vers
   Ils l'avertissent qu'il déloge,
Et que cette maison va tomber à l'envers.
   La prediction en fut vraye ;
   Un pilier manque : et le platfonds,
   Ne trouvant plus rien qui l'estaye,
Tombe sur le festin, brise plats et flacons,
   N'en fait pas moins aux échansons.
Ce ne fut pas le pis ; car pour rendre complete
   La vengeance deuë au Poëte,
Une poutre cassa les jambes à l'Athlete,
   Et renvoya les conviez
   Pour la plus part estropiez.
La renommée eut soin de publier l'affaire.
Chacun cria miracle ; on doubla le salaire
Que meritoient les vers d'un homme aimé des Dieux.
   Il n'estoit fils de bonne mere
   Qui les payant à qui mieux mieux
   Pour ses ancestres n'en fît faire.

Je reviens à mon texte ; et dis premierement
Qu'on ne sçauroit manquer de loüer largement
Les Dieux et leurs pareils : de plus que Melpomene
Souvent sans déroger trafique de sa peine :
Enfin qu'on doit tenir nostre art en quelque prix.
Les grands se font honneur dés lors qu'ils nous font grace.
     Jadis l'Olympe et le Parnasse
     Estoient freres et bons amis.

XV.

•LA MORT ET LE MAL-HEUREUX.

XVI.

LA MORT ET LE BUSCHERON[1].

Un Mal-heureux appelloit tous les jours
     La mort à son secours.
O mort, luy disoit-il, que tu me sembles belle !
Vien viste, vien finir ma fortune cruelle.
La mort crut en venant l'obliger en effet.
Elle frape à sa porte, elle entre, elle se montre.
Que vois-je ! cria-t-il, ostez-moy cet objet ;
     Qu'il est hideux ! que sa rencontre
     Me cause d'horreur et d'effroy !
N'approche pas, ô mort ô mort, retire-toy.

     Mecenas fut un galand homme :
Il a dit quelque part[2]. Qu'on me rende impotent,

---

1. Voyez page 8 l'apologue en prose de Patru sur le même sujet.
2.   Debilem facito manu,
        Debilem pede, coxa ;
        Tuber adstrue gibberum ;
        Lubricos quate dentes.
        Vita dum superest, bene est.
        Hanc mihi, vel acuta
        Si sedeam cruce, sustine.

Ces vers sont rapportés par Sénèque dans son épître CI.

Cu de jatte, gouteux, manchot, pourveu qu'en somme
Je vive, c'est assez, je suis plus que content.
Ne vien jamais, ô mort, on t'en dit tout autant.

Ce sujet a esté traité d'une autre façon par Esope,
comme la Fable suivante le fera voir. Je composay celle-
cy pour une raison qui me contraignoit de rendre la
chose ainsi generale. Mais quelqu'un me fit connoistre
que j'eusse beaucoup mieux fait de suivre mon original,
et que je laissois passer un des plus beaux traits qui
fust dans Esope. Cela m'obligea d'y avoir recours.
Nous ne sçaurions aller plus avant que les anciens : ils
ne nous ont laissé pour nostre part que la gloire de les
bien suivre. Je joins toutefois ma Fable à celle d'Esope;
non que la mienne le merite : mais à cause du mot de
Mecenas que j'y fais entrer, et qui est si beau et si à
propos que je n'ay pas cru le devoir omettre.

Un pauvre Bucheron tout couvert de ramée,
Sous le faix du fagot aussi bien que des ans,
Gemissant et courbé marchoit à pas pesans,
Et taschoit de gagner sa chaumine enfumée.
Enfin n'en pouvant plus d'effort et de douleur,
Il met bas son fagot, il songe à son malheur.
Quel plaisir a-t-il eu depuis qu'il est au monde?
En est-il un plus pauvre en la machine ronde?
Point de pain quelquefois, et jamais de repos.
Sa femme, ses enfans, les soldats, les imposts,
        Le creancier, et la corvée,
Luy font d'un mal-heureux la peinture achevée.
Il appelle la mort; elle vient sans tarder ;
        Luy demande ce qu'il faut faire.
        C'est, dit-il, afin de m'aider
A recharger ce bois; tu ne tarderas guere.

        Le trépas vient tout guerir ;
        Mais ne bougeons d'où nous sommes.
        Plûtost souffrir que mourir,
        C'est la devise des hommes.

XVII.

L'HOMME ENTRE DEUX AGES,
ET SES DEUX MAISTRESSES.

Un Homme de moyen âge,
Et tirant sur le grison,
Jugea qu'il estoit saison
De songer au mariage.
  Il avoit du contant,
    Et partant
Dequoy choisir. Toutes vouloient luy plaire;
En quoy nostre amoureux ne se pressoit pas tant.
  Bien adresser n'est pas petite affaire.
Deux Veuves sur son cœur eurent le plus de part;
  L'une encor' verte, et l'autre un peu bien mûre;
    Mais qui reparoit par son art
    Ce qu'avoit détruit la nature.
    Ces deux Veuves en badinant,
    En riant, en luy faisant feste,
    L'alloient quelquefois testonnant,
    C'est à dire ajustant sa teste.
La Vieille à tous momens de sa part emportoit
    Un peu du poil noir qui restoit,
Afin que son amant en fust plus à sa guise.
La Jeune saccageoit les poils blancs à son tour.
Toutes deux firent tant que nostre teste grise
Demeura sans cheveux, et se douta du tour.
Je vous rends, leur dit-il, mille graces, les Belles,
    Qui m'avez si bien tondu:
    J'ay plus gagné que perdu:
    Car d'Hymen, point de nouvelles.
Celle que je prendrois voudroit qu'à sa façon
    Je vécusse, et non à la mienne.
    Il n'est teste chauve qui tienne;
Je vous suis obligé, Belles, de la leçon.

XVIII.

LE RENARD ET LA CICOGNE.

Compere le Renard se mit un jour en frais,
Et retint à disner commere la Cigogne.
Le régal fut petit, et sans beaucoup d'apprests;
　　　Le galand pour toute besogne
Avoit un broüet clair (il vivoit chichement).
Ce broüet fut par luy servy sur une assiette :
La Cigogne au long bec n'en pût attraper miette;
Et le drosle eut lappé le tout en un moment.
　　　Pour se vanger de cette tromperie,
A quelque-temps de là la Cigogne le prie.
Volontiers, luy dit-il, car avec mes amis
　　　Je ne fais point ceremonie.
　　A l'heure dite il courut au logis
　　　De la Cigogne son hostesse,
　　　Loüa tres-fort la politesse[1],
　　　Trouva le disner cuit à point.
Bon appetit sur tout; Renards n'en manquent point.
Il se réjoüissoit à l'odeur de la viande
Mise en menus morceaux, et qu'il croyoit friande.
　　　On servit, pour l'embarasser
En un vase à long col, et d'étroite embouchure.
Le bec de la Cigogne y pouvoit bien passer,
Mais le museau du Sire estoit d'autre mesure.
Il luy falut à jeun retourner au logis,
Honteux comme un Renard qu'une Poule auroit pris,
　　　Serrant la queuë, et portant bas l'oreille.
　　　Trompeurs, c'est pour vous que j'écris,
　　　Attendez-vous à la pareille.

1. *Sa politesse* dans l'édition de 1668.

XIX.

L'ENFANT ET LE MAISTRE D'ECOLE.

Dans ce recit je pretens faire voir
D'un certain sot la remontrance vaine.
Un jeune enfant dans l'eau se laissa choir,
En badinant sur les bords de la Seine.
Le Ciel permit qu'un saule se trouva,
Dont le branchage, aprés Dieu, le sauva.
S'estant pris, dis-je, aux branches de ce saule,
Par cét endroit passe un Maistre d'école.
L'Enfant luy crie, Au secours, je peris.
Le Magister se tournant à ses cris,
D'un ton fort grave à contre-temps s'avise
De le tancer. Ah le petit babouin !
Voyez, dit-il, où l'a mis sa sottise !
Et puis prenez de tels fripons le soin.
Que les parens sont mal-heureux, qu'il faille
Toûjours veiller à semblable canaille !
Qu'ils ont de maux ! et que je plains leur sort !
Ayant tout dit il mit l'enfant à bord.
Je blâme icy plus de gens qu'on ne pense.
Tout babillard, tout censeur, tout pedant,
Se peut connoistre au discours que j'avance :
Chacun des trois fait un peuple fort grand ;
Le Createur en a beny l'engeance.
En toute affaire ils ne font que songer
    Aux moyens d'exercer leur langue.
Hé mon amy, tire-moy de danger ;
    Tu feras apres ta harangue.

XX.

LE COQ ET LA PERLE.

Un jour un Coq détourna
Une Perle qu'il donna
Au beau premier Lapidaire.
Je la crois fine, dit-il,
Mais le moindre grain de mil
Seroit bien mieux mon affaire.

Un ignorant herita
D'un manuscrit qu'il porta
Chez son voisin le Libraire.
Je crois, dit-il, qu'il est bon;
Mais le moindre ducaton
Seroit bien mieux mon affaire.

XXI.

LES FRELONS, ET LES MOUCHES A MIEL.

A l'œuvre on connoist l'Artisan.
Quelques rayons de miel sans maistre se trou-
verent :
Des Frelons les reclamerent.
Des Abeilles s'opposant,
Devant certaine Guespe on traduisit la cause.
Il estoit mal-aisé de decider la chose.
Les témoins déposoient qu'autour de ces rayons
Des animaux ailez, bourdonnans, un peu longs,
De couleur fort tannée, et tels que les Abeilles,
Avoient long-tems paru. Mais quoy, dans les Frelons
Ces enseignes estoient pareilles.
La Guespe ne sçachant que dire à ces raisons,

Fit enqueste nouvelle; et pour plus de lumiere,
    Entendit une fourmilliere.
    Le point n'en pût estre éclaircy.
    De grace, à quoy bon tout cecy?
    Dit une Abeille fort prudente.
Depuis tantost six moys que la cause est pendante,
    Nous voicy comme aux premiers jours.
    Pendant cela le miel se gaste.
Il est temps desormais que le Juge se haste :
    N'a-t-il point assez leché l'Ours?
Sans tant de contredits, et d'interlocutoires,
    Et de fatras, et de grimoires,
    Travaillons, les Frelons et nous :
On verra qui sçait faire avec un suc si doux
    Des cellules si bien basties.
    Le refus des Frelons fit voir
    Que cét art passoit leur sçavoir :
Et la Guespe adjugea le miel à leurs parties.
Pleust à Dieu qu'on reglast ainsi tous les procez!
Que des Turcs en cela l'on suivist la methode !
Le simple sens commun nous tiendroit lieu de Code.
    Il ne faudroit point tant de frais.
    Au lieu qu'on nous mange, on nous gruge,
    On nous mine par des longueurs :
On fait tant à la fin que l'huistre est pour le Juge,
    Les écailles pour les plaideurs[1].

XXII.

LE CHESNE ET LE ROZEAU.

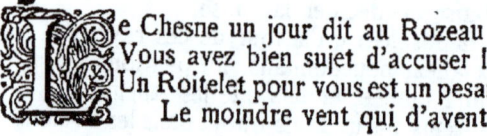e Chesne un jour dit au Rozeau :
    Vous avez bien sujet d'accuser la nature.
    Un Roitelet pour vous est un pesant fardeau.
    Le moindre vent qui d'aventure

1. Voyez Livre IX, fable IX.

Fait rider la face de l'eau
  Vous oblige à baisser la teste :
Cependant que mon front au Caucase pareil,
Non content d'arrester les rayons du Soleil,
  Brave l'effort de la tempeste.
Tout vous est Aquilon ; tout me semble Zephir.
Encor si vous naissiez à l'abry du feüillage
  Dont je couvre le voisinage ;
  Vous n'auriez pas tant à souffrir ;
  Je vous défendrois de l'orage :
  Mais vous naissez le plus souvent
Sur les humides bords des Royaumes du vent.
La nature envers vous me semble bien injuste.
Vostre compassion, luy répondit l'Arbuste,
Part d'un bon naturel ; mais quittez ce soucy.
  Les vents me sont moins qu'à vous redoutables.
Je plie, et ne romps pas. Vous avez jusqu'icy
  Contre leurs coups épouvantables
  Resisté sans courber le dos :
Mais attendons la fin. Comme il disoit ces mots,
Du bout de l'Orizon accourt avec furie
  Le plus terrible des enfans
Que le Nort eust portez jusques-là dans ses flancs.
  L'Arbre tient bon, le Roseau plie :
  Le vent redouble ses efforts,
  Et fait si bien qu'il déracine
Celuy de qui la teste au Ciel estoit voisine,
Et dont les pieds touchoient à l'empire des morts[1].

---

1. Virgile a dit (Géorg., II, v. 292) :

  . . . . Quæ quantùm vertice ad auras
  Æthereas, tantùm radice in Tartara tendit.

LIVRE DEUXIÉME

FABLE I.

CONTRE CEUX QUI ONT LE GOUST
DIFFICILE.

Quand j'aurois en naissant receu de Calliope
Les dons qu'à ses amans cette Muse a promis,
Je les consacrerois aux Mensonges d'Esope :
Le Mensonge et les Vers de tout temps sont
    amis.
Mais je ne me crois pas si chery du Parnasse
Que de sçavoir orner toutes ces fictions :
On peut donner du Lustre à leurs inventions :
On le peut, je l'essaye, un plus sçavant le fasse.
Cependant jusqu'icy d'un langage nouveau
J'ay fait parler le Loup et répondre l'Agneau.
J'ay passé plus avant; les Arbres et les Plantes
Sont devenus chez moy creatures parlantes.
Qui ne prendroit cecy pour un enchantement?
    Vrayment, me diront nos critiques,
    Vous parlez magnifiquement
    De cinq ou six contes d'enfant.
Censeurs, en voulez-vous qui soient plus authentiques,
Et d'un stile plus haut? En voicy. Les Troyens,

Après dix ans de guerre autour de leurs murailles,
Avoient lassé les Grecs, qui par mille moyens,
     Par mille assauts, par cent batailles,
N'avoient pû mettre à bout cette fiere cité :
Quand un cheval de bois par Minerve inventé
     D'un rare et nouvel artifice,
Dans ses énormes flancs receut le Sage Ulysse,
Le vaillant Diomede, Ajax l'impetueux,
     Que ce Colosse monstrueux
Avec leurs escadrons devoit porter dans Troye,
Livrant à leur fureur ses Dieux mesmes en proye.
Stratagême inoüy qui des fabriquateurs
     Paya la constance et la peine.
C'est assez, me dira quelqu'un de nos Auteurs :
La periode est longue, il faut reprendre haleine.
     Et puis vostre Cheval de bois,
     Vos Heros avec leurs Phalanges,
     Ce sont des contes plus étranges,
Qu'un Renard qui cajole un Corbeau sur sa voix.
De plus il vous sied mal d'écrire en si haut stile.
Et bien, baissons d'un ton. La jalouse Amarille
Songeoit à son Alcippe, et croyoit de ses soins
N'avoir que ses Moutons et son Chien pour témoins.
Tircis qui l'apperceut, se glisse entre des saules,
Il entend la Bergere adressant ces paroles
     Au doux Zephire, et le priant
     De les porter à son Amant.
     Je vous arreste à cette rime,
     Dira mon Censeur à l'instant.
     Je ne la tiens pas legitime,
     Ny d'une assez grande vertu.
Remettez pour le mieux ces deux vers à la fonte.
     Maudit Censeur, te tairas-tu?
     Ne sçaurois-je achever mon conte?
     C'est un dessein tres-dangereux
     Que d'entreprendre de te plaire.
     Les delicats sont mal-heureux ;
     Rien ne sçauroit les satisfaire.

II.

CONSEIL TENU PAR LES RATS.

Un Chat nommé Rodilardus,
Faisoit de Rats telle déconfiture,
Que l'on n'en voyoit presque plus,
Tant il en avoit mis dedans la sepulture.
Le peu qu'il en restoit n'osant quitter son trou,
Ne trouvoit à manger que le quart de son sou;
Et Rodilard passoit chez la gent miserable,
    Non pour un Chat, mais pour un Diable.
    Or un jour qu'au haut et au loin
    Le galand alla chercher femme,
Pendant tout le sabat qu'il fit avec sa Dame,
Le demeurant des Rats tint chapitre en un coin
    Sur la necessité présente.
Dés l'abord leur Doyen, personne fort prudente,
Opina qu'il faloit, et plustost que plus tard,
    Attacher un grêlot au cou de Rodilard;
    Qu'ainsi quand il iroit en guerre
De sa marche avertis ils s'enfuiroient sous terre;
    Qu'il n'y sçavoit que ce moyen.
Chacun fut de l'avis de Monsieur le Doyen.
Chose ne leur parut à tous plus salutaire.
La difficulté fut d'attacher le grêlot.
L'un dit : Je n'y vas point, je ne suis pas si sot:
L'autre : Je ne sçaurois. Si bien que sans rien faire
    On se quitta. J'ay maints Chapitres vûs
    Qui pour neant se sont ainsi tenus;
Chapitres, non de Rats, mais Chapitres de Moines,
    Voire Chapitres de Chanoines.

    Ne faut-il que deliberer?
    La Cour en Conseillers foisonne;
    Est-il besoin d'executer?
    L'on ne rencontre plus personne.

La Fontaine. — I.   5

III.

LE LOUP PLAIDANT CONTRE LE RENARD
PARDEVANT LE SINGE.

Un Loup disoit que l'on l'avoit volé.
Un Renard, son voisin, d'assez mauvaise vie,
Pour ce pretendu vol par luy fut appellé.
    Devant le Singe il fut plaidé,
Non point par Advocats, mais par chaque partie.
    Themis n'avoit point travaillé,
De memoire de Singe à fait plus embroüillé.
Le Magistrat suoit en son lit de Justice.
    Apres qu'on eut bien contesté,
    Repliqué, crié, tempêté,
    Le Juge instruit de leur malice,
Leur dit, Je vous connois de long-temps, mes amis;
    Et tous deux vous payrez l'amende :
Car toy, Loup, tu te plains quoy qu'on ne t'ait rien pris,
Et toy, Renard, as pris ce que l'on te demande.
Le Juge pretendoit qu'à tors et à travers
On ne sçauroit manquer condamnant un pervers.

Quelques personnes de bon sens ont crû que l'impossibilité et la contradiction qui est dans le jugement de ce Singe estoit une chose à censurer; mais je ne m'en suis servy qu'apres Phedre, et c'est en cela que consiste le bon mot, selon mon avis.

IV.

LES DEUX TAUREAUX

ET UNE GRENOUILLE.

Deux Taureaux combattoient à qui possederoit
    Une Genisse avec l'empire.
    Une Grenoüille en soûpiroit.
    Qu'avez-vous? se mit à luy dire
  Quelqu'un du peuple croassant.
    Et ne voyez-vous pas, dit-elle,
    Que la fin de cette querelle
Sera l'exil de l'un ; que l'autre le chassant
Le fera renoncer aux campagnes fleuries?
Il ne regnera plus[1] sur l'herbe des prairies,
Viendra dans nos marests regner sur les roseaux,
Et nous foulant aux pieds jusques au fond des eaux,
Tantost l'une, et puis l'autre, il faudra qu'on patisse
Du combat qu'a causé madame la Genisse.
    Cette crainte estoit de bon sens.
    L'un des Taureaux en leur demeure
    S'alla cacher à leurs dépens ;
    Il en écrasoit vingt par heure.
    Helas! on void que de tout temps
Les petis ont paty des sottises des grands.

1. *Il ne regnera pas*, dans l'édition de 1668.

V.

LA CHAUVESOURIS

ET LES DEUX BELETTES.

Une Chauvesouris donna teste baissée
Dans un nid de Belette; et sitost qu'elle y fut,
L'autre envers les Souris de long-temps cour-
        roucée,
    Pour la devorer accourut.
Quoy? vous osez, dit-elle, à mes yeux vous produire,
Apres que vostre race a tâché de me nuire?
N'estes-vous pas Souris? Parlez sans fiction.
Ouy vous l'estes, ou bien je ne suis pas Belette.
    Pardonnez-moy, dit la pauvrette,
    Ce n'est pas ma profession.
Moy Souris! des méchans vous ont dit ces nouvelles.
    Grace à l'Auteur de l'Univers
    Je suis Oyseau; voyez mes aisles :
    Vive la gent qui fend les airs.
    Sa raison plût, et sembla bonne.
    Elle fait si bien qu'on luy donne
    Liberté de se retirer.
    Deux jours apres nostre étourdie
    Aveuglément se va fourrer
Chez une autre Belette aux Oyseaux ennemie.
La voila derechef en danger de sa vie.
La Dame du logis avec son long museau
S'en alloit la croquer en qualité d'oyseau,
Quand elle protesta qu'on luy faisoit outrage :
Moy pour telle passer? vous n'y regardez pas.
    Qui fait l'Oyseau? c'est le plumage.
    Je suis Souris; vivent les Rats.
    Jupiter confonde les Chats.

Par cette adroite repartie
Elle sauva deux fois sa vie.

Plusieurs se sont trouvez qui d'écharpe changeans,
Aux dangers, ainsi qu'elle, ont souvent fait la figue.
    Le Sage dit, selon les gens,
    Vive le Roy, vive la Ligue.

VI.

L'OYSEAU BLESSÉ D'UNE FLECHE.

Mortellement atteint d'une fléche empennée,
Un Oyseau déploroit sa triste destinée,
Et disoit en souffrant un surcroist de douleur,
Faut-il contribuer à son propre mal-heur?
Cruels humains, vous tirez de nos aîles
De quoy faire voler ces machines mortelles ;
Mais ne vous mocquez point, engeance sans pitié :
Souvent il vous arrive un sort comme le nostre.
Des enfans de Japet toûjours une moitié
    Fournira des armes à l'autre.

VII.

LA LICE ET SA COMPAGNE.

Une Lice estant sur son terme,
Et ne sçachant où mettre un fardeau si pres-
    sant,
Fait si bien qu'à la fin sa Compagne consent

De luy préter sa hute, où la Lice s'enferme.
Au bout de quelque-temps sa Compagne revient.
La Lice luy demande encore une quinzaine.
Ses petits ne marchoient, disoit-elle, qu'à peine.
       Pour faire court, elle l'obtient.
Ce second terme échû, l'autre luy redemande
       Sa maison, sa chambre, son lit.
La Lice cette fois montre les dents, et dit :
Je suis preste à sortir avec toute ma bande,
       Si vous pouvez nous mettre hors.
       Ses enfans estoient déja forts.

Ce qu'on donne aux méchans, toûjours on le regrette.
       Pour tirer d'eux ce qu'on leur preste,
       Il faut que l'on en vienne aux coups;
       Il faut plaider, il faut combattre.
       Laissez-leur prendre un pied chez vous,
       Ils en auront bien-tost pris quatre.

VIII.

L'AIGLE ET L'ESCARBOT[1].

L'Aigle donnoit la chasse à Maître Jean Lapin,
   Qui droit à son terrier s'enfuyoit au plus viste.
   Le trou de l'Escarbot se rencontre en chemin.
       Je laisse à penser si ce giste
Estoit seur; mais où mieux? Jean-Lapin s'y blotit.
L'Aigle fondant sur luy nonobstant cét azile,
       L'Escarbot intercede et dit :
Princesse des Oyseaux, il vous est fort facile
D'enlever mal-gré moy ce pauvre mal-heureux :
Mais ne me faites pas cét affront, je vous prie :
Et puisque Jean Lapin vous demande la vie,

1. Voyez ci-dessus page 36.

Donnez-la luy de grace, ou l'ostez à tous deux :
    C'est mon voisin, c'est mon compere.
L'Oyseau de Jupiter, sans répondre un seul mot,
    Choque de l'aisle l'Escarbot,
    L'étourdit, l'oblige à se taire ;
Enleve Jean Lapin. L'Escarbot indigné
Vole au nid de l'Oyseau, fracasse en son absence
Ses œufs, ses tendres œufs, sa plus douce esperance :
    Pas un seul ne fut épargné.
L'Aigle estant de retour et voyant ce ménage,
Remplit le Ciel de cris, et pour comble de rage
Ne sçait sur qui venger le tort qu'elle a souffert.
Elle gemit en vain, sa plainte au vent se perd.
Il falut pour cét an vivre en mere affligée.
L'an suivant elle mit son nid en lieu plus haut.
L'Escarbot prend son temps, fait faire aux œufs le saut:
La mort de Jean Lapin derechef est vangée.
Ce second deüil fut tel que l'echo de ces bois
    N'en dormit de plus de six mois.
    L'Oyseau qui porte Ganimede,
Du Monarque des Dieux enfin implore l'aide ;
Dépose en son giron ses œufs, et croit qu'en paix
Ils seront dans ce lieu, que pour ses interests
Jupiter se verra contraint de les défendre.
    Hardy qui les iroit là prendre.
    Aussi ne les y prit-on pas.
    Leur ennemy changea de note,
Sur la robe du Dieu fit tomber une crote :
Le Dieu la secoüant jetta les œufs à bas.
    Quand l'Aigle sçeut l'inadvertance,
    Elle menaça Jupiter
D'abandonner sa Cour, d'aller vivre au desert[1] :

1. On lit ici dans l'édition de 1668, et même dans l'édition
de 1678 que nous suivons d'ordinaire, le vers suivant :

    De quitter toute dépendance

qui est retranché dans une autre édition portant également
la date de 1678.

Avec mainte autre extravagance.
Le pauvre Jupiter se tut.
Devant son Tribunal l'Escarbot comparut,
Fit sa plainte, et conta l'affaire.
On fit entendre à l'Aigle enfin qu'elle avoit tort.
Mais les deux ennemis ne voulant point d'accord,
Le Monarque des Dieux s'avisa, pour bien faire,
De transporter le temps où l'Aigle fait l'amour,
En une autre saison, quand la race Escarbote
Est en quartier d'Hyver, et comme la marmote
Se cache et ne void point le jour.

IX.

LE LION ET LE MOUCHERON.

Va-t'en, chetif insecte, excrement de la terre.
C'est en ces mots que le Lion
Parloit un jour au Moûcheron.
L'autre luy declara la guerre.
Penses-tu, luy dit-il, que ton titre de Roy
Me fasse peur, ny me soucie?
Un bœuf est plus puissant que toy;
Je le meine à ma fantaisie.
A peine il achevoit ces mots,
Que luy-mesme il sonna la charge,
Fut le Trompette et le Heros.
Dans l'abord il se met au large;
Puis prend son temps, fond sur le cou
Du Lion qu'il rend presque fou.
Le quadrupede écume, et son œil étincelle;
Il rugit, on se cache, on tremble à l'environ:
Et cette alarme universelle
Est l'ouvrage d'un Moûcheron.
Un avorton de Moûche en cent lieux le harcelle,

Tantost picque l'échine, et tantost le museau,
    Tantost entre au fond du nazeau.
La rage alors se trouve à son faiste montée.
L'invisible ennemy triomphe et rit de voir
Qu'il n'est griffe, ny dent en la beste irritée,
Qui de la mettre en sang ne fasse son devoir.
Le mal-heureux Lion se déchire luy-mesme,
Fait resonner sa queuë à l'entour de ses flancs,
Bat l'air qui n'en peut mais, et sa fureur extrême
Le fatigue, l'abat; le voila sur les dents.
L'insecte du combat se retire avec gloire :
Comme il sonna la charge, il sonne la victoire;
Va partout l'annoncer, et rencontre en chemin
    L'embuscade d'une araignée.
    Il y rencontre aussi sa fin.
Quelle chose par là nous peut estre enseignée?
J'en vois deux, dont l'une est qu'entre nos ennemis,
Les plus à craindre sont souvent les plus petits;
L'autre qu'aux grands perils tel a pu se soustraire,
    Qui perit pour la moindre affaire.

X.

L'ASNE CHARGÉ D'ÉPONGES,

ET L'ASNE CHARGÉ DE SEL.

Un Asnier, son Sceptre à la main,
    Menoit en Empereur Romain
    Deux Coursiers à longues oreilles.
    L'un d'éponges chargé marchoit comme un
      Courier;
    Et l'autre se faisant prier
    Portoit, comme on dit, les bouteilles.
Sa charge estoit de sel. Nos gaillards pelerins

Par monts, par vaux, et par chemins,
Au gué d'une riviere à la fin arriverent,
 Et fort empeschez se trouverent.
L'Asnier qui tous les jours traversoit ce gué là,
 Sur l'Asne à l'éponge monta,
 Chassant devant luy l'autre beste,
 Qui voulant en faire à sa teste
 Dans un trou se precipita,
 Revint sur l'eau, puis échapa :
 Car au bout de quelques nâgées
 Tout son sel se fondit si bien,
 Que le Baudet ne sentit rien
 Sur ses épaules soulagées.
Camarade Epongier prit exemple sur luy,
Comme un Mouton qui va dessus la foy d'autruy.
Voilà mon Asne à l'eau, jusqu'au col il se plonge
 Luy, le conducteur, et l'Eponge.
Tous trois beurent d'autant; l'Asnier et le Grison
 Firent à l'Eponge raison.
 Celle-cy devint si pesante,
 Et de tant d'eau s'emplit d'abord,
Que l'Asne succombant ne pût gagner le bord.
 L'Asnier l'embrassoit dans l'attente
 D'une prompte et certaine mort.
Quelqu'un vint au secours : qui ce fut, il n'importe;
C'est assez qu'on ait veu par là qu'il ne faut point
 Agir chacun de mesme sorte.
 J'en voulois venir à ce point.

XI.

LE LION ET LE RAT.

XII.

LA COLOMBE ET LA FOURMY.

Il faut autant qu'on peut obliger tout le monde.
On a souvent besoin d'un plus petit que soy.
De cette verité deux Fables feront foy ;
    Tant la chose en preuves abonde.
  Entre les pattes d'un Lion,
Un Rat sortit de terre assez à l'étourdie.
Le Roy des animaux en cette occasion
Montra ce qu'il estoit, et luy donna la vie.
  Ce bien-fait ne fut pas perdu.
  Quelqu'un auroit-il jamais crû
  Qu'un Lion d'un Rat eût affaire ?
Cependant il avint qu'au sortir des Forests
  Ce Lion fut pris dans des rets,
Dont ses rugissemens ne le pûrent défaire.
Sire Rat accourut, et fit tant par ses dents,
Qu'une maille rongée emporta tout l'ouvrage.
  Patience et longueur de temps
  Font plus que force ny que rage.

L'autre exemple est tiré d'animaux plus petits.
  Le long d'un clair ruisseau beuvoit une Co-
    lombe :
  Quand sur l'eau se panchant une Fourmis y
    tombe,

Et dans cét Ocean l'on eust vu la Fourmis
S'efforcer, mais en vain, de regagner la rive.
La Colombe aussi-tost usa de charité.
Un brin d'herbe dans l'eau par elle estant jetté,
Cé fut un promontoire où la Fourmis arrive.
   Elle se sauve; et là-dessus
Passe un certain Croquant qui marchoit les pieds nus.
Ce Croquant par hazard avoit une arbaleste.
   Dés qu'il void l'oiseau de Venus
Il le croit en son pot, et déja luy fait feste.
Tandis qu'à le tuer mon Villageois s'appreste,
   La Fourmis le pique au talon.
   Le Vilain retourne la teste.
La Colombe l'entend, part, et tire de long.
Le soupé du Croquant avec elle s'envole :
   Point de Pigeon pour une obole.

XIII.

L'ASTROLOGUE QUI SE LAISSE

TOMBER DANS UN PUITS.

Un Astrologue un jour se laissa choir
Au fonds d'un puits. On luy dit, Pauvre beste,
Tandis qu'à peine à tes pieds tu peux voir,
Penses-tu lire au-dessus de ta teste?

Cette avanture en soy, sans aller plus avant,
Peut servir de leçon à la pluspart des hommes.
Parmy ce que de gens sur la terre nous sommes,
   Il en est peu qui fort souvent
   Ne se plaisent d'entendre dire,
Qu'au Livre du Destin les mortels peuvent lire.
Mais ce Livre qu'Homere et les siens ont chanté,

Qu'est-ce que le hazard parmy l'antiquité,
  Et parmy nous, la Providence?
 Or du hazard il n'est point de science.
  S'il en estoit, on auroit tort
De l'appeller hazard, ny fortune, ny sort,
  Toutes choses tres-incertaines.
  Quant aux volontez souveraines
De celuy qui fait tout, et rien qu'avec dessein,
Qui les sçait que luy seul? Comment lire en son sein?
Auroit-il imprimé sur le front des étoiles
Ce que la nuit des temps enferme dans ses voiles?
A quelle utilité? Pour exercer l'esprit
De ceux qui de la Sphere et du Globe ont écrit?
Pour nous faire éviter des maux inêvitables?
Nous rendre dans les biens de plaisir incapables?
Et causant du dégoust pour ces biens prévenus
Les convertir en maux devant qu'ils soient venus?
C'est erreur, ou plustost c'est crime de le croire.
Le Firmament se meut; les Astres font leur cours;
  Le Soleil nous luit tous les jours;
Tous les jours sa clarté succede à l'ombre noire,
Sans que nous en puissions autre chose inferer
Que la necessité de luire et d'éclairer,
D'amener les saisons, de meurir les semences,
De verser sur les corps certaines influences.
Du reste, en quoy répond au sort toûjours divers
Ce train toûjours égal dont marche l'Univers?
  Charlatans, faiseurs d'horoscope,
 Quittez les Cours des Princes de l'Europe :
Emmenez avec vous les soufleurs tout d'un temps.
Vous ne meritez pas plus de foy que ces gens.
Je m'emporte un peu trop; revenons à l'histoire
De ce Speculateur qui fut contraint de boire.
Outre la vanité de son art mensongèr,
C'est l'image de ceux qui baaïllent aux chimeres,
  Cependant qu'ils sont en danger,
  Soit pour eux, soit pour leurs affaires.

XIV.

LE LIEVRE ET LES GRENOUILLES.

Un Lievre en son giste songeoit,
(Car que faire en un giste à moins que l'on ne
    songe?)
Dans un profond ennuy ce Lievre se plon-
    geoit :
Cét animal est triste, et la crainte le ronge.
        Les gens de naturel peureux
        Sont, disoit-il, bien mal-heureux.
Ils ne sçauroient manger morceau qui leur profite.
Jamais un plaisir pur : toûjours assauts divers.
Voila comme je vis : cette crainte maudite
M'empesche de dormir sinon les yeux ouverts.
Corrigez-vous, dira quelque sage cervelle.
        Et la peur se corrige-t-elle?
        Je crois mesme qu'en bonne foy
        Les hommes ont peur comme moy.
        Ainsi raisonnoit notre Lievre,
        Et cependant faisoit le guet.
        Il estoit douteux, inquiet :
Un souffle, une ombre, un rien, tout luy donnoit la fiévre.
        Le melancolique animal
        En révant à cette matiere
Entend un leger bruit : ce luy fut un signal
        Pour s'enfuir devers sa taniere.
Il s'en alla passer sur le bord d'un estang,
Grenoüilles aussi-tost de sauter dans les ondes.
Grenoüilles de rentrer en leurs grottes profondes.
        Oh, dit-il, j'en fais faire autant
        Qu'on m'en fait faire! ma presence
Effraye aussi les gens, je mets l'alarme au camp!

Et d'où me vient cette vaillance?
Comment, des animaux qui tremblent devant moy?
    Je suis donc un foudre de guerre?
Il n'est, je le vois bien, si poltron sur la terre,
Qui ne puisse trouver un plus poltron que soy.

XV.

LE COQ ET LE RENARD.

Sur la branche d'un arbre estoit en sentinelle
        Un vieux Coq adroit et matois.
    Frere, dit un Renard adoucissant sa voix,
        Nous ne sommes plus en querelle.
    Paix generale cette fois.
Je viens te l'annoncer ; descends que je t'embrasse :
    Ne me retarde point de grace:
Je dois faire aujourd'huy vingt postes sans manquer.
        Les tiens et toy pouvez vaquer
        Sans nulle crainte à vos affaires :
        Nous vous y servirons en freres.
        Faites-en les feux dés ce soir,
        Et cependant vien recevoir
        Le baiser d'amour fraternelle.
Amy, reprit le Coq, je ne pouvois jamais
Apprendre une plus douce et meilleure nouvelle,
            Que celle
        De cette paix.
    Et ce m'est une double joye
De la tenir de toy. Je vois deux Levriers
        Qui je m'asseure sont couriers
        Que pour ce sujet on envoye.
Ils vont viste, et seront dans un moment à nous.
Je descends ; nous pourrons nous entrebaiser tous.

Adieu, dit le Renard: ma traite est longue à faire.
Noùs nous réjoüirons du succés de l'affaire
Une autre fois. Le galand aussi-tost
Tire ses gregues, gagne au haut,
Mal-content de son stratagême;
Et nostre vieux Coq en soy-mesmè
Se mit à rire de sa peur;
Car c'est double plaisir de tromper le trompeur.

XVI.

LE CORBEAU VOULANT IMITER
L'AIGLE.

L'Oyseau de Jupiter enlevant un Mouton,
Un Corbeau témoin de l'affaire,
Et plus foible de reins, mais non pas moins
glouton,
En voulut sur l'heure autant faire.
Il tourne à l'entour du troupeau;
Marque entre cent Moutons le plus gras, le plus beau,
Un vray Mouton de sacrifice.
On l'avoit réservé pour la bouche des Dieux.
Gaillard Corbeau disoit, en le couvant des yeux,
Je ne sçay qui fut ta nourrice;
Mais ton corps me paroist en merveilleux estat.
Tu me serviras de pâture.
Sur l'animal beslant à ces mots il s'abat.
La Moutonniere creature
Pesoit plus qu'un fromage; outre que sa toison
Estoit d'une épaisseur extrême,
Et mêlée à peu prés de la mesme façon
Que la barbe de Polipheme.
Elle empestra si bien les serres du Corbeau,

Que le pauvre animal ne pût faire retraitte ;
Le Berger vient, le prend, l'encage bien et beau,
Le donne à ses enfans pour servir d'amusette.
Il faut se mesurer, la consequence est nette.
Mal prend aux Volereaux de faire les Voleurs.
       L'exemple est un dangereux leurre.
Tous les mangeurs de gens ne sont pas grands Seigneurs ;
Où la Guespe a passé le Mouscheron demeure.

XVII.

LE PAN SE PLAIGNANT A JUNON.

Le Pan se plaignoit à Junon.
    Deesse, disoit-il, ce n'est pas sans raison,
       Que je me plains, que je murmure ;
        Le chant dont vous m'avez fait don
    Déplaist à toute la nature :
Au lieu qu'un Rossignol, chetive creature,
    Forme des sons aussi doux qu'éclatans,
       Est luy seul l'honneur du Printemps.
       Junon répondit en colere :
       Oyseau jaloux et qui devrois te taire ;
Est ce à toy d'envier la voix du Rossignol ?
Toy que l'on voit porter à l'entour de ton col
Un arc-en-ciel nué de cent sortes de soyes,
       Qui te panades, qui déployes
Une si riche queuë, et qui semble à nos yeux
       La Boutique d'un Lapidaire ?
       Est-il quelque oyseau sous les Cieux
       Plus que toy capable de plaire ?
Tout animal n'a pas toutes proprietez.
Nous vous avons donné diverses qualitez,
Les uns ont la grandeur et la force en partage ;

Le Faucon est leger, l'Aigle plein de courage,
        Le Corbeau sert pour le présage,
La Corneille avertit des mal-heurs à venir :
        Tous sont contens de leur ramage :
Cesse donc de te plaindre, ou bien pour te punir
        Je t'osteray ton plumage.

XVIII.

LA CHATE METAMORPHOSÉE
EN FEMME.

Un homme cherissoit éperdument sa Chate;
Il la trouvoit mignonne, et belle, et delicate,
        Qui miauloit d'un ton fort doux :
        Il estoit plus fou que les foux.
Cet Homme donc par prieres, par larmes,
        Par sortileges et par charmes,
        Fait tant qu'il obtient du destin
        Que sa Chate en un beau matin
        Devient femme, et le matin mesme
        Maistre sot en fait sa moitié.
        Le voila fou d'amour extrême,
        De fou qu'il estoit d'amitié.
        Jamais la Dame la plus belle
        Ne charma tant son favory,
        Que fait cette épouse nouvelle
        Son hypocondre de mary.
        Il l'amadouë, elle le flate,
        Il n'y trouve plus rien de Chate:
        Et poussant l'erreur jusqu'au bout
        La croit femme en tout et par tout.
Lors que quelques Souris qui rongeoient de la natte
Troublerent le plaisir des nouveaux mariez.

Aussi-tost la femme est sur pieds :
Elle manqua son avanture.
Souris de revenir, femme d'estre en posture.
Pour cette fois elle accourut à point ;
Car ayant changé de figure,
Les Souris ne la craignoient point.
Ce luy fut toûjours une amorce,
Tant le naturel a de force.
Il se mocque de tout, certain âge accomply.
Le Vase est imbibé [1], l'étoffe a pris son ply.
En vain de son train ordinaire
On le veut des-accoûtumer.
Quelque chose qu'on puisse faire,
On ne sçauroit le reformer.
Coups de fourche ny d'étrivieres
Ne luy font changer de manieres ;
Et, fussiez-vous embastonnez,
Jamais vous n'en serez les maistres.
Qu'on luy ferme la porte au nez,
Il reviendra par les fenestres.

XIX.

LE LION ET L'ASNE CHASSANT [2].

e Roy des Animaux se mit un jour en teste
De giboyer. Il celebroit sa feste.
Le gibier du Lion ce ne sont pas moineaux ;
Mais beaux et bons Sangliers, Daims et Cerfs
bons et beaux.

1. Quo semel est imbuta recens, servabit odorem
Testa diu.
(Horace, Epîtres, liv. I, épît. 2, v. 69).

2. L'édition de 1668 porte : *chassans*.

Pour reüssir dans cette affaire,
Il se servit du ministere
De l'Asne à la voix de Stentor.
L'Asne à Messer Lion fit office de Cor.
Le Lion le posta, le couvrit de ramée,
Luy commanda de braire, assuré qu'à ce son
Les moins intimidez fuiroient de leur maison.
Leur troupe n'estoit pas encore accoûtumée
          A la tempeste de sa voix :
L'air en retentissoit d'un bruit épouventable :
La frayeur saisissoit les hostes de ces bois.
Tous fuyoient, tous tomboient au piège inévitable
          Où les attendoit le Lion.
N'ay-je pas bien servy dans cette occasion ?
Dit l'Asne, en se donnant tout l'honneur de la chasse;
Ouy, reprit le Lion, c'est bravement crié.
Si je ne connoissois ta personne et ta race
          J'en serois moy-mesme effrayé.

L'Asne s'il eût osé se fût mis en colere,
Encor' qu'on le raillast avec juste raison :
Car qui pourroit souffrir un Asne fanfaron ?
          Ce n'est pas là leur caractere.

XX.

TESTAMENT
EXPLIQUÉ PAR ESOPE.

Si ce qu'on dit d'Esope est vray,
C'estoit l'Oracle de la Grece.
Luy seul avoit plus de sagesse
Que tout l'Areopage. En voicy pour essay
Une Histoire des plus gentilles
Et qui pourra plaire au Lecteur.

Un certain homme avoit trois filles,
Toutes trois de contraire humeur.
Une buveuse, une coquette,
La troisiéme avare parfaite.
Cét Homme par son testament,
Selon les Loix municipales,
Leur laissa tout son bien par portions égales,
En donnant à leur Mere tant ;
Payable quand chacune d'elles
Ne possederoit plus sa contingente part.
Le Pere mort, les trois femelles
Courent au testament sans attendre plus tard.
On le lit ; on tâche d'entendre
La volonté du Testateur,
Mais en vain : car comment comprendre
Qu'aussi-tost que chacune sœur
Ne possedera plus sa part hereditaire,
Il luy faudra payer sa Mere?
Ce n'est pas un fort bon moyen
Pour payer, que d'estre sans bien.
Que vouloit donc dire le Pere?
L'affaire est consultée ; et tous les Advocats
Apres avoir tourné le cas
En cent et cent mille manieres
Y jettent leur bonnet, se confessent vaincus,
Et conseillent aux heritieres
De partager le bien sans songer au surplus.
Quant à la somme de la veuve,
Voicy, leur dirent-ils, ce que le conseil treuve :
Il faut que chaque sœur se charge par traité
Du tiers payable à volonté ;
Si mieux n'aime la Mere en créer une rente
Dés le decés du mort courante.
La chose ainsi reglée, on composa trois lots.
En l'un les maisons de bouteille,
Les buffets dressez sous la treille,
La vaisselle d'argent, les cuvettes, les brocs,
Les magasins de malvoisie,

Les esclaves de bouche, et pour dire en deux mots,
        L'attirail de la goinfrerie :
Dans un autre celuy de la coquetterie ;
La maison de la Ville, et les meubles exquis,
        Les Eunuques, et les coëffeuses,
                Et les brodeuses
        Les joyaux, les robes de prix.
Dans le troisiéme lot, les fermes, le ménage,
        Les troupeaux et le pasturage,
        Valets et bestes de labeur.
Ces lots faits, on jugea que le sort pourroit faire,
        Que peut-estre pas une sœur,
        N'auroit ce qui luy pourroit plaire.
Ainsi chacune prit son inclination ;
        Le tout à l'estimation.
        Ce fut dans la ville d'Athenes,
        Que cette rencontre arriva.
        Petits et grands, tout approuva
Le partage et le choix. Esope seul trouva
        Qu'après bien du temps et des peines,
        Les gens avoient pris justememt
        Le contre-pied du Testament.
Si le défunt vivoit, disoit-il, que l'Attique
        Auroit de reproches de luy !
        Comment ! ce peuple qui se pique
D'estre le plus subtil des peuples d'aujourd'huy,
A si mal entendu la volonté suprême
        D'un testateur ! Ayant ainsi parlé,
        Il fait le partage luy-mesme,
Et donne à chaque sœur un lot contre son gré.
        Rien qui pust estre convenable,
        Partant rien aux sœurs d'agreable.
        A la Coquette l'attirail,
        Qui suit les personnes beuveuses.
        La Biberonne eut le bestail ;
        La Ménagere eut les coëffeuses.
        Tel fut l'avis du Phrygien ;
        Alleguant qu'il n'estoit moyen

Plus seur pour obliger ces filles
A se défaire de leur bien.
Qu'elles se mariroient dans les bonnes familles,
Quand on leur verroit de l'argent :
Pairoient leur Mere tout contant;
Ne possederoient plus les effets de leur Pere;
Ce que disoit le Testament.
Le peuple s'estonna comme il se pouvoit faire
Qu'un homme seul eust plus de sens
Qu'une multitude de gens.

LIVRE TROISIÉME.

—

FABLE I.

LE MEUSNIER, SON FILS, ET L'ASNE[1].

A. M. D. M.[2]

L'Invention des Arts estant un droit d'aî-
    nesse,
Nous devons l'Apologue à l'ancienne Grece :
Mais ce Champ ne se peut tellement
    moissonner,
Que les derniers venus n'y trouvent à glaner.
La feinte est un païs plein de terres desertes ;
Tous les jours nos Auteurs y font des découvertes.
Je t'en veux dire un trait assez bien inventé.
Autrefois à Racan Malherbe l'a conté[3].
Ces deux rivaux d'Horace, heritiers de sa Lyre,
Disciples d'Apollon, nos Maistres pour mieux dire,
Se rencontrant un jour, tout seuls et sans témoins ;
(Comme ils se confioient leurs pensers et leurs soins)
Racan commence ainsi. Dites-moy, je vous prie,
Vous qui devez sçavoir les choses de la vie,
Qui par tous ses degrez avez déja passé,

1. *Et leur Asne*, dans l'édition de 1668.
2. A Monsieur de Maucroix.
3. Voyez : *Vie de Malherbe*, par Racan. Édition de
Malherbe de M. L. Lalanne, tome I, p. LXXXI et suivantes.

Et que rien ne doit fuir en cét âge avancé;
A quoy me resoudray-je? Il est temps que j'y pense.
Vous connoissez mon bien, mon talent, ma naissance.
Dois-je dans la Province établir mon sejour?
Prendre employ dans l'Armée? ou bien charge à la Cour?
Tout au monde est mêlé d'amertume et de charmes.
La Guerre a ses douceurs, l'Hymen a ses alarmes.
Si je suivois mon goust, je sçaurois où buter;
Mais j'ay les miens, la Cour, le peuple à contenter.
Malherbe là-dessus : Contenter tout le monde!
Ecoutez ce recit avant que je réponde.

J'ay lû dans quelque endroit, qu'un Meusnier et son fils,
L'un vieillard, l'autre enfant, non pas des plus petits,
Mais garçon de quinze ans, si j'ay bonne memoire,
Alloient vendre leur Asne un certain jour de foire.
Afin qu'il fût plus frais et de meilleur débit,
On luy lia les pieds, on vous le suspendit;
Puis cét Homme et son fils le portent comme un lustre;
Pauvres gens, idiots, couple ignorant et rustre!
Le premier qui les vid, de rire s'éclata.
Quelle farce, dit-il, vont joüer ces gens-là?
Le plus Asne des trois n'est pas celuy qu'on pense.
Le Meusnier à ces mots connoist son ignorance.
Il met sur pied sa beste, et la fait détaler.
L'Asne, qui goustoit fort l'autre façon d'aller,
Se plaint en son patois. Le Meusnier n'en a cure.
Il fait monter son Fils, il suit, et d'aventure
Passent trois bons Marchands. Cét objet leur déplut.
Le plus vieux au garçon s'écria tant qu'il pût.
Oh là oh, descendez, que l'on ne vous le dise,
Jeune homme qui menez Laquais à barbe grise.
C'estoit à vous de suivre, au vieillard de monter.
Messieurs, dit le Meusnier, il vous faut contenter.
L'enfant met pied à terre, et puis le vieillard monte;
Quand trois filles passant, l'une dit, C'est grand'honte
Qu'il faille voir ainsi clocher ce jeune fils;
Tandis que ce nigaut comme un Evesque assis,

Fait le veau sur son Asne, et pense estre bien sage.
Il n'est, dit le Meusnier, plus de Veaux à mon âge.
Passez vostre chemin, la fille, et m'en croyez.
Apres maints quolibets coup sur coup renvoyez,
L'homme crût avoir tort, et mit son fils en croupe.
Au bout de trente pas, une troisiéme troupe
Trouve encore à gloser. L'un dit, Ces gens sont fous ;
Le Baudet n'en peut plus ; il mourra sous leurs coups.
Hé quoy, charger ainsi cette pauvre Bourique?
N'ont-ils point de pitié de leur vieux domestique?
Sans doute qu'à la Foire ils vont vendre sa peau.
Parbieu, dit le Meusnier, est bien fou du cerveau
Qui pretend contenter tout le monde et son Pere.
Essayons toutefois, si par quelque maniere
Nous en viendrons à bout. Ils descendent tous deux.
L'Asne se prélassant marche seul devant eux.
Un quidan les rencontre, et dit, Est-ce la mode
Que Baudet aille à l'aise et Meusnier s'incommode?
Qui de l'Asne ou du Maistre est fait pour se lasser?
Je conseille à ces gens de le faire enchasser.
Ils usent leurs souliers, et conservent leur Asne ;
Nicolas, au rebours ; car quand il va voir Jeanne,
Il monte sur sa beste, et la chanson le dit[1].
Beau trio de Baudets ! Le Meusnier repartit :
Je suis Asne, il est vray, j'en conviens, je l'avouë ;
Mais que doresnavant on me blasme, on me louë,
Qu'on dise quelque chose ou qu'on ne dise rien,
J'en veux faire à ma teste ; il le fit, et fit bien.

1. Allusion à ce couplet d'une chanson populaire :

> Adieu, cruelle Jeanne,
> Si vous ne m'aimez pas :
> Je monte mon âne,
> Pour galoper au trepas.
> Courez, ne bronchez pas,
> Nicolas ;
> Sur tout n'en revenez pas.

(*Brunettes, recueillies par Christophe Ballard*, Paris, 1703, in-12, t. I, p. 203). Voyez aussi *Annales de l'Auvergne*, t. XV, p. 169.

Quant à vous, suivez Mars, ou l'Amour, ou le Prince;
Allez, venez, courez, demeurez en Province;
Prenez Femme, Abbaye, Employ, Gouvernement;
Les gens en parleront, n'en doutez nullement.

II.

LES MEMBRES ET L'ESTOMACH.

Je devois par la Royauté
        Avoir commencé mon Ouvrage.
        A la voir d'un certain costé
        * Messer Gaster en est l'image.
S'il a quelque besoin, tout le corps s'en ressent.
De travailler pour luy les membres se lassant,
Chacun d'eux resolut de vivre en Gentilhomme,
Sans rien faire, alleguant l'exemple de Gaster.
Il faudroit, disoient-ils, sans nous qu'il vécût d'air.
Nous suons, nous peinons comme bestes de somme :
Et pour qui? pour luy seul : nous n'en profitons pas :
Nostre soin n'aboutit qu'à fournir ses repas.
Chommons : c'est un métier qu'il veut nous faire ap-
    prendre.
Ainsi dit, ainsi fait. Les mains cessent de prendre,
    Les bras d'agir, les jambes de marcher.
Tous dirent à Gaster, qu'il en allast chercher.
Ce leur fut une erreur dont ils se repentirent ;
Bien-tost les pauvres gens tomberent en langueur :
Il ne se forma plus de nouveau sang au cœur :
Chaque membre en souffrit : les forces se perdirent.
        Par ce moyen, les mutins virent,
Que celuy qu'ils croyoient oysif et paresseux

* L'Estomach. (Note de La Fontaine.)

A l'interest commun contribuoit plus qu'eux.
Cecy peut s'appliquer à la grandeur Royale.
Elle reçoit et donne, et la chose est égale.
Tout travaille pour elle, et reciproquement
  Tout tire d'elle l'aliment.
Elle fait subsister l'artisan de ses peines,
Enrichit le Marchand, gage le Magistrat,
Maintient le Laboureur, donne paye au soldat,
Distribue en cent lieux ses graces souveraines,
  Entretient seule tout l'Estat.
  Menenius le sceut bien dire.
La Commune s'alloit separer du Senat.
Les mécontens disoient qu'il avoit tout l'Empire,
Le pouvoir, les tresors, l'honneur, la dignité;
Au lieu que tout le mal estoit de leur costé,
Les tributs, les imposts, les fatigues de guerre.
Le peuple hors des murs estoit déja posté.
La pluspart s'en alloient chercher une autre terre,
  Quand Menenius leur fit voir
  Qu'ils estoient aux membres semblables;
Et par cét Apologue insigne entre les Fables,
  Les ramena dans leur devoir.

III.

LE LOUP DEVENU BERGER.

Un Loup qui commençoit d'avoir petite part
  Aux Brebis de son voisinage,
Crut qu'il faloit s'aider de la peau du Renard,
  Et faire un nouveau personnage.
Il s'habille en Berger, endosse un hoqueton,
  Fait sa houlette d'un baston;
  Sans oublier la Cornemuse.
  Pour pousser jusqu'au bout la ruse,
Il auroit volontiers écrit sur son chapeau,

C'est moy qui suis Guillot Berger de ce troupeau.
    Sa personne estant ainsi faite,
Et ses pieds de devant posez sur sa houlette,
Guillot le * Sycophante approche doucement.
Guillot, le vray Guillot, étendu sur l'herbette,
    Dormoit alors profondément.
Son chien dormoit aussi, comme aussi sa musette.
La pluspart des Brebis dormoient pareillement.
    L'hypocrite les laissa faire :
Et pour pouvoir mener vers son fort les brebis,
Il voulut ajouster la parole aux habits,
    Chose qu'il croyoit necessaire.
    Mais cela gasta son affaire.
Il ne pût du Pasteur contrefaire la voix.
Le ton dont il parla fit retentir les bois,
    Et découvrit tout le mystere.
    Chacun se réveille à ce son,
    Les Brebis, le Chien, le Garçon.
    Le pauvre Loup, dans cét esclandre,
    Empesché par son hoqueton,
    Ne pût ny fuir ny se défendre.

Toûjours par quelque endroit fourbes se laissent prendre.
    Quiconque est Loup, agisse en Loup.
    C'est le plus certain de beaucoup.

IV.

LES GRENOUILLES
QUI DEMANDENT UN ROY.

Les Grenoüilles, se lassant
De l'estat Democratique,
Par leurs clameurs firent tant
Que Jupin les soûmit au pouvoir Monarchique.

* *Trompeur.* (Note de La Fontaine.)

Il leur tomba du Ciel un Roy tout pacifique :
Ce Roy fit toutefois un tel bruit en tombant,
  Que la gent marécageuse,
  Gent fort sotte et fort peureuse,
  S'alla cacher sous les eaux,
  Dans les joncs, dans les roseaux,
  Dans les trous du marécage,
Sans oser de long-temps regarder au visage
Celuy qu'elles croyoient estre un geant nouveau ;
  Or c'estoit un soliveau,
De qui la gravité fit peur à la premiere,
  Qui de le voir s'avanturant
  Osa bien quitter sa taniere.
  Elle approcha, mais en tremblant.
Une autre la suivit, une autre en fit autant,
  Il en vint une fourmilliere ;
Et leur troupe à la fin se rendit familiere
  Jusqu'à sauter sur l'épaule du Roy.
Le bon Sire le souffre, et se tient toûjours coy.
Jupin en a bien-tost la cervelle rompuë.
Donnez-nous, dit ce peuple, un Roy qui se remuë.
Le Monarque des Dieux leur envoye une Gruë,
  Qui les croque, qui les tuë,
  Qui les gobe à son plaisir ;
  Et Grenoüilles de se plaindre ;
Et Jupin de leur dire : Et quoy, vostre desir
  A ses Loix croit-il nous astraindre?
  Vous avez deû premierement
  Garder vostre Gouvernement ;
Mais ne l'ayant pas fait, il vous devoit suffire
Que vostre premier Roy fust debonnaire et doûx :
  De celuy cy contentez-vous,
  De peur d'en rencontrer un pire.

V.

LE RENARD ET LE BOUC[1].

Capitaine Renard alloit de compagnie
      Avec son amy Bouc des plus haut encornez.
      Celuy-cy ne voyoit pas plus loin que son nez,
      L'autre estoit passé maistre en fait de trom-
      perie.
La soif les obligea de descendre en un puis.
      Là chacun d'eux se desaltere.
Apres qu'abondamment tous deux en eurent pris,
Le Renard dit au Bouc : Que ferons-nous, compere?
Ce n'est pas tout de boire ; il faut sortir d'icy.
Leve tes pieds en haut, et tes cornes aussi :
Mets-les contre le mur. Le long de ton eschine
      Je grimperay premierement ;
      Puis sur tes cornes m'élevant,
      A l'aide de cette machine,
      De ce lieu-cy je sortiray,
      Apres quoy je t'en tireray.
Par ma barbe, dit l'autre, il est bon ; et je loüe
      Les gens bien sensez comme toy.
      Je n'aurois jamais quant à moy
      Trouvé ce secret, je l'avoüe.
Le Renard sort du puis, laisse son compagnon,
      Et vous luy fait un beau sermon
      Pour l'exhorter à patience.
Si le Ciel t'eust, dit-il, donné par excellence
Autant de jugement que de barbe au menton,
      Tu n'aurois pas à la legere
Descendu dans ce puis. Or adieu, j'en suis hors :

1. Voyez ci-dessus page 13.

Tasche de t'en tirer, et fais tous tes efforts ;
Car pour moy j'ay certaine affaire,
Qui ne me permet pas d'arrester en chemin.
En toute chose il faut considerer la fin.

VI.

L'AIGLE, LA LAYE, ET LA CHATE.

L'Aigle avoit ses petits au haut d'un arbre creux ;
La Laye au pied, la Chate entre les deux :
Et sans s'incommoder, moyennant ce par-
tage
Meres et nourrissons faisoient leur tripotage.
La Chate détruisit par sa fourbe l'accord.
Elle grimpa chez l'Aigle, et luy dit : Nostre mort,
(Au moins de nos enfans, car c'est tout un aux meres)
Ne tardera possible gueres.
Voyez-vous à nos pieds fouïr incessamment
Cette maudite Laye, et creuser une mine ?
C'est pour déraciner le chesne asseurément,
Et de nos nourrissons attirer la ruïne.
L'arbre tombant ils seront devorez :
Qu'ils s'en tiennent pour assurez.
S'il m'en restoit un seul j'adoucirois ma plainte.
Au partir de ce lieu qu'elle remplit de crainte,
La perfide descend tout droit
A l'endroit
Où la Laye estoit en gesine.
Ma bonne amie et ma voisine,
Luy dit-elle tout bas, je vous donne un avis.
L'Aigle, si vous sortez, fondra sur vos petits :
Obligez-moy de n'en rien dire ;
Son courroux tomberoit sur moy.

Dans cette autre famille ayant semé l'effroy,
        La Chate en son trou se retire.
L'Aigle n'ose sortir, ny pourvoir aux besoins
        De ses petits : la Laye encore moins :
Sottes de ne pas voir que le plus grand des soins
Ce doit estre celuy d'éviter la famine.
A demeurer chez soy l'une et l'autre s'obstine,
Pour secourir les siens dedans l'occasion :
        L'Oyseau Royal en cas de mine,
        La Laye en cas d'irruption.
La faim détruisit tout : il ne resta personne
De la gent Marcassine, et de la gent Aiglonne,
        Qui n'allast de vie à trépas ;
        Grand renfort pour messieurs les Chats.

Que ne sçait point ourdir une langue traîtresse
        Par sa pernicieuse adresse?
        Des malheurs qui sont sortis
        De la boëte de Pandore,
Celuy qu'à meilleur droit tout l'Univers abhorre,
        C'est la fourbe à mon avis.

VII.

L'YVROGNE ET SA FEMME.

Chacun a son defaut où toûjours il revient :
        Honte ny peur n'y remedie.
        Sur ce propos d'un conte il me souvient :
        Je ne dis rien que je n'appuye
De quelque exemple. Un suppost de Bacchus
Alteroit sa santé, son esprit, et sa bourse.
Telles gens n'ont pas fait la moitié de leur course,
        Qu'ils sont au bout de leurs écus.

Un jour que celuy-cy plein du jus de la treille,
Avoit laissé ses sens au fond d'une bouteille,
- Sa femme l'enferma dans un certain tombeau.
   Là les vapeurs du vin nouveau
Cuverent à loisir. A son réveil il treuve
L'attirail de la mort à l'entour de son corps,
   Un luminaire, un drap des morts.
Oh ! dit-il, qu'est-cecy ? Ma femme est-elle veuve ?
Là-dessus son Epouse en habit d'Alecton,
Masquée, et de sa voix contre-faisant le ton,
Vient au prétendu mort ; approche de sa biere ;
Luy presente un chaudeau propre pour Lucifer.
L'Epoux alors ne doute en aucune maniere
   Qu'il ne soit citoyen d'enfer.
Quelle personne és-tu ? dit-il à ce phantosme.
   La celeriere du Royaume
De Satan, reprit-elle ; et je porte à manger
   A ceux qu'enclost la tombe noire.
   Le Mary repart sans songer :
   Tu ne leur portes point à boire ?

VIII.

LA GOUTE ET L'ARAIGNÉE.

Quand l'Enfer eut produit la Goute et l'Arai-
  gnée,
  Mes filles, leur dit-il, vous pouvez vous
  venter
  D'être pour l'humaine lignée
  Egalement à redouter.
Or avisons aux lieux qu'il vous faut habiter.
  Voyez-vous ces cases étretes,
Et ces Palais si grands, si beaux, si bien dorez

Je me suis proposé d'en faire vos retraites.
    Tenez donc; voicy deux buchetes :
    Accommodez-vous, ou tirez.
Il n'est rien, dit l'Aragne, aux cases qui me plaise.
L'autre tout au rebours voyant les Palais pleins
    De ces gens nommez Medecins,
Ne crut pas y pouvoir demeurer à son aise.
Elle prend l'autre lot; y plante le piquet;
S'étend à son plaisir sur l'orteil d'un pauvre homme,
Disant, Je ne crois pas qu'en ce poste je chomme,
Ny que d'en déloger, et faire mon paquet
    Jamais Hipocrate me somme.
L'Aragne cependant se campe en un lambris,
Comme si de ces lieux elle eust fait bail à vie;
Travaille à demeurer : voilà sa toile ourdie;
    Voilà des moûcherons de pris.
Une servante vient balayer tout l'ouvrage.
Autre toile tissuë; autre coup de balay.
Le pauvre Bestion tous les jours déménage.
    Enfin, aprés un vain essay
Il va trouver la Goute. Elle estoit en campagne,
    Plus mal-heureuse mille fois
    Que la plus mal-heureuse Aragne.
Son hoste la menoit tantost fendre du bois,
Tantost foüir, hoüer. Goute bien tracassée
    Est, dit-on, à demy pensée.
O, je ne sçaurois plus, dit-elle, y resister.
Changeons, ma sœur l'Aragne. Et l'autre d'écouter.
Elle la prend au mot, se glisse en la cabane :
Point de coup de balay qui l'oblige à changer.
La Goute d'autre part va tout droit se loger
    Chez un Prelat, qu'elle condamne
    A jamais du lit ne bouger.
Cataplasmes, Dieu sçait. Les gens n'ont point de honte
De faire aller le mal toûjours de pis en pis.
L'une et l'autre trouva de la sorte son conte;
Et fit tres-sagement de changer de logis.

IX.

LE LOUP ET LA CICOGNE.

Les Loups mangent gloutonnement.
Un Loup donc estant de frairie,
Se pressa, dit-on, tellement,
Qu'il en pensa perdre la vie.
Un os luy demeura bien avant au gosiér.
De bon-heur pour ce Loup qui ne pouvoit crier,
Prés de là passe une Cicogne.
Il luy fait signe, elle accourt.
Voila l'Operatrice aussi-tost en besogne.
Elle retira l'os ; puis pour un si bon tour
Elle demanda son salaire.
Vostre salaire? dit le Loup :
Vous riez, ma bonne commere.
Quoy, ce n'est pas encor beaucoup
D'avoir de mon gosier retiré vostre cou?
Allez, vous estes une ingratte ;
Ne tombez jamais sous ma patte.

X.

LE LION ABATTU PAR L'HOMME.

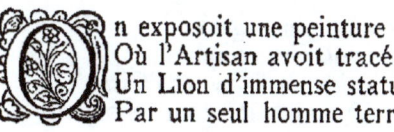

On exposoit une peinture
Où l'Artisan avoit tracé
Un Lion d'immense stature
Par un seul homme terracé.

Les regardans en tiroient gloire.
Un Lion en passant rabattit leur caquet.
    Je vois bien, dit-il, qu'en effet
    On vous donne icy la victoire :
    Mais l'ouvrier vous a deçus ;
    Il avoit liberté de feindre.
Avec plus de raison nous aurions le dessus,
    Si mes confreres sçavoient peindre.

XI.

LE RENARD ET LES RAISINS.

ertain Renard Gascon, d'autres disent Nor-
    mant,
    Mourant presque de faim, vid au haut d'une
    treille
Des raisins murs apparemment,
    Et couverts d'une peau vermeille.
Le galand en eust fait volontiers un repas ;
    Mais comme il n'y pouvoit atteindre,
Ils sont trop verds, dit-il, et bons pour des goujats ;
    Fit-il pas mieux que de se plaindre?

XII.

LE CIGNE ET LE CUISINIER.

ans une ménagerie
De volatiles remplie
Vivoient le Cigne et l'Oison :
Celuy-la destiné pour les regards du maître,

Celuy-cy pour son goust : l'un qui se piquoit d'estre
Commensal du Jardin, l'autre de la maison.
Des fossez du Chasteau faisant leurs galeries,
Tantost on les eut vus coste à coste nâger,
Tantost courir sur l'onde, et tantost se plonger,
Sans pouvoir satisfaire à leurs vaines envies.
Un jour le Cuisinier ayant trop beu d'un coup
Prit pour Oison le Cigne; et le tenant au cou,
Il alloit l'égorger, puis le mettre en potage.
L'oiseau prest à mourir se plaint en son ramage.
  Le Cuisinier fut fort surpris,
  Et vid bien qu'il s'estoit mépris.
Quoy? je mettrois, dit-il, un tel chanteur en soupe?
Non, non, ne plaise aux Dieux que jamais ma main coupe
  La gorge à qui s'en sert si bien.

Ainsi dans les dangers qui nous suivent en croupe
  Le doux parler ne nuit de rien.

XIII.

LES LOUPS ET LES BREBIS[1].

Apres mille ans et plus de guerre declarée,
Les Loups firent la paix avecque les Brebis.
C'estoit apparemment le bien des deux partis:
Car si les Loups mangeoient mainte beste
  égarée,
Les Bergers de leur peau se faisoient maints habits.
Jamais de liberté, ny pour les pasturages,
  Ny d'autre part pour les carnages.
Ils ne pouvoient joüir qu'en tremblant de leurs biens.
La paix se conclut donc; on donne des otages;
Les Loups leurs Louveteaux, et les Brebis leurs Chiens.

1. Voyez ci-dessus p. 30.

L'échange en estant fait aux formes ordinaires,
      Et reglé par des Commissaires,
Au bout de quelque-temps que Messieurs les Louvats
Se virent Loups parfaits et friands de tuërie,
Ils vous prennent le temps que dans la Bergerie
      Messieurs les Bergers n'estoient pas;
Estranglent la moitié des Agneaux les plus gras,
Les emportent aux dents; dans les bois se retirent.
Ils avoient averty leurs gens secretement.
Les Chiens, qui sur leur foy reposoient seurement,
      Furent étranglez en dormant.
Cela fut si-tost fait qu'à peine ils le sentirent.
Tout fut mis en morceaux; un seul n'en échapa.
      Nous pouvons conclure de là
Qu'il faut faire aux méchans guerre continuelle.
      La paix est fort bonne de soy:
      J'en conviens; mais dequoy sert-elle
      Avec des ennemis sans foy?

XIV.

LE LION DEVENU VIEUX.

Le Lion terreur des forests,
    Chargé d'ans et pleurant son antique
      proüesse,
    Fut enfin attaqué par ses propres sujets
    Devenus forts par sa foiblesse.
Le Cheval s'approchant luy donne un coup de pié,
Le Loup un coup de dent, le Bœuf un coup de corne.
Le mal-heureux Lion languissant, triste, et morne,
Peut à peine rugir par l'âge estropié.
Il attend son destin sans faire aucunes plaintes;
Quand voyant l'Asne mesme à son antre accourir,
Ah c'est trop, luy dit-il, je voulois bien mourir;
Mais c'est mourir deux fois que souffrir tes atteintes.

XV.

PHILOMELE ET PROGNÉ.

Autrefois Progné l'hirondelle
De sa demeure s'écarta ;
Et loin des Villes s'emporta
Dans un bois où chantoit la pauvre Phi-
 lomele.
Ma sœur, luy dit Progné, comment vous portez-vous ?
Voicy tantost mille ans que l'on ne vous a vûë :
Je ne me souviens point que vous soyez venuë
Depuis le temps de Thrace habiter parmy nous.
 Dites-moy, qué pensez-vous faire ?
Ne quitterez-vous point ce sejour solitaire ?
Ah ! reprit Philomele, en est-il de plus doux ?
Progné luy repartit : Et quoy, cette musique
 Pour ne chanter qu'aux animaux ?
 Tout au plus à quelque rustique ?
Le desert est-il fait pour des talens si beaux ?
Venez faire aux citez éclater leurs merveilles.
 Aussi bien, en voyant les bois,
Sans cesse il vous souvient que Terée autrefois,
 Parmi des demeures pareilles,
Exerça sa fureur sur vos divins appas.
Et c'est le souvenir d'un si cruel outrage,
Qui fait, reprit sa sœur, que je ne vous suis pas.
 En voyant les hommes, helas !
 Il m'en souvient bien davantage.

XVI.

LA FEMME NOYÉE.

Je ne suis pas de ceux qui disent, Ce n'est rien;
     C'est une femme qui se noye.
Je dis que c'est beaucoup; et ce sexe vaut bien
Que nous le regretions, puisqu'il fait nostre
     joye.
Ce que j'avance icy n'est point hors de propos;
     Puisqu'il s'agit en cette Fable,
     D'une femme qui dans les flots
Avoit finy ses jours par un sort déplorable.
     Son époux en cherchoit le corps,
     Pour luy rendre en cette avanture
     Les honneurs de la sepulture.
     Il arriva que sur les bords
     Du fleuve auteur de sa disgrace
Des gens se promenoient ignorans l'accident.
     Ce mary donc leur demandant
S'ils n'avoient de sa femme apperceu nulle trace :
Nulle, reprit l'un d'eux, mais cherchez-la plus bas;
     Suivez le fil de la riviere.
Un autre repartit : Non, ne le suivez pas;
     Rebroussez plutost en arriere.
Quelle que soit la pente et l'inclination
     Dont l'eau par sa course l'emporte,
     L'esprit de contradiction
     L'aura fait floter d'autre sorte.
Cét homme se railloit assez hors de saison.
     Quant à l'humeur contredisante,
     Je ne sçais s'il avoit raison.
     Mais, que cette humeur soit ou non
     Le défaut du sexe et sa pente,

Quiconque avec elle naistra,
Sans faute avec elle mourra,
Et jusqu'au bout contredira,
Et, s'il peut, encor par delà.

XVII.

LA BELETTE ENTRÉE DANS UN GRENIER.

Damoiselle Belette au corps long et floüet,
Entra dans un Grenier par un trou fort étroit.
Elle sortoit de maladie.
Là vivant à discretion,
La galande fit chere lie,
Mangea, rongea ; Dieu sçait la vie,
Et le lard qui perit en cette occasion.
La voila pour conclusion,
Grasse, mafluë, et rebondie.
Au bout de la semaine, ayant disné son sou,
Elle entend quelque bruit, veut sortir par le trou,
Ne peut plus repasser, et croit s'estre méprise.
Apres avoir fait quelques tours,
C'est, dit-elle, l'endroit, me voila bien surprise ;
J'ay passé par icy depuis cinq ou six jours.
Un Rat qui la voyoit en peine
Luy dit, Vous aviez lors la pense un peu moins pleine.
Vous estes maigre entrée, il faut maigre sortir.
Ce que je vous dis là, l'on le dit à bien d'autres.
Mais ne confondons point, par trop approfondir,
Leurs affaires avec les vostres.

XVIII.

LE CHAT ET UN VIEUX RAT.

J'ay lu chez un conteur de Fables
Qu'un second Rodilard, l'Alexandre desChats,
    L'Attila, le fleau des Rats,
    Rendoit ces derniers miserables.
  J'ay leu, dis-je, en certain auteur,
    Que ce Chat exterminateur,
Vray Cerbere, estoit craint une lieuë à la ronde;
Il vouloit de Souris dépeupler tout le monde.
Les planches qu'on suspend sur un leger appuy,
    La mort aux Rats, les Souricieres,
    N'estoient que jeux au prix de luy.
    Comme il void que dans leurs tanieres
    Les Souris estoient prisonnieres;
Qu'elles n'osoient sortir; qu'il avoit beau chercher;
Le galand fait le mort; et du haut d'un plancher
Se pend la teste en bas. La beste scelerate
A de certains cordons se tenoit par la pate.
Le peuple des Souris croit que c'est chastiment;
Qu'il a fait un larcin de rost ou de fromage,
Egratigné quelqu'un, causé quelque dommage;
Enfin qu'on a pendu le mauvais garnement.
    Toutes, dis-je, unanimement
Se promettent de rire à son enterrement;
Mettent le nez à l'air, montrent un peu la teste;
    Puis rentrent dans leurs nids à rats;
    Puis ressortant font quatre pas;
    Puis enfin se mettent en queste.
    Mais voicy bien une autre feste.
Le pendu ressuscite; et sur ses pieds tombant

Attrape les plus paresseuses.
Nous en sçavons plus d'un, dit-il en les gobant :
C'est tour de vieille guerre ; et vos cavernes creuses
Ne vous sauveront pas ; je vous en avertis ;
          Vous viendrez toutes au logis.
Il prophetizoit vray : nostre maistre Mitis
Pour la seconde fois les trompe et les affine ;
          Blanchit sa robe, et s'enfarine ;
          Et de la sorte déguisé
Se niche et se blotit dans une huche ouverte.
          Ce fut à luy bien avisé :
La gent trote menu s'en vient chercher sa perte.
Un Rat sans plus s'abstient d'aller flairer au tour.
C'estoit un vieux routier ; il sçavoit plus d'un tour ;
Mesme il avoit perdu sa queuë à la bataille.
Ce bloc enfariné ne me dit rien qui vaille,
S'écria-t-il de loin au General des Chats.
Je soupçonne dessous encor quelque machine.
          Rien ne te sert d'estre farine ;
Car quand tu serois sac je n'approcherois pas.
C'estoit bien dit à luy ; j'approuve sa prudence.
          Il estoit experimenté ;
          Et sçavoit que la méfiance
          Est mere de la seureté[1].

---

1. Dans les éditions de 1668 et de 1669, ce livre troisième
a ici deux fables de plus : *L'œil du Maistre*, et *L'alouëtte
et ses petits avec le Maistre d'un Champ* ; dans l'éditon de
1678, ces deux fables ont été transportées à la fin du livre
quatrième.

LIVRE QUATRIÉME.

FABLE I.

LE LION AMOUREUX.

A MADEMOISELLE DE SEVIGNÉ.

Sevigné, de qui les attraits
Servent aux Graces de modele,
Et qui nâquistes toute belle,
A vostre indifference prés,
Pourriez-vous estre favorable
Aux jeux innocens d'une Fable?
Et voir sans vous espouvanter
Un Lion qu'amour sçeut dompter?
Amour est un estrange maistre.
Heureux qui peut ne le connoistre
Que par recit, luy ny ses coups!
Quand on en parle devant vous,
Si la verité vous offense,
La Fable au moins se peut souffrir.
Celle-cy prend bien l'asseurance
De venir à vos pieds s'offrir,
Par zele et par reconnoissance

Du temps que les bestes parloient
Les Lions entre-autres vouloient
Estre admis dans nostre alliance.
Pourquoy non? puisque leur engeance
Valoit la nostre en ce temps-là,
Ayant courage, intelligence,
Et belle hure outre cela.
Voicy comment il en alla.
Un Lion de haut parentage
En passant par un certain pré,
Rencontra Bergere à son gré.
Il la demande en mariage.
Le pere auroit fort souhaité
Quelque gendre un peu moins terrible.
La donner luy sembloit bien dur;
La refuser n'estoit pas seur.
Mesme un refus eust fait, possible,
Qu'on eust veu quelque beau matin
Un mariage clandestin.
Car outre qu'en toute maniere
La belle estoit pour les gens fiers,
Fille se coëffe volontiers
D'amoureux à longue criniere.
Le Pere donc ouvertement
N'osant renvoyer nostre amant,
Luy dit : Ma Fille est delicate;
Vos griffes la pourront blesser
Quand vous voudrez la caresser.
Permettez donc qn'à chaque pate
On vous les rogne; et pour les dents,
Qu'on vous les lime en mesme temps :
Vos baisers en seront moins rudes,
Et pour vous plus delicieux;
Car ma Fille y répondra mieux
Estant sans ces inquietudes.
Le Lion consent à cela,
Tant son ame estoit aveuglée.
Sans dents ny griffes le voila,

Comme place démantelée.
On lascha sur luy quelques chiens,
Il fit fort peu de resistance.
Amour, amour, quand tu nous tiens,
On peut bien dire, Adieu prudence[1].

II.

LE BERGER ET LA MER.

Du rapport d'un troupeau dont il vivoit sans
    soins
  Se contenta long-temps un voisin d'Amphi-
    trite.
  Si sa fortune estoit petite,
  Elle estoit seure tout au moins.
A la fin les tresors déchargez sur la plage
Le tenterent si bien qu'il vendit son troupeau,
Trafiqua de l'argent, le mit entier sur l'eau;
  Cét argent perit par naufrage.
Son maistre fut reduit à garder les Brebis;
Non plus Berger en chef comme il estoit jadis,
Quand ses propres Moutons paissoient sur le rivage;
Celuy qui s'estoit veu Coridon ou Tircis
  Fut Pierrot et rien davantage.

---

1. On lit dans les éditions de 1668 et de 1669 les six
vers suivants supprimés par La Fontaine en 1678 :

Par tes conseils ensorcelans
Ce Lion crut son adversaire.
Helas comment pourrois-tu faire
Que les bestes devinssent gens,
Si tu nuis aux plus sages testes,
Et fais les gens devenir bestes!

Au bout de quelque-temps il fit quelques profits;
    Racheta des bestes à laine :
Et comme un jour les vents retenant leur haleine
Laissoient paisiblement aborder les vaisseaux :
Vous voulez de l'argent, ô Mesdames les Eaux,
Dit-il ; adressez-vous, je vous prie, à quelque autre :
    Ma foy ! vous n'aurez pas le nostre.

Cecy n'est pas un conte à plaisir inventé.
    Je me sers de la verité
     Pour montrer par experience,
     Qu'un sou quand il est asseuré
     Vaut mieux que cinq en esperance ;
Qu'il se faut contenter de sa condition ;
Qu'aux conseils de la Mer et de l'Ambition
    Nous devons fermer les oreilles.
Pour un qui s'en loüera, dix mille s'en plaindront.
    La Mer promet monts et merveilles;
Fiez-vous-y, les vents et les voleurs viendront.

III.

LA MOUCHE ET LA FOURMY.

La Mouche et la Fourmy contestoient de leur
    prix.
     O Jupiter ! dit la premiere,
Faut-il que l'amour propre aveugle les esprits
    D'une si terrible maniere,
    Qu'un vil et rampant animal
A la fille de l'air ose se dire égal ?
Je hante les Palais; je m'assiez à ta table :
Si l'on t'immole un bœuf, j'en gouste devant toy :
Pendant que celle-cy chetive et miserable,

Vit trois jours d'un festu qu'elle a traîné chez soy.
        Mais, ma mignonne, dites-moy,
Vous campez-vous jamais sur la teste d'un Roy,
        D'un Empereur, ou d'une belle?
Je le fais; et je baise un beau sein quand je veux :
        Je me joüe entre des cheveux :
Je rehausse d'un teint la blancheur naturelle:
Et la derniere main que met à sa beauté
        Une femme allant en conqueste,
C'est un ajustement des Moûches emprunté.
        Puis allez-moy rompre la teste
        De vos greniers. Avez-vous dit?
        Luy répliqua la ménagere.
Vous hantez les Palais : mais on vous y maudit.
        Et quant à goûter la premiere
        De ce qu'on sert devant les Dieux,
        Croyez-vous qu'il en vaille mieux?
Si vous entrez partout, aussi font les profanes.
Sur la teste des Rois et sur celle des Asnes
Vous allez vous planter; je n'en disconviens pas,
        Et je sçais que d'un prompt trépas
Cette importunité bien souvent est punie.
Certain ajustement, dites-vous, rend jolie;
J'en conviens : il est noir ainsi que vous et moy.
Je veux qu'il ait nom Moûche, est-ce un sujet pourquoy
        Vous fassiez sonner vos merites?
Nomme-t-on pas aussi Moûches les parasites?
Cessez donc de tenir un langage si vain :
        N'ayez plus ces hautes pensées.
        Les Moûches de Cour sont chassées :
Les Moûcharts sont pendus : et vous mourrez de faim,
        De froid, de langueur, de misere,
Quand Phœbus regnera sur un autre hemisphere.
Alors je joüiray du fruit de mes travaux.
        Je n'iray par monts ny par vaux
        M'exposer au vent, à la pluye.
        Je vivray sans melancolie.
Le soin que j'auray pris, de soin m'exemptera.

Je vous enseigneray par là
Ce que c'est qu'une fausse ou veritable gloire.
Adieu : je perds le temps : laissez-moy travailler.
  Ny mon grenier ny mon armoire
  Ne se remplit à babiller.

IV.

LE JARDINIER ET SON SEIGNEUR.

Un amateur du jardinage,
  Demy bourgeois, demy manant,
  Possedoit en certain village
  Un jardin assez propre, et le clos à tenant.
Il avoit de plan vif fermé cette étenduë :
Là croissoit à plaisir l'ozeille et la laituë;
Dequoy faire à Margot pour sa feste un bouquet;
Peu de jasmin d'Espagne, et force serpolet.
Cette felicité par un Lievre troublée
Fit qu'au Seigneur du Bourg nostre homme se plaignit.
Ce maudit animal vient prendre sa goulée
Soir et matin, dit-il, et des pieges se rit :
Les pierres, les bastons y perdent leur credit.
Il est sorcier je croy. Sorcier? je l'en défie,
Repartit le Seigneur. Fust-il diable, Miraut
En depit de ses tours l'attrapera bien-tost.
Je vous en déferay, bon homme, sur ma vie :
Et quand? et dés demain, sans tarder plus long-temps.
La partie ainsi faite, il vient avec ses gens.
Çà, déjeunons, dit-il, vos poulets sont-ils tendres?
La fille du logis, qu'on vous voye, approchez. [dres?
Quand la marierons-nous? quand aurons-nous des gen-
Bon homme, c'est ce coup qu'il faut, vous m'entendez,
  Qu'il faut foüiller à l'escarcelle.

Disant ces mots il fait connoissance avec elle;
    Auprés de luy la fait asseoir;
Prend une main, un bras, leve un coin du mouchoir,
    Toutes sottises dont la Belle
    Se défend avec grand respect :
Tant qu'au pere à la fin cela devient suspect.
Cependant on fricasse, on se ruë en cuisine.
De quand sont vos jambons? ils ont fort bonne mine.
Monsieur, ils sont à vous. Vrayment, dit le Seigneur,
    Je les reçois, et de bon cœur.
Il déjeûne tres-bien, aussi fait sa famille,
Chiens, chevaux, et valets, tous gens bien endentez :
Il commande chez l'hoste, y prend des libertez,
    Boit son vin, caresse sa fille.
L'embarras des Chasseurs succede au dejeuné.
    Chacun s'anime et se prepare :
Les trompes et les cors font un tel tintamarre,
    Que le bon homme est estonné.
Le pis fut que l'on mit en piteux équipage
Le pauvre potager; adieu planches, quarreaux;
    Adieu chicorée et poreaux;
    Adieu dequoy mettre au potage.
Le Lievre estoit gisté dessous un maistre chou.
On le queste, on le lance : il s'enfuit par un trou,
Non pas trou, mais troüée, horrible et large playe
    Que l'on fit à la pauvre haye
Par ordre du Seigneur; car il eust esté mal
Qu'on n'eust pû du jardin sortir tout à cheval.
Le bon homme disoit : Ce sont là jeux de Prince :
Mais on le laissoit dire : et les chiens, et les gens
Firent plus de degât en une heure de temps,
    Que n'en auroient fait en cent ans
    Tous les Lievres de la Province.

Petits Princes, vuidez vos debats entre vous :
De recourir aux Rois vous seriez de grands fous.
Il ne les faut jamais engager dans vos guerres,
    Ny les faire entrer sur vos terres.

V.

L'ASNE ET LE PETIT CHIEN.

Ne forçons point nostre talent;
Nous ne ferions rien avec grace.
Jamais un lourdaut, quoy qu'il fasse,
Ne sçauroit passer pour galant.
Peu de gens que le Ciel cherit et gratifie
Ont le don d'agréer infus avec la vie.
  C'est un point qu'il leur faut laisser;
Et ne pas ressembler à l'Asne de la Fable,
  Qui pour se rendre plus aimable
Et plus cher à son Maistre, alla le caresser.
  Comment, disoit-il en son ame,
  Ce Chien parce qu'il est mignon
  Vivra de pair à compagnon
  Avec Monsieur, avec Madame,
  Et j'auray des coups de baston?
  Que fait-il? il donne la pate,
  Puis aussi-tost il est baisé :
S'il en faut faire autant afin que l'on me flate,
  Cela n'est pas bien mal-aisé.
  Dans cette admirable pensée,
Voyant son Maistre en joye, il s'en vient lourdement,
  Leve une corne toute usée;
La luy porte au menton fort amoureusement,
Non sans accompagner pour plus grand ornement
De son chant gracieux cette action hardie.
Oh, oh! quelle caresse, et quelle melodie!
Dit le Maistre aussi-tost. Hola, Martin bâton!
Martin bâton accourt; l'Asne change de ton.
  Ainsi finit la Comedie.

VI.

LE COMBAT DES RATS ET DES
BELETTES.

La nation des Belettes,
Non plus que celle des Chats,
Ne veut aucun bien aux Rats :
Et sans les portes étretes
De leurs habitations,
L'animal à longue eschine
En feroit, je m'imagine,
De grandes destructions.
Or une certaine année
Qu'il en estoit à foison,
Leur Roy nommé Ratapon
Mit en campagne une armée.
Les Belettes de leur part
Déployerent l'estendard.
Si l'on croit la Renommée,
La Victoire balança.
Plus d'un Gueret s'engraissa
Du sang de plus d'une bande.
Mais la perte la plus grande
Tomba presque en tous endroits
Sur le peuple Souriquois.
Sa déroute fut entiere :
Quoy que pust faire Artarpax,
Psicarpax, Meridarpax,
Qui tout couverts de poussiere,
Soûtinrent assez long-temps
Les effors des combattans.
Leur resistance fut vaine,
Il falut ceder au sort :

Chacun s'enfuit au plus fort,
Tant Soldat, que Capitaine.
Les Princes perirent tous.
La racaille dans des trous
Trouvant sa retraite preste,
Se sauva sans grand travail.
Mais les Seigneurs sur leur teste
Ayant chacun un plumail,
Des cornes, ou des aigrettes,
Soit comme marques d'honneur :
Soit afin que les Belettes
En conceussent plus de peur :
Cela causa leur mal-heur.
Trou, ny fente, ny crevasse,
Ne fut large assez pour eux :
Au lieu que la populace
Entroit dans les moindres creux.
La principale jonchée
Fut donc des principaux Rats.
Une teste empanachée
N'est pas petit embarras.
Le trop superbe equipage
Peut souvent en un passage
Causer du retardement.
Les petits en toute affaire
Esquivent fort aisément :
Les grands ne le peuvent faire.

VII.

LE SINGE ET LE DAUFIN.

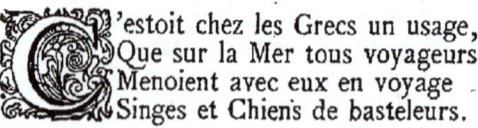

C'estoit chez les Grecs un usage,
Que sur la Mer tous voyageurs
Menoient avec eux en voyage
Singes et Chiens de basteleurs.

Un Navire en cét equipage
Non loin d'Athenes fit naufrage.
Sans les Daufins tout eust pery.
Cét animal est fort amy
De nostre espece: En son Histoire
Pline le dit[1], il le faut croire.
Il sauva donc tout ce qu'il pût.
Mesme un Singe en cette occurrence,
Luy pensa devoir son salut.
Un Daufin le prit pour un homme,
Et sur son dos le fit asseoir,
Si gravement qu'on eust crû voir
Ce chanteur que tant on renomme.
Le Daufin l'alloit mettre à bord,
Quand par hazard il luy demande :
Estes-vous d'Athenes la grande?
Oüy, dit l'autre, on m'y connoist fort :
S'il vous y survient quelque affaire
Employez-moy; car mes parens
Y tiennent tous les premiers rangs;
Un mien cousin est Juge-Maire.
Le Daufin dit bien-grammercy.
Et le Pirée a part aussi
A l'honneur de vostre presence?
Vous le voyez souvent? Je pense.
Tous les jours; il est mon amy,
C'est une vieille connoissance.
Nostre Magot prit pour ce coup
Le nom d'un port pour un nom d'homme.
De telles gens il est beaucoup,
Qui prendroient Vaugirard pour Rome;
Et qui, caquetans au plus drû,
Parlent de tout et n'ont rien vû.
Le Daufin rit, tourne la teste,
Et le Magot consideré
Il s'apperçoit qu'il n'a tiré

1. *Hist. nat.*, lib. IX, cap. VIII.

Du fond des eaux rien qu'une beste.
Il l'y replonge, et va trouver
Quelque homme afin de le sauver.

VIII.

L'HOMME ET L'IDOLE DE BOIS[1].

Certain Payen chez luy gardoit un Dieu de bois;
De ces Dieux qui sont sourds bien qu'ayans
    des oreilles:
Le Payen cependant s'en promettoit mer-
    veilles.
    Il luy coustoit autant que trois.
    Ce n'estoient que vœux et qu'offrandes,
Sacrifices de bœufs couronnez de guirlandes.
    Jamais Idole, quel qu'il fust,
    N'avoit eu cuisine si grasse;
Sans que pour tout ce culte à son hoste il écheût
Succession, tresor, gain au jeu, nulle grace.
Bien plus, si pour un sou d'orage en quelque endroit
    S'amassoit d'une ou d'autre sorte,
L'Homme en avoit sa part, et sa bourse en souffroit.
La pitance du Dieu n'en estoit pas moins forte.
A la fin se fâchant de n'en obtenir rien,
Il vous prend un levier, met en pieces l'Idole,
Le trouve remply d'or. Quand je t'ay fait du bien,
M'as-tu valu, dit-il, seulement une obole?
Va, sors de mon logis : cherche d'autres autels.
    Tu ressembles aux naturels,
    Mal-heureux, grossiers, et stupides :
On n'en peut rien tirer qu'avecque le bâton.

1. Voyez ci-dessus, p. 8.

Plus je te remplissois, plus mes mains estoient vuides :
  J'ay bien fait de changer de ton.

IX.

LE GEAY PARÉ DES PLUMES
DU PAN.

Un Pan muoit ; un Geay prit son plumage ;
  Puis apres se l'accommoda ;
  Puis parmy d'autres Pans tout fier se pana-
    da,
  Croyant estre un beau personnage.
Quelqu'un le reconnût ; il se vit bafoüé,
  Berné, sifflé, mocqué, joüé,
Et par Messieurs les Pans plumé d'estrange sorte :
Mesme vers ses pareils s'estant refugié,
  Il fut par eux mis à la porte.
Il est assez de Geais à deux pieds comme luy,
Qui se parent souvent des dépoüilles d'autruy,
  Et que l'on nomme plagiaires.
Je m'en tais ; et ne veux leur causer nul ennuy ;
  Ce ne sont pas là mes affaires.

X.

LE CHAMEAU, ET LES BASTONS
FLOTANS[1].

Le premier qui vid un Chameau
  S'enfuit à cét objet nouveau ;
  Le second approcha ; le troisiéme osa faire
    Un licou pour le Dromadaire.

1. Voyez ci-dessus, p. 35.

L'accoûtumance ainsi nous rend tout familier.
Ce qui nous paroissoit terrible et singulier,
  S'apprivoise avec nostre veuë
  Quand ce vient à la continuë.
Et puisque nous voicy tombez sur ce sujet :
  On avoit mis des gens au guet,
Qui voyant sur les eaux de loin certain objet,
  Ne pûrent s'empêcher de dire,
  Que c'estoit un puissant navire.
Quelques momens apres l'objet devint brûlot;
  Et puis nacelle, et puis balot;
  Enfin bâtons flotans sur l'onde.
  J'en sçais beaucoup de par le monde
  A qui cecy conviendroit bien :
De loin c'est quelque chose, et de prés ce n'est rien.

XI.

LA GRENOUILLE ET LE RAT[1].

Tel, comme dit Merlin, cuide engeigner autruy,
  Qui souvent s'engeigne soy-mesme[2].
J'ay regret que ce mot soit trop vieux aujour-
  d'huy :

1. Voyez ci dessus, p. 36.
2. Voici le texte auquel La Fontaine fait allusion :
« Quant Merlin vit le roy Vterpandragon si luy commenca a
dire que il auoit mal exploicte de ce qu'il auoit souffert nul
asseoir en ce lieu et le roy luy respondit il mengigna et
Merlin luy dist. Ainsi aduient il de plusieurs car telz cuident
engigner vng autre qui sengignent eulx mesmes. »
Ce passage se trouve dans *Le premier volume de Merlin*,
petit in-4° s. d. *fueillet* XLII, r°, 2° colonne, dans le chapitre
intitulé : *Comment Merlin print conge du roy & sen alla a son*

Il m'a toûjours semblé d'une energie extrême.
Mais afin d'en venir au dessein que j'ay pris :
Un Rat plein d'en-bon-point, gras, et des mieux nourris,
Et qui ne connoissoit l'Advent ny le Carême,
Sur le bord d'un marest égayoit ses esprits.
Une Grenoüille approche, et luy dit en sa langue :
Venez me voir chez moy; je vous feray festin.
    Messire Rat promit soudain :
Il n'estoit pas besoin de plus longue harangue.
Elle allegua pourtant les delices du bain,
La curiosité, le plaisir du voyage,
Cent raretez à voir le long du marécage :
Un jour il conteroit à ses petits enfans
Les beautez de ces lieux, les mœurs des habitans,
Et le gouvernement de la chose publique
           Aquatique.
Un point sans plus tenoit le galand empêché :
Il nâgeoit quelque peu, mais il faloit de l'aide.
La Grenoüille à cela trouve un tres-bon remede.
Le Rat fut à son pied par la pate attaché;
    Un brin de jonc en fit l'affaire.
Dans le marest entrez, nostre bonne commere
S'efforce de tirer son hoste au fond de l'eau,
Contre le droit des gens, contre la foy jurée;
Pretend qu'elle en fera gorge chaude et curée;
(C'estoit à son avis un excellent morceau.)
Déja dans son esprit la galande le croque.
Il atteste les Dieux; la perfide s'en moque.

maistre Blaise et luy compta la maniere de ceste table, &
comme vng des grans seigneurs du pays dict au roy que Merlin auoit esté tue en vng boys en guise d'homme sauluaige et
comme le seigneur sassist au lieu vuide la table et incontinent
quil eut les piedz soubz la table il fondit en abisme et len ne
sceut quil deuint.
    Borel rapporte dans son *Dictionnaire des termes du vieux
françois*, au mot *guiller*, un proverbe albigeois qui a grand
rapport avec celui que nous a conservé La Fontaine : *Tal
penso guilla Guillot, que Guillot lou guille.*

Il resiste, elle tire. En ce combat nouveau,
Un Milan qui dans l'air planoit, faisoit la ronde,
Voit d'en-haut le pauvret se debattant sur l'onde.
Il fond dessus, l'enleve, et par mesme moyen
    La Grenoüille et le lien.
    Tout en fut; tant et si bien
    Que de cette double proye
    L'Oiseau se donne au cœur joye,
    Ayant de cette façon
    A souper chair et poisson.

    La ruse la mieux ourdie
    Peut nuire à son inventeur :
    Et souvent la perfidie
    Retourne sur son autheur.

XII.

TRIBUT ENVOYÉ PAR LES
ANIMAUX A ALEXANDRE.

Une Fable avoit cours parmy l'antiquité :
    Et la raison ne m'en est pas connuë.
    Que le Lecteur en tire une moralité.
    Voicy la Fable toute nuë.

    La Renommée ayant dit en cent lieux,
Qu'un Fils de Jupiter, un certain Alexandre,
Ne voulant rien laisser de libre sous les Cieux,
    Commandoit que sans plus attendre,
    Tout peuple à ses pieds s'allast rendre;
Quadrupedes, Humains, Elephans, Vermisseaux,
    La Republique des oyseaux :

La Deesse aux cent bouches, dis-je,
    Ayant mis par tout la terreur
En publiant l'Edit du nouvel Empereur,
    Les Animaux, et toute espece lige
De son seul appetit, creurent que cette fois,
    Il falloit subir d'autres loix.
On s'assemble au desert; tous quittent leur taniere.
Apres divers avis, on resout, on conclut
    D'envoyer hommage et tribut.
    Pour l'hommage et pour la maniere,
Le Singe en fut chargé: l'on luy mit par écrit
    Ce que l'on vouloit qui fût dit.
    Le seul tribut les tint en peine.
    Car que donner? il faloit de l'argent.
    On en prit d'un Prince obligeant,
    Qui possedant dans son domaine
Des mines d'or fournit ce qu'on voulut.
Comme il fut question de porter ce tribut,
    Le Mulet et l'Asne s'offrirent,
Assistez du Cheval ainsi que du Chameau.
    Tous quatre en chemin ils se mirent
    Avec le Singe, Ambassadeur nouveau.
La Caravanne enfin rencontre en un passage
Monseigneur le Lion. Cela ne leur plût point.
    Nous nous rencontrons tout à point,
Dit-il, et nous voicy compagnons de voyage.
    J'allois offrir mon fait à part;
Mais bien qu'il soit leger, tout fardeau m'embarasse.
    Obligez-moy de me faire la grace
    Que d'en porter chacun un quart.
Ce ne vous sera pas une charge trop grande,
Et j'en seray plus libre, et bien plus en estat,
En cas que les voleurs attaquent nostre bande,
    Et que l'on en vienne au combat.
Econduire un Lion rarement se pratique.
Le voilà donc admis, soulagé, bien reçû,
    Et mal-gré le Heros de Jupiter issû,
Faisant chere et vivant sur la bourse publique.

Ils arriverent dans un pré
Tout bordé de ruisseaux, de fleurs tout diapré ;
Où maint Mouton cherchoit sa vie ;
Sejour du frais, veritable patrie
Des Zephirs. Le Lion n'y fut pas, qu'à ces gens
Il se plaignit d'estre malade.
Continuez vostre Ambassade,
Dit-il, je sens un feu qui me brûle au dedans,
Et veux chercher icy quelque herbe salutaire.
Pour vous ne perdez point de temps.
Rendez-moy mon argent, j'en puis avoir affaire.
On déballe ; et d'abord le Lion s'écria
D'un ton qui témoignoit sa joye :
Que de filles, ô Dieux, mes pieces de monnoye
Ont produites ! voyez ; la pluspart sont déia
Aussi grandes que leurs Meres.
Le croist m'en appartient. Il prit tout là-dessus ;
Ou bien s'il ne prit tout il n'en demeura gueres.
Le Singe et les sommiers confus,
Sans oser repliquer en chemin se remirent.
Au fils de Jupiter on dit qu'ils se plaignirent,
Et n'en eurent point de raison.
Qu'eust-il fait ? C'eust esté Lion contre Lion ;
Et le Proverbe dit : Corsaires à Corsaires
L'un l'autre s'attaquant ne font pas leurs affaires.

XIII.

LE CHEVAL S'ESTANT VOULU
VANGER DU CERF.

De tout temps les Chevaux ne sont nez pour les
hommes.
Lorsque le genre humain de glan se contentoit,
Asne, Cheval, et Mule aux forests habitoit ;

Et l'on ne voyoit point, comme au Siecle où nous sommes,
　　Tant de selles et tant de basts,
　　Tant de harnois pour les combats,
　　Tant de chaises, tant de carrosses;
　　Comme aussi ne voyoit-on pas
　　Tant de festins et tant de nopces.
　Or un Cheval eust alors different
　　Avec un Cerf plein de vîtesse,
　Et ne pouvant l'attraper en courant,
Il eut recours à l'Homme, implora son adresse.
L'Homme luy mit un frein, luy sauta sur le dos,
　　Ne luy donna point de repos
Que le Cerf ne fût pris, et n'y laissast la vie.
　　Et cela fait le Cheval remercie
L'Homme son bien-faiteur, disant, Je suis à vous,
Adieu. Je m'en retourne en mon sejour sauvage.
Non pas cela, dit l'Homme, il fait meilleur chez nous :
　　Je vois trop quel est vostre usage.
　　Demeurez donc, vous serez bien traité,
　　Et jusqu'au ventre en la litiere.

　　Helas ! que sert la bonne chere
　　Quand on n'a pas la liberté?
Le Cheval s'apperçeut qu'il avoit fait folie;
Mais il n'estoit plus temps : déja son écurie
　　Estoit preste et toute bastie.
　Il y mourut en traînant son lien;
Sage s'il eust remis une legere offense.
Quel que soit le plaisir que cause la vengeance,
C'est l'acheter trop cher, que l'acheter d'un bien
　　Sans qui les autres ne sont rien.

XIV.

LE RENARD ET LE BUSTE.

Les Grands pour la pluspart sont masques
         de theatre ;
Leur apparence impose au vulgaire idolâtre.
L'Asne n'en sçait juger que par ce qu'il en void.
Le Renard au contraire à fonds les examine,
Les tourne de tout sens, et quand il s'apperçoit
         Que leur fait n'est que bonne mine,
Il leur applique un mot qu'un Buste de Heros
         Luy fit dire fort à propos.
C'estoit un Buste creux, et plus grand que nature.
Le Renard, en loüant l'effort de la sculpture,
Belle teste, dit-il, *mais de cervelle point.*
Combien de grands Seigneurs sont Bustes en ce point?

XV.

LE LOUP, LA CHEVRE, ET LE

CHEVREAU.

XVI.

LE LOUP, LA MERE, ET L'ENFANT.

La Bique, allant remplir sa traînante mammelle,
         Et paistre l'herbe nouvelle,
         Ferma sa porte au loquet,
         Non sans dire à son Biquet :

Gardez-vous sur vostre vie
D'ouvrir que l'on ne vous die,
Pour enseigne et mot du guet,
Foin du Loup et de sa race.
Comme elle disoit ces mots,
Le Loup de fortune passe.
Il les recüeille à propos,
Et les garde en sa memoire.
La Bique, comme on peut croire,
N'avoit pas veu le glouton.
Dés qu'il la void partye, il contrefait son ton ;
Et d'une voix papelarde,
Il demande qu'on ouvre, en disant foin du Loup,
Et croyant entrer tout d'un coup.
Le Biquet soupçonneux par la fente regarde.
Montrez-moy pate blanche, ou je n'ouvriray point,
S'écria-t-il d'abord (pate blanche est un point
Chez les Loups comme on sçait rarement en usage.)
Celuy-cy fort surpris d'entendre ce langage,
Comme il estoit venu s'en retourna chez soy.
Où seroit le Biquet s'il eust ajoûté foy
Au mot du guet que de fortune
Nostre Loup avoit entendu?
Deux seuretez valent mieux qu'une :
Et le trop en cela ne fut jamais perdu.

Ce Loup me remet en memoire
Un de ses compagnons qui fut encor mieux
    pris.
        Il y perit ; voicy l'Histoire.
Un villageois avoit à l'écart son logis.
Messer Loup attendoit chape-chute à la porte.
Il avoit veu sortir gibier de toute sorte ;
    Veaux de lait, Agneaux et Brebis,
Regimens de Dindons, enfin bonne Provende.
Le Larron commençoit pourtant à s'ennuyer.
    Il entend un enfant crier.

La mère aussi-tost le gourmande,
Le menace s'il ne se taist
De le donner au Loup. L'Animal se tient prest,
Remerciant les Dieux d'une telle avanture,
Quand la mere appaisant sa chere geniture,
Luy dit : Ne criez point ; s'il vient, nous le tuërons.
Qu'est-cecy ? s'écria le mangeur de Moutons.
Dire d'un, puis d'un autre ? Est-ce ainsi que l'on traite
Les gens faits comme moy ? Me prend-on pour un sot ?
Que quelque jour ce beau marmot
Vienne au bois cueillir la noisette.
Comme il disoit ces mots, on sort de la maison.
Un chien de cour l'arreste. Espieux et fourches fieres
L'ajustent de toutes manieres.
Que veniez-vous chercher en ce lieu ? luy dit-on.
Aussi-tost il conta l'affaire.
Mercy de moy, luy dit la Mere,
Tu mangeras mon fils ? L'ay-je fait à dessein
Qu'il assouvisse un jour ta faim ?
On assomma la pauvre beste.
Un manant luy coupa le pied droit et la teste :
Le Seigneur du village à sa porte les mit ;
Et ce dicton Picard à l'entour fut écrit :
Biaux chires leups, n'écoutez mie
Mere tenchent chen fieux qui crie.

XVII.

PAROLE DE SOCRATE.

Socrate un jour faisant bâtir,
Chacun censuroit son ouvrage.
L'un trouvoit les dedans, pour ne luy point
mentir,
Indignes d'un tel personnage.

L'autre blâmoit la face, et tous estoient d'avis,
Que les appartemens en estoient trop petits.
Quelle maison pour luy ? l'on y tournoit à peine.
     Pleust au Ciel que de vrais amis,
Telle qu'elle est, dit-il, elle pût estre pleine !
     Le bon Socrate avoit raison
De trouver pour ceux-là trop grande sa maison.
Chacun se dit amy; mais fol qui s'y repose,
     Rien n'est plus commun que ce nom,
     Rien n'est plus rare que la chose.

XVIII.

LE VIEILLARD ET SES ENFANS.

Toute puissance est foible à moins que d'estre
    unie.
Ecoutez là-dessus l'Esclave de Phrigie.
Si j'ajouste du mien à son invention,
C'est pour peindre nos mœurs, et non point par envie ;
Je suis trop au dessous de cette ambition.
Phedre encherit souvent par un motif de gloire ;
Pour moy, de tels pensers me seroient malseans.
Mais venons à la Fable, ou plustost à l'Histoire
De celuy qui tâcha d'unir tous ses enfans.

Un Vieillard prest d'aller où la mort l'appelloit,
Mes chers enfans, dit-il (à ses fils il parloit)
Voyez si vous romprez ces dards liez ensemble ;
Je vous expliqueray le nœud qui les assemble.
L'Aîné les ayant pris, et fait tous ses efforts,
Les rendit en disant : Je le donne aux plus forts.
Un second luy succede, et se met en posture ;
Mais en vain. Un cadet tente aussi l'aventure.

Tous perdirent leur temps, le faisceau resista ;
De ces dards joints ensemble un seul ne s'éclata.
Foibles gens ! dit le Pere, il faut que je vous montre
Ce que ma force peut en semblable rencontre.
On crût qu'il se moquoit, on soûrit, mais à tort.
Il separe les dards, et les rompt sans effort.
Vous voyez, reprit-il, l'effet de la concorde.
Soyez joints, mes enfans, que l'amour vous accorde.
Tant que dura son mal, il n'eut autre discours.
Enfin se sentant prest de terminer ses jours,
Mes chers enfans, dit-il, je vais où sont nos Peres.
Adieu, promettez-moy de vivre comme freres ;
Que j'obtienne de vous cette grace en mourant.
Chacun de ses trois fils l'en asseure en pleurant.
Il prend à tous les mains ; il meurt ; et les trois freres
Trouvent un bien fort grand, mais fort mêlé d'affaires.
Un creancier saisit, un voisin fait procés ;
D'abord nostre Trio s'en tire avec succés.
Leur amitié fut courte, autant qu'elle étoit rare :
Le sang les avoit joints, l'interest les separe.
L'ambition, l'envie, avec les consultans,
Dans la succession entrent en mesme temps.
On en vient au partage, on conteste, on chicane.
Le Juge sur cent poincts tour à tour les condamne.
Creanciers et voisins reviennent aussi-tost;
Ceux-là sur une erreur, ceux-cy sur un defaut.
Les freres des-unis sont tous d'avis contraire :
L'un veut s'accommoder, l'autre n'en veut rien faire.
Tous perdirent leur bien; et voulurent trop tard
Profiter de ces dards unis et pris à part.

XIX.

L'ORACLE ET L'IMPIE.

Vouloir tromper le Ciel c'est folie à la Terre.
Le Dedale des cœurs en ses détours n'en-
serre
Rien qui ne soit d'abord éclairé par les
Dieux.
Tout ce que l'homme fait, il le fait à leurs yeux;
Mesme les actions que dans l'ombre il croit faire.
Un Payen qui sentoit quelque peu le fagot,
Et qui croyoit en Dieu, pour user de ce mot,
        Par benefice d'inventaire,
        Alla consulter Apollon.
        Dés qu'il fut en son sanctuaire,
Ce que je tiens, dit-il, est-il en vie ou non?
        Il tenoit un moineau, dit-on,
        Prest d'étouffer la pauvre beste,
        Ou de la lâcher aussi-tost,
        Pour mettre Apollon en defaut.
Apollon reconnut ce qu'il avoit en teste.
Mort ou vif, luy dit-il, monstre-nous ton moineau,
        Et ne me tends plus de panneau;
Tu te trouverois mal d'un pareil stratagême.
        Je vois de loin, j'atteins de mesme.

XX.

L'AVARE QUI A PERDU SON
TRESOR.

L'Usage seulement fait la possession.
    Je demande à ces gens, de qui la passion
Est d'entasser toûjours, mettre somme sur
        somme,
Quel avantage ils ont que n'ait pas un autre homme.
Diogene là-bas est aussi riche qu'eux ;
Et l'Avare icy haut, comme luy vit en gueux.
L'homme au tresor caché qu'Esope nous propose,
        Servira d'exemple à la chose.
        Ce mal-heureux attendoit
Pour joüir de son bien une seconde vie ;
Ne possedoit pas l'or ; mais l'or le possedoit.
Il avoit dans la terre une somme enfoüie ;
    Son cœur avec ; n'ayant autre deduit,
        Que d'y ruminer jour et nuit,
Et rendre sa chevance à luy-mesme sacrée.
Qu'il allast ou qu'il vinst, qu'il bust ou qu'il mangeast,
On l'eust pris de bien court à moins qu'il ne songeast
A l'endroit où gisoit cette somme enterrée.
Il y fit tant de tours qu'un Fossoyeur le vid ;
Se douta du dépost, l'enleva sans rien dire.
Nostre Avare un beau jour ne trouva que le nid.
Voila mon homme aux pleurs ; il gemit, il soûpire,
        Il se tourmente, il se déchire.
Un passant luy demande à quel sujet ses cris.
        C'est mon tresor que l'on m'a pris.
Vostre tresor ? Où pris ? Tout joignant cette pierre.
    Eh sommes-nous en temps de guerre

Pour l'apporter si loin? N'eussiez-vous pas mieux fait
De le laisser chez vous en vostre cabinet,
    Que de le changer de demeure?
Vous auriez pû sans peine y puiser à toute heure.
A toute heure? bons Dieux! Ne tient-il qu'à cela?
    L'argent vient-il comme il s'en va?
Je n'y touchois jamais. Dites-moy donc de grace,
Reprit l'autre, pourquoy vous vous affligez tant,
Puisque vous ne touchiez jamais à cét argent :
    Mettez une pierre à la place,
    Elle vous vaudra tout autant.

XXI.

L'ŒIL DU MAISTRE.

Un Cerf s'estant sauvé dans une estable à Bœufs
    Fut d'abord averty par eux,
    Qu'il cherchât un meilleur azile.
Mes freres, leur dit-il, ne me decelez pas :
Je vous enseigneray les pâtis les plus gras;
Ce service vous peut quelque jour estre utile;
    Et vous n'en aurez point regret.
Les Bœufs à toutes fins promirent le secret.
Il se cache en un coin, respire, et prend courage.
Sur le soir on apporte herbe fraische et fourage,
    Comme l'on faisoit tous les jours.
    L'on va, l'on vient, les valets font cent tours;
    L'Intendant mesme; et pas un d'avanture
    N'apperceut ny cor, ny ramure,
    Ny Cerf enfin. L'habitant des forests
Rend déja grace aux Bœufs, attend dans cette étable
Que chacun retournant au travail de Cerés,

Il trouve pour sortir un moment favorable.
L'un des Bœufs ruminant luy dit, Cela va bien :
Mais quoy ! l'homme aux cent yeux n'a pas fait sa reveuë.
     Je crains fort pour toy sa venuë.
Jusques-là, pauvre Cerf, ne te vante de rien.
Là-dessus le Maistre entre et vient faire sa ronde.
     Qu'est-ce-cy? dit-il à son monde.
Je trouve bien peu d'herbe en tous ces rateliers.
Cette litiere est vieille; allez viste aux greniers.
Je veux voir desormais vos bestes mieux soignées.
Que couste-t'il d'oster toutes ces araignées?
Ne sçauroit-on ranger ces jougs et ces colliers?
En regardant à tout il void une autre teste
Que celles qu'il voyoit d'ordinaire en ce lieu.
Le Cerf est reconnû ; chacun prend un épieu ;
     Chacun donne un coup à la beste.
Ses larmes ne sçauroient la sauver du trépas.
On l'emporte, on la sale, on en fait maint repas,
     Dont maint voisin s'éjoüit d'estre.
Phedre sur ce sujet dit fort élegamment,
     Il n'est pour voir que l'œil du Maître.
Quant à moy, j'y mettrois encor l'œil de l'amant.

XXII.

L'ALOUETTE ET SES PETITS

AVEC LE MAISTRE D'UN CHAMP.

e t'attens qu'à toy seul; c'est un commun
     Proverbe.
     Voicy comme Esope le mit
       En credit.

Les Aloüettes font leur nid
Dans les bleds quand ils sont en herbe :

C'est à dire environ le temps
Que tout aime, et que tout pullule dans le monde ;
     Monstres marins au fond de l'onde,
Tigres dans les Forests, Aloüettes aux champs.
     Une pourtant de ces dernieres
Avoit laissé passer la moitié d'un Printemps
Sans gouster le plaisir des amours printanieres.
A toute force enfin elle se resolut
D'imiter la nature, et d'estre mere encore.
Elle bastit un nid, pond, couve, et fait éclore
A la haste ; le tout alla du mieux qu'il pût.
Les bleds d'alentour mûrs, avant que la nitée
     Se trouvât assez forte encor
     Pour voler et prendre l'essor,
De mille soins divers l'Aloüette agitée
S'en va chercher pâture ; avertit ses enfans
D'être toûjours au guet et faire sentinelle.
     Si le possesseur de ces champs
Vient avecque son fils (comme il viendra) dit-elle,
     Écoutez bien ; selon ce qu'il dira,
          Chacun de nous décampera.
Si-tost que l'Aloüette eut quitté sa famille,
Le possesseur du champ vient avecque son fils.
Ces bleds sont mûrs, dit-il ; allez chez nos amis
Les prier que chacun apportant sa faucille,
Nous vienne aider demain dés la pointe du jour.
     Nostre Aloüette de retour
     Trouve en alarme sa couvée.
L'un commence. Il a dit que l'Aurore levée,
L'on fît venir demain ses amis pour l'aider.
S'il n'a dit que cela, repartit l'Aloüette,
Rien ne nous presse encor de changer de retraitte :
Mais c'est demain qu'il faut tout de bon écouter.
Cependant soyez gais ; voila dequoy manger.
Eux repus, tout s'endort ; les petits et la mere.
L'aube du jour arrive ; et d'amis point du tout.
L'Aloüette à l'essort, le Maistre s'en vient faire
     Sa ronde ainsi qu'à l'ordinaire.

Ces bleds ne devroient pas, dit-il, estre debout.
Nos amis ont grand tort, et tort qui se repose
Sur de tels paresseux à servir ainsi lents.
   Mon fils, allez chez nos parens
   Les prier de la mesme chose.
L'épouvante est au nid plus forte que jamais.
Il a dit ses parens, mere, c'est à cette heure...
   Non mes enfans, dormez en paix ;
   Ne bougeons de nostre demeure.
L'Aloüette eut raison, car personne ne vint.
Pour la troisiéme fois le Maistre se souvint
De visiter ses bleds. Nostre erreur est extrême,
Dit-il, de nous attendre à d'autres gens que nous.
Il n'est meilleur amy ny parent que soy-mesme.
Retenez bien cela, mon fils. Et sçavez-vous
Ce qu'il faut faire ? Il faut qu'avec nostre famille
Nous prenions dés demain chacun une faucille ;
C'est là nostre plus court ; et nous acheverons
  Nostre moisson quand nous pourrons.
Déslors que ce dessein fut sceu de l'Aloüette,
C'est ce coup qu'il est bon de partir, mes enfans.
   Et les petits, en mesme-temps,
   Voletans, se culebutans,
   Délogerent tous sans trompette.

LIVRE CINQUIÉME.

FABLE I.

LE BUCHERON ET MERCURE.

A M. L. C. D. B.[1]

Vostre goust a servy de regle à mon Ouvrage.
J'ay tenté les moyens d'acquerir son suf-
frage.
Vous voulez qu'on évite un soin trop cu-
rieux,
Et des vains ornemens l'effort ambitieux.
Je le veux comme vous; cét effort ne peut plaire.
Un Auteur gaste tout quand il veut trop bien faire.
Non qu'il faille bannir certains traits delicats :
Vous les aimez ces traits, et je ne les hais pas.
Quant au principal but qu'Esope se propose,
J'y tombe au moins mal que je puis.
Enfin, si dans ces Vers je ne plais et n'instruis,
Il ne tient pas à moy, c'est toûjours quelque chose.

1. A M. le Chevalier de Bouillon.

Comme la force est un poinct
Dont je ne me pique point;
Je tâche d'y tourner le vice en ridicule,
Ne pouvant l'attaquer avec des bras d'Hercule.
C'est là tout mon talent; je ne sçay s'il suffit.
Tantost je peins en un recit
La sotte vanité jointe avecque l'envie,
Deux pivots sur qui roule aujourd'huy nôtre vie.
Tel est ce chetif animal
Qui voulut en grosseur au Bœuf se rendre égal.
J'oppose quelquefois par une double image
Le vice à la vertu, la sottise au bon sens;
Les Agneaux aux Loups ravissans,
La Moûche à la Fourmy; faisant de cét ouvrage
Une ample Comedie à cent actes divers,
Et dont la scene est l'Univers.
Hommes, Dieux, Animaux, tout y fait quelque rôle;
Jupiter comme un autre : introduisons celuy
Qui porte de sa part aux belles la parole :
Ce n'est pas de cela qu'il s'agit aujourd'huy.

Un Bûcheron perdit son gagne-pain;
C'est sa cognée; et la cherchant en vain,
Ce fut pitié là-dessus de l'entendre.
Il n'avoit pas des outils à revendre.
Sur celuy-cy rouloit tout son avoir.
Ne sçachant donc où mettre son espoir,
Sa face estoit de pleurs toute baignée.
O ma cognée, ô ma pauvre cognée!
S'écrioit-il, Jupiter rends la moy :
Je tiendray l'estre encore un coup de toy.
Sa plainte fût de l'Olimpe entenduë.
Mercure vient. Elle n'est pas perduë,
Luy dit ce Dieu, la connoistras-tu bien?
Je crois l'avoir prés d'icy rencontrée.
Lors une d'or à l'homme estant monstrée,
Il répondit, Je n'y demande rien.

Une d'argent succede à la premiere;
Il la refuse. Enfin une de bois.
Voilà, dit-il, la mienne cette fois;
Je suis content, si j'ay cette derniere.
Tu les auras, dit le Dieu, toutes trois.
Ta bonne foy sera recompensée.
En ce cas là je les prendray, dit-il.
L'Histoire en est aussi-tost dispersée.
Et boquillons de perdre leur outil,
Et de crier pour se le faire rendre.
Le Roy des Dieux ne sçait auquel entendre.
Son fils Mercure aux criards vient encor,
A chacun d'eux il en monstre une d'or.
Chacun eût crû passer pour une beste
De ne pas dire aussi-tost, La voila.
Mercure au lieu de donner celle-là,
Leur en décharge un grand coup sur la teste.

       Ne point mentir, estre content du sien,
   C'est le plus seur : cependant on s'occupe
   A dire faux pour attraper du bien :
   Que sert cela? Jupiter n'est pas dupe.

II.

LE POT DE TERRE ET LE POT
DE FER.

e Pot de fer proposa
Au Pot de terre un voyage.
Celuy-cy s'en excusa;
Disant qu'il feroit que sage
De garder le coin du feu :
Car il luy faloit si peu,

Si peu, que la moindre chose
De son débris seroit cause.
Il n'en reviendroit morceau.
Pour vous, dit-il, dont la peau
Est plus dure que la mienne,
Je ne vois rien qui vous tienne.
Nous vous mettrons à couvert,
Repartit le Pot de fer.
Si quelque matiere dure
Vous menace d'aventure,
Entre-deux je passeray,
Et du coup vous sauveray.
Cette offre le persuade.
Pot de fer son camarade
Se met droit à ses costez.
Mes gens s'en vont à trois pieds
Clopin clopant comme ils peuvent,
L'un contre l'autre jettez,
Au moindre hoquet qu'ils treuvent.
Le Pot de terre en souffre : il n'eut pas fait cent pas,
Que par son compagnon il fut mis en éclats,
Sans qu'il eût lieu de se plaindre.
Ne nous associons qu'avecque nos égaux ;
Ou bien il nous faudra craindre
Le destin d'un de ces pots.

<hr />

III.

LE PETIT POISSON ET LE

PESCHEUR.

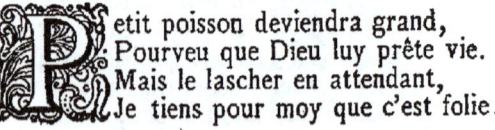

etit poisson deviendra grand,
Pourveu que Dieu luy prête vie.
Mais le lascher en attendant,
Je tiens pour moy que c'est folie ;

Car de le rattraper, il n'est pas trop certain.
Un Carpeau qui n'estoit encore que fretin,
Fut pris par un Pescheur au bord d'une riviere.
Tout fait nombre, dit l'homme en voyant son butin;
Voila commencement de chere et de festin;
     Mettons-le en nostre gibeciere.
Le pauvre Carpillon luy dit en sa maniere :
Que ferez-vous de moy? Je ne sçaurois fournir
     Au plus qu'une demy bouchée.
     Laissez-moy Carpe devenir :
     Je seray par vous repeschée.
Quelque gros partisan m'achetera bien cher.
     Au lieu qu'il vous en faut chercher
     Peut-estre encor cent de ma taille   [vaille.
Pour faire un plat. Quel plat? croyez-moy; rien qui
Rien qui vaille? et bien soit, repartit le Pescheur;
Poisson mon bel amy, qui faites le prescheur,
Vous irez dans la poësle; et vous avez beau dire,
     Dés ce soir on vous fera frire.

Un tien vaut, ce dit-on, mieux que deux tu l'auras :
     L'un est seur, l'autre ne l'est pas.

IV.

LES OREILLES DU LIEVRE.

Un animal cornu blessa de quelques coups
     Le Lion, qui plein de courroux,
     Pour ne plus tomber en la peine,
     Bannit des lieux de son domaine
Toute beste portant des cornes à son front.
Chevres, Beliers, Taureaux aussi-tost délogerent,
     Daims, et Cerfs de climat changerent;
     Chacun a s'en aller fut prompt.

Un Lievre appercevant l'ombre de ses oreilles,
    Craignit que quelque inquisiteur
N'allast interpreter à cornes leur longueur :
Ne les soûtint en tout à des cornes pareilles.
Adieu voisin Grillon, dit-il, je pars d'icy ;
Mes oreilles enfin seroient cornes aussi :
Et quand je les aurois plus courtes qu'une Autruche,
Je craindrois mesme encor. Le Grillon repartit.
Cornes cela ? vous me prenez pour cruche ;
    Ce sont oreilles que Dieu fit.
    On les fera passer pour cornes,
Dit l'animal craintif, et cornes de Licornes.
J'auray beau protester ; mon dire et mes raisons
    Iront aux petites Maisons.

V.

LE RENARD AYANT LA QUEUË

COUPÉE.

Un vieux Renard, mais des plus fins,
    Grand croqueur de Poulets, grand preneur
        de Lapins,
        Sentant son Renard d'une lieuë,
    Fut enfin au piege attrapé.
Par grand hazard en estant échapé :
Non pas franc, car pour gage il y laissa sa queuë :
S'estant, dis-je, sauvé sans queuë et tout honteux ;
Pour avoir des pareils (comme il estoit habile)
Un jour que les Renards tenoient conseil entr'eux,
Que faisons-nous, dit-il, de ce poids inutile,
Et qui va balayant tous les sentiers fangeux ?
Que nous sert cette queuë ? il faut qu'on se la coupe,
    Si l'on me croit, chacun s'y resoudra.

Vostre avis est fort bon, dit quelqu'un de la troupe,
Mais tournez-vous, de grace, et l'on vous répondra.
A ces mots il se fit une telle huée,
Que le pauvre écourté ne pût estre entendu.
Pretendre oster la queuë eust esté temps perdu;
    La mode en fût continuée.

VI.

LA VIEILLE ET LES DEUX

SERVANTES.

Il estoit une Vieille ayant deux Chambrieres.
Elles filoient si bien que les sœurs filandieres
Ne faisoient que broüiller au prix de celles-
    cy:
La Vieille n'avoit point de plus pressant soucy
Que de distribuer aux Servantes leur tasche.
Dés que Thetis chassoit Phœbus aux crins dorez,
Tourets entroient en jeu, fuseaux estoient tirez,
    Deçà, delà, vous en aurez;
    Point de cesse, point de relâche.
Dés que l'Aurore, dis-je, en son char remontoit,
Un miserable Coq à poinct nommé chantoit.
Aussi-tost nostre Vieille encor plus miserable
S'affubloit d'un jupon crasseux et detestable;
Allumoit une lampe et couroit droit au lit
Où de tout leur pouvoir, de tout leur appetit,
    Dormoient les deux pauvres Servantes.
L'une entr'ouvroit un œil; l'autre estendoit un bras;
    Et toutes deux tres-mal contentes
Disoient entre leurs dents, Maudit Coq tu mourras.
Comme elles l'avoient dit, la beste fut gripée.
Le Réveille-matin eut la gorge coupée.

Ce meurtre n'amanda nullement leur marché.
Nostre Couple au contraire à peine estoit couché,
Que la Vieille craignant de laisser passer l'heure
Couroit comme un Lutin par toute sa demeure.
      C'est ainsi que le plus souvent,
Quand on pense sortir d'une mauvaise affaire,
    On s'enfonce encor plus avant :
    Témoin ce Couple et son salaire.
La Vieille au lieu du Coq les fit tomber par là
    De Caribde en Sylla.

VII.

LE SATYRE ET LE PASSANT.

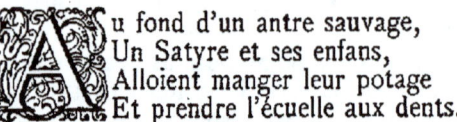u fond d'un antre sauvage,
   Un Satyre et ses enfans,
   Alloient manger leur potage
   Et prendre l'écuelle aux dents.

On les eut vûs sur la mousse
Luy, sa femme, et maint petit;
Ils n'avoient tapis ny housse,
Mais tous fort bon appetit.

Pour se sauver de la pluye
Entre un Passant morfondu.
Au broüet on le convie.
Il n'estoit pas attendu.

Son hoste n'eut pas la peine
De le semondre deux fois.
D'abord avec son haleine
Il se réchauffe les doits.

Puis sur le mets qu'on luy donne,
Delicat il souffle aussi.
Le Satyre s'en estonne,
Nostre hoste, à quoy bon cecy ?

L'un refroidit mon potage ;
L'autre réchauffe ma main.
Vous pouvez, dit le Sauvage,
Reprendre vostre chemin.

Ne plaise aux Dieux que je couche,
Avec vous sous mesme toit.
Arriere ceux dont la bouche
Souffle le chaud et le froid.

VIII.

LE CHEVAL ET LE LOUP.

Un certain Loup, dans la saison,
  Que les tiedes Zephirs ont l'herbe rajeunie,
  Et que les animaux quittent tous la maison,
    Pour s'en aller chercher leur vie ;
Un Loup, dis-je, au sortir des rigueurs de l'hyver
Apperceut un Cheval qu'on avoit mis au vert.
    Je laisse à penser quelle joye.
Bonne chasse, dit-il, qui l'auroit à son croc.
Eh ! que n'es-tu Mouton ? car tu me serois hoc :
Au lieu qu'il faut ruser pour avoir cette proye.
Rusons donc. Ainsi dit, il vient à pas comptez ;
    Se dit écolier d'Hippocrate :
Qu'il connoist les vertus et les proprietez
    De tous les simples de ces prez :
    Qu'il sçait guerir sans qu'il se flate
Toutes sortes de maux. Si Dom Coursier vouloit

Ne point celer sa maladie;
Luy Loup gratis le gueriroit.
Car le voir en ceste prairie
Paistre ainsi sans estre lié,
Témoignoit quelque mal selon la Medecine.
J'ay, dit la Beste chevaline,
Une apostume sous le pied.
Mon fils, dit le Docteur, il n'est point de partie
Susceptible de tant de maux.
J'ay l'honneur de servir Nosseigneurs les Chevaux,
Et fais aussi la Chirurgie.
Mon galand ne songeoit qu'à bien prendre son temps
Afin de haper son malade.
L'autre qui s'en doutoit luy lasche une ruade
Qui vous luy met en marmelade
Les mandibules et les dents.
C'est bien fait (dit le Loup en soy-mesme fort triste)
Chacun à son métier doit toûjours s'attacher.
Tu veux faire icy l'Arboriste,
Et ne fus jamais que Boucher.

IX.

LE LABOUREUR ET SES ENFANS.

Travaillez, prenez de la peine.
C'est le fonds qui manque le moins.
Un riche Laboureur sentant sa mort pro-
chaine,
Fit venir ses enfans, leur parla sans témoins.
Gardez-vous, leur dit-il, de vendre l'heritage
Que nous ont laissé nos parens.
Un tresor est caché dedans.
Je ne sçais pas l'endroit; mais un peu de courage
Vous le fera trouver, vous en viendrez à bout.

Remuez vostre champ dés qu'on aura fait l'Oust.
Creusez, foüillez, bêchez, ne laissez nulle place
    Où la main ne passe et repasse.
Le pere mort, les fils vous retournent le champ,
Deçà, delà, par tout ; si bien qu'au bout de l'an
    Il en rapporta davantage.
D'argent, point de caché. Mais le Pere fut sage
    De leur montrer avant sa mort,
    Que le travail est un tresor.

X.

LA MONTAGNE QUI ACCOUCHE.

Une Montagne en mal d'enfant
    Jettoit une clameur si haute,
    Que chacun au bruit accourant
    Crût qu'elle accoucheroit, sans faute,
D'une Cité plus grosse que Paris ;
Elle accoucha d'une Souris.

Quand je songe à cette Fable,
Dont le recit est menteur
Et le sens est veritable,
Je me figure un auteur,
    Qui dit : Je chanteray la guerre
Que firent les Titans au Maistre du tonnerre.
C'est promettre beaucoup ; mais qu'en sort-il souvent ?
    Du vent.

XI.

LA FORTUNE ET LE JEUNE
ENFANT.

Sur le bord d'un puits tres-profond,
Dormoit étendu de son long
Un Enfant alors dans ses classes.
Tout est aux écoliers couchette et matelas.
Un honneste homme en pareil cas
Auroit fait un saut de vingt brasses.
Prés de là tout heureusement
La Fortune passa, l'éveilla doucement,
Luy disant, Mon mignon, je vous sauve la vie.
Soyez une autre fois plus sage, je vous prie.
Si vous fussiez tombé, l'on s'en fust pris à moy ;
Cependant c'estoit vostre faute.
Je vous demande en bonne foy
Si cette imprudence si haute
Provient de mon caprice. Elle part à ces mots.
Pour moy j'approuve son propos.
Il n'arrive rien dans le monde
Qu'il ne faille qu'elle en réponde.
Nous la faisons de tous Escots[1].
Elle est prise à garand de toutes avantures.
Est-on sot, étourdy, prend-on mal ses mesures?
On pense en estre quitte en accusant son sort.
Bref la Fortune a toûjours tort.

1. Nous suivons ici la leçon de l'édition originale in-4° ;
il y a *Echos* dans l'édition de 1678.

XII.

LES MEDECINS.

Le Medecin Tant-pis alloit voir un malade
Que visitoit aussi son confrere Tant-mieux.
Ce dernier esperoit, quoy que son camarade
Soûtinst que le gisant iroit voir ses ayeux.
Tous deux s'estant troùvez differens pour la cure,
Leur malade paya le tribut à Nature ;
Apres qu'en ses conseils Tant-pis eust esté crû.
Ils triomphoient encor sur cette maladie.
L'un disoit, Il est mort, je l'avois bien prevû.
S'il m'eust crû, disoit l'autre, il seroit plein de vie.

XIII.

LA POÜLE AUX ŒUFS D'OR.

L'Avarice perd tout en voulant tout gagner.
        Je ne veux pour le témoigner
    Que celuy dont la Poule, a ce que dit la
        Fable,
        Pondoit tous les jours un œuf d'or.
Il crut que dans son corps elle avoit un tresor.
Il la tua, l'ouvrit, et la trouva semblable
A celles dont les œufs ne luy rapportoient rien,
S'estant luy-mesme osté le plus beau de son bien.
        Belle leçon pour les gens chiches :
Pendant ces derniers temps combien en a-t-on veus,
Qui du soir au matin sont pauvres devenus
        Pour vouloir trop tost estre riches ?

XIV.

L'ASNE PORTANT DES RELIQUES.

Un Baudet chargé de Reliques,
S'imagina qu'on l'adoroit.
Dans ce penser il se quarroit,
Recevant comme siens l'Encens et les Can-
Quelqu'un vit l'erreur, et luy dit :   [tiques,
Maistre Baudet, ostez-vous de l'esprit
    Une vanité si folle.
    Ce n'est pas vous, c'est l'Idole
    A qui cét honneur se rend,
    Et que la gloire en est deuë.
    D'un Magistrat ignorant
    C'est la robe qu'on saluë.

XV.

LE CERF ET LA VIGNE.

Un Cerf à la faveur d'une Vigne fort haute,
    Et telle qu'on en void en de certains cli-
        mats,
    S'estant mis à couvert et sauvé du trépas,
Les Veneurs pour ce coup croyoient leurs chiens en
Ils les rappellent donc. Le Cerf hors de danger [faute.
Broute sa bienfaitrice, ingratitude extrême !
On l'entend, on retourne, on le fait déloger,
        Il vient mourir en ce lieu mesme.
J'ay merité, dit-il, ce juste chastiment :
Profitez-en ingrats. Il tombe en ce moment.

La Meute en fait curée. Il luy fut inutile
De pleurer aux Veneurs à sa mort arrivez.
Vraye image de ceux qui profanent l'azile
     Qui les a conservez.

XVI.

LÉ SERPENT ET LA LIME.

On conte qu'un Serpent voisin d'un Horloger
    (C'estoit pour l'Horloger un mauvais voisi-
      nage)
Entra dans sa boutique, et cherchant à man-
    N'y rencontra pour tout potage   [ger
Qu'une Lime d'acier qu'il se mit à ronger.
Cette Lime luy dit, sans se mettre en colere,
Pauvre ignorant ! et que pretends-tu faire ?
    Tu te prends à plus dur que toy.
    Petit Serpent à teste folle,
  Plustost que d'emporter de moy
    Seulement le quart d'une obole[1],
    Tu te romprois toutes les dents.
    Je ne crains que celles du temps.

Cecy s'adresse à vous, esprits du dernier ordre,
Qui n'estant bons à rien cherchez sur tout à mordre,
    Vous vous tourmentez vainement.
Croyez-vous que vos dents impriment leurs outrages
    Sur tant de beaux ouvrages ?
Ils sont pour vous d'airain, d'acier, de diamant.

---

1. Ce texte est celui de l'édition originale. *Un obole* dans
l'édition de 1678.

XVII.

LE LIEVRE ET LA PERDRIX.

Il ne se faut jamais moquer des miserables :
Car qui peut s'asseurer d'estre toûjours heu-
reux ?
    Le sage Esope dans ses Fables
Nous en donne un exemple ou deux.
Celuy qu'en ces Vers je propose,
Et les siens, ce sont mesme chose.
Le Lievre et la Perdrix concitoyens d'un champ,
Vivoient dans un estat ce semble assez tranquille :
    Quand une Meute s'approchant
Oblige le premier à chercher un azile.
Il s'enfuit dans son fort, met les chiens en defaut ;
    Sans mesme en excepter Brifaut.
    Enfin il se trahit luy-mesme
Par les esprits sortans de son corps échauffé.
Miraut sur leur odeur ayant philosophé
Conclut que c'est son Lievre ; et d'une ardeur extrême
Il le pousse ; et Rustaut qui n'a jamais menti,
    Dit que le Lievre est reparti.
Le pauvre mal-heureux vient mourir à son giste.
    La Perdrix le raille, et luy dit :
    Tu te vantois d'estre si viste :
Qu'as-tu fait de tes pieds ? au moment qu'elle rit,
Son tour vient ; on la trouve. Elle croit que ses aisles
La sçauront garentir à toute extremité :
    Mais la pauvrette avoit compté
    Sans l'Autour aux serres cruelles.

XVIII.

L'AIGLE ET LE HIBOU.

L'Aigle et le Chat-huant leurs querelles ces-
    serent,
      Et firent tant qu'ils s'embrasserent.
L'un jura foy de Roy, l'autre foy de Hibou,
Qu'ils ne se goberoient leurs petits peu ny prou.
Connoissez-vous les miens? dit l'Oiseau de Minerve.
Non, dit l'Aigle. Tant pis, reprit le triste oiseau.
    Je crains en ce cas pour leur peau :
    C'est hazard si je les conserve.
Comme vous estes Roy, vous ne considerez
Qui ny quoy : Rois et Dieux mettent, quoy qu'on leur
    Tout en mesme categorie.   [die,
Adieu mes nourriçons si vous les rencontrez.
Peignez-les-moy, dit l'Aigle, ou bien me les monstrez.
    Je n'y toucheray de ma vie.
Le Hibou repartit : Mes petits sont mignons :
Beaux, bien faits, et jolis sur tous leurs compagnons.
Vous les reconnoistrez sans peine à cette marque.
N'allez pas l'oublier ; retenez-la si bien
    Que chez moy la maudite Parque
    N'entre point par vostre moyen.
Il avint qu'au Hibou Dieu donna geniture.
De façon qu'un beau soir qu'il estoit en pasture,
    Nostre Aigle apperceut d'avanture,
    Dans les coins d'une roche dure,
    Ou dans les trous d'une mazure,
    (Je ne sçais pas lequel des deux)
    De petits monstres fort hideux,
Rechignez, un air triste, une voix de Megere.
Ces enfans ne sont pas, dit l'Aigle, à nostre amy :

Croquons-les. Le galand n'en fit pas à demy.
Ses repas ne sont point repas à la legere.
Le Hibou de retour ne trouve que les pieds
De ses chers nourriçons, helas! pour toute chose.
Il se plaint, et les Dieux sont par luy suppliez
De punir le brigand qui de son deüil est cause.
Quelqu'un luy dit alors : N'en accuse que toy,
　　　Ou plustost la commune loy
　　　Qui veut qu'on trouve son semblable
　　　Beau, bien fait, et sur tous aimable.
Tu fis de tes enfans à l'Aigle ce portrait ;
　　　En avoient-ils le moindre trait?

XIX.

LE LION S'EN ALLANT EN GUERRE.

Le Lion dans sa teste avoit une entreprise.
Il tint conseil de guerre; envoya ses Prévosts;
　　　Fit avertir les animaux :
　　　Tous furent du dessein ; chacun selon sa guise.
　　　L'Elephant devoit sur son dos
　　　Porter l'attirail necessaire,
　　　Et combatre à son ordinaire :
　　　L'Ours s'apprester pour les assauts :
Le Renard ménager de secrettes pratiques :
Et le Singe amuser l'ennemy par ses tours.
Renvoyez, dit quelqu'un, les Asnes qui sont lourds;
Et les Lievres sujets à des terreurs paniques.
Point du tout, dit le Roy, je les veux employer.
Nostre troupe sans eux ne seroit pas complete.
L'Asne effraira les gens nous servant de trompete;
Et le Lievre pourra nous servir de courrier.

　　　Le Monarque prudent et sage
De ses moindres sujets sçait tirer quelque usage,

Et connoist les divers talens :
Il n'est rien d'inutile aux personnes de sens.

XX.

L'OURS ET LES DEUX COMPAGNONS.

Deux Compagnons pressez d'argent,
 A leur voisin Fourreur vendirent
 La peau d'un Ours encor vivant;
 Mais qu'ils tuëroient bien-tost, du moins à
ce qu'ils dirent.
C'estoit le Roy des Ours au compte de ces gens.
Le Marchand à sa peau devoit faire fortune.
Elle garentiroit des froids les plus cuisans.
On en pourroit fourrer plustost deux robes qu'une.
Dindenaut prisoit moins ses Moutons qu'eux leur Ours.
Leur, à leur compte, et non à celuy de la Beste.
S'offrant de la livrer au plus tard dans deux jours,
Ils conviennent de prix, et se mettent en queste;
Trouvent l'Ours qui s'avance, et vient vers eux au trot.
Voila mes gens frappez comme d'un coup de foudre.
Le marché ne tint pas; il falut le resoudre.
D'interests contre l'Ours, on n'en dit pas un mot.
L'un des deux Compagnons grimpe au faiste d'un arbre.
 L'autre plus froid que n'est un marbre,
Se couche sur le nez, fait le mort, tient son vent;
 Ayant quelque-part oüy dire
 Que l'Ours s'acharne peu souvent
Sur un corps qui ne vit, ne meut, ny ne respire.
Seigneur Ours, comme un sot, donna dans ce panneau.
Il void ce corps gisant, le croit privé de vie,
 Et de peur de supercherie
Le tourne, le retourne, approche son museau,
 Flaire aux passages de l'haleine.

C'est, dit-il, un cadavre : Ostons-nous, car il sent.
A ces mots l'Ours s'en va dans la forest prochaine.
L'un de nos deux Marchands de son arbre descend ;
Court à son compagnon ; luy dit que c'est merveille,
Qu'il n'ait eu seulement que la peur pour tout mal.
Et bien, ajoûta-t-il, la peau de l'animal?
        Mais que t'a-t-il dit à l'oreille?
        Car il t'approchoit de bien prés,
        Te retournant avec sa serre.
        Il m'a dit qu'il ne faut jamais
Vendre la peau de l'Ours qu'on ne l'ait mis par terre.

XXI.

L'ASNE VESTU DE LA PEAU DU LION.

e la peau du Lion l'Asne s'étant vestu
        Estoit craint par tout à la ronde.
        Et bien qu'animal sans vertu,
        Il faisoit trembler tout le monde.
Un petit bout d'oreille échappé par malheur
        Découvrit la fourbe et l'erreur.
        Martin fit alors son office.
Ceux qui ne sçavoient pas la ruse et la malice,
        S'estonnoient de voir que Martin
        Chassast les Lions au moulin.

        Force gens font du bruit en France
Par qui cét Apologue est rendu familier.
        Un équipage cavalier
        Fait les trois quarts de leur vaillance.

LIVRE SIXIÉME.

FABLE I.

LE PATRE ET LE LION.

II.

LE LION ET LE CHASSEUR.

es Fables ne sont pas ce qu'elles semblent
   estre.
Le plus simple animal nous y tient lieu de
   maistre.
Une Morale nuë apporte de l'ennuy :
Le conte fait passer le precepte avec luy.
En ces sortes de feintes il faut instruire et plaire;
Et conter pour conter me semble peu d'affaire.
C'est par cette raison qu'égayant leur esprit
Nombre de gens fameux en ce genre ont écrit.
Tous ont fuy l'ornement et le trop d'étenduë.
On ne voit point chez eux de parole perduë.
Phedre estoit si succint qu'aucuns l'en ont blâmé.
Esope en moins de mots s'est encore exprimé.

La Fontaine. — I.   11

Mais sur tous certain* Grec rencherit et se pique
    D'une élegance laconique.
Il renferme toûjours son conte en quatre Vers;
Bien ou mal, je le laisse à juger aux experts.
Voyons-le avec Esope en un sujet semblable.
L'un ameine un Chasseur, l'autre un Pâtre en sa Fable.
J'ay suivy leur projet quant à l'évenement,
Y cousant en chemin quelque trait seulement.
Voicy comme à peu prés Esope le raconte.

Un Pâtre à ses Brebis trouvant quelque mé-
        conte,
        Voulut à toute force attraper le Larron.
        Il s'en va prés d'un antre, et tend à l'environ
Des laqs à prendre Loups, soupçonnant cette engeance.
        Avant que partir de ces lieux,
Si tu fais, disoit-il, ô Monarque des Dieux,
Que le drosle à ces laqs se prenne en ma presence,
        Et que je gouste ce plaisir,
        Parmy vingt Veaux je veux choisir
        Le plus gras, et t'en faire offrande.
A ces mots sort de l'antre un Lion grand et fort.
Le Pâtre se tapit, et dit à demy mort,
Que l'homme ne sçait guere, helas! ce qu'il demande!
Pour trouver le Larron qui détruit mon troupeau,
Et le voir en ces laqs pris avant que je parte,
O Monarque des Dieux, je t'ay promis un Veau;
Je te promets un Bœuf si tu fais qu'il s'écarte.
C'est ainsi que l'a dit le principal Auteur :
        Passons à son imitateur.

Un Fanfaron amateur de la chasse,
        Venant de perdre un Chien de bonne race,
        Qu'il soupçonnoit dans le corps d'un Lion,
        Vid un Berger. Enseigne-moy de grace

* *Gabrias* (note de La Fontaine).

De mon voleur, luy dit-il la maison ;
Que de ce pas je me fasse raison.
Le Berger dit, C'est vers cette montagne.
En luy payant de tribut un Mouton
Par chaque mois, j'erre dans la campagne
Comme il me plaist, et je suis en repos.
Dans le moment qu'ils tenoient ces propos,
Le Lion sort, et vient d'un pas agile.
Le Fanfaron aussi-tost d'esquiver.
O Jupiter, montre-moy quelque azile,
S'écria-t-il, qui me puisse sauver.

   La vraye épreuve de [1] courage
N'est que dans le danger que l'on touche du doigt.
Tel le cherchoit, dit-il, qui changeant de langage
   S'enfuit aussi-tost qu'il le void.

III.

PHŒBUS ET BORÉE.

orée et le Soleil virent un voyageur
   Qui s'estoit muny par bon-heur
  Contre le mauvais temps. (On entroit dans
   l'Automne,
Quand la précaution aux voyageurs est bonne :
Il pleut ; le Soleil luit ; et l'écharpe d'Iris
   Rend ceux qui sortent avertis
Qu'en ces mois le manteau leur est fort necessaire.
Les Latins les nommoient douteux pour cette affaire.
Nostre homme s'estoit donc à la pluye attendu.
Bon manteau bien doublé ; bonne étoffe bien forte.
Celuy-cy, dit le Vent, prétend avoir pourveu

1. *Du* dans les éditions de 1668 et de 1669.

A tous les accidens ; mais il n'a pas préveu
  Que je sçauray souffler de sorte
Qu'il n'est bouton qui tienne : il faudra, si je veux,
  Que le manteau s'en aille au diable.
L'ébatement pourroit nous en estre agreable :
Vous plaist-il de l'avoir ? Et bien gageons nous deux
  (Dit Phœbus) sans tant de paroles,
A qui plus tost aura dégarny les épaules
  Du Cavalier que nous voyons.
Commencez : Je vous laisse obscurcir mes rayons.
Il n'en falut pas plus. Nostre souffleur à gage
Se gorge de vapeurs, s'enfle comme un ballon ;
  Fait un vacarme de demon ;
Siffle, souffle, tempeste, et brise en son passage
Main toit qui n'en peut mais, fait perir main bateau ;
  Le tout au sujet d'un manteau.
Le Cavalier eut soin d'empescher que l'orage
  Ne se pût engoufrer dedans.
Cela le préserva : le vent perdit son temps :
Plus il se tourmentoit, plus l'autre tenoit ferme :
Il eut beau faire agir le colet et les plis.
  Si-tost qu'il fut au bout du terme
  Qu'à la gageure on avoit mis,
  Le Soleil dissipe la nuë :
Recrée, et puis penetre enfin le Cavalier ;
  Sous son balandras fait qu'il suë ;
  Le contraint de s'en dépoüiller.
Encor' n'usa-t-il pas de toute sa puissance.
  Plus fait douceur que violence.

IV.

JUPITER ET LE MÉTAYER.

Jupiter eut jadis une ferme à donner.
Mercure en fit l'annonce ; et gens se pré-
  senterent,
  Firent des offres, écouterent :

Ce ne fut pas sans bien tourner.
L'un alleguoit que l'heritage
Estoit frayant et rude, et l'autre un autre si.
Pendant qu'ils marchandoient ainsi,
Un d'eux le plus hardy, mais non pas le plus sage,
Promit d'en rendre tant, pourveu que Jupiter
Le laissast disposer de l'air,
Luy donnast saison à sa guise,
Qu'il eust du chaud, du froid, du beau-temps, de la
Enfin du sec et du moüillé,   [bise,
Aussi-tost qu'il auroit baaillé.
Jupiter y consent. Contract passé; nostre homme
Tranche du Roy des airs, pleut, vente, et fait en somme
Un climat pour luy seul : ses plus proches voisins
Ne s'en sentoient non plus que les Ameriquains[1].
Ce fut leur avantage; ils eurent bonne année,
Pleine moisson, pleine vinée.
Monsieur le Receveur fut tres-mal partagé.
L'an suivant voila tout changé.
Il ajuste d'une autre sorte
La temperature des Cieux.
Son champ ne s'en trouve pas mieux.
Celuy de ses voisins fructifie et rapporte.
Que fait-il? il recourt au Monarque des Dieux :
Il confesse son imprudence.
Jupiter en usa comme un Maistre fort doux.
Concluons que la Providence
Sçait ce qu'il nous faut, mieux que nous.

V.

LE COCHET, LE CHAT ET LE SOURIÇEAU.

Un Souriçeau tout jeune, et qui n'avoit rien
veu,
Fut presque pris au dépourveu.
Voicy comme il conta l'avanture à sa mere.

1. *Des*, dans les éditions de 1668 et de 1669.

J'avois franchy les Monts qui bornent cét Etat;
Et trotois comme un jeune Rat
Qui cherche à se donner carriere.
Lors que deux animaux m'ont arresté les yeux;
L'un doux, benin et gracieux;
Et l'autre turbulent et plein d'inquietude.
Il a la voix perçante et rude;
Sur la teste un morceau de chair;
Une sorte de bras dont il s'éleve en l'air,
Comme pour prendre sa volée;
La queuë en panache étalée.
Or c'estoit un Cochet dont nostre Souriçeau
Fit à sa mere le tableau,
Comme d'un animal venu de l'Amerique.
Il se batoit, dit-il, les flancs avec ses bras,
Faisant tel bruit et tel fracas,
Que moy, qui grace aux Dieux de courage me pique,
En ay pris la fuite de peur,
Le maudissant de tres-bon cœur.
Sans luy j'aurois fait connoissance
Avec cet animal qui m'a semblé si doux.
Il est velouté comme nous,
Marqueté, longue queuë, une humble contenance;
Un modeste regard, et pourtant l'œil luisant :
Je le crois fort sympatisant
Avec messieurs les Rats; car il a des oreilles
En figure aux nostres pareilles.
Je l'allois aborder; quand d'un son plein d'éclat
L'autre m'a fait prendre la fuite.
Mon fils, dit la Souris, ce doucet est un Chat,
Qui sous son minois hypocrite
Contre toute ta parenté
D'un malin vouloir est porté.
L'autre animal tout au contraire,
Bien éloigné de nous mal faire,
Servira quelque jour peut-estre à nos repas.
Quant au Chat; c'est sur nous qu'il fonde sa cuisine.
Garde-toy tant que tu vivras
De juger des gens sur la mine.

VI.

LE RENARD, LE SINGE, ET LES ANIMAUX.

Les Animaux, au deceds d'un Lion,
En son vivant Prince de la contrée,
Pour faire un Roy s'assemblerent, dit-on.
De son étuy la couronne est tirée.
Dans une chartre un Dragon la gardoit.
Il se trouva que sur tous essayée
A pas un d'eux elle ne convenoit.
Plusieurs avoient la teste trop menuë,
Aucuns trop grosse, aucuns mesme cornuë.
Le Singe aussi fit l'épreuve en riant,
Et par plaisir la Tiare essayant,
Il fit autour force grimaceries,
Tours de souplesse, et mille singeries :
Passa dedans ainsi qu'en un cerceau.
Aux Animaux cela sembla si beau,
Qu'il fut éleu : chacun luy fit hommage.
Le Renard seul regretta son suffrage ;
Sans toutefois montrer son sentiment.
Quand il eut fait son petit compliment,
Il dit au Roy : Je sçais, Sire, une cache ;
Et ne crois pas qu'autre que moy la sçache.
Or tout tresor par droit de Royauté
Appartient, Sire, à vostre Majesté.
Le nouveau Roy baaille apres la Finance.
Luy-même y court pour n'être pas trompé.
C'estoit un piege : il y fut attrapé.
Le Renard dit au nom de l'assistance :
Pretendrois-tu nous gouverner encor,
Ne sçachant pas te conduire toy-mesme ?
Il fut démis : et l'on tomba d'accord
Qu'à peu de gens convient le Diadême.

VII.

LE MULET SE VANTANT DE SA GENEALOGIE.

Le Mulet d'un Prelat se piquoit de noblesse,
    Et ne parloit incessamment
    Que de sa mere la Jument,
    Dont il contoit mainte proüesse.
Elle avoit fait cecy, puis avoit esté là.
    Son fils pretendoit pour cela
    Qu'on le dût mettre dans l'Histoire.
Il eût crû s'abaisser servant un Medecin.
Estant devenu vieux on le mit au Moulin.
Son pere l'Asne alors luy revint en memoire.

    Quand le mal-heur ne seroit bon
    Qu'à mettre un sot à la raison,
    Toûjours seroit-ce à juste cause
    Qu'on le dit bon à quelque chose.

VIII.

LE VIEILLARD ET L'ASNE.

Un Vieillard sur son Asne apperceut en passant
    Un pré plein d'herbe et fleurissant.
Il y lâche sa beste, et le Grison se ruë
    Au travers de l'herbe menuë,
Se veautrant, gratant, et frotant,
Gambadant, chantant, et broutant,
Et faisant mainte place nette.

L'ennemy vient sur l'entrefaite,
Fuyons, dit alors le Vieillard.
Pourquoy? répondit le paillard,
Me fera-t-on porter double bast, double charge?
Non pas, dit le Vieillard qui prit d'abord le large.
Et que m'importe donc, dit l'Asne, à qui je sois?
Sauvez-vous, et me laissez paistre :
Nostre ennemy c'est nostre maistre :
Je vous le dis en bon François.

IX.

LE CERF SE VOYANT DANS L'EAU.

Dans le crystal d'une fontaine
Un cerf se mirant autrefois,
Loüoit la beauté de son bois,
Et ne pouvoit qu'avecque peine
Souffrir ses jambes de fuseaux,
Dont il voyoit l'objet se perdre dans les eaux.
Quelle proportion de mes pieds à ma teste?
Disoit-il en voyant leur ombre avec douleur :
Des taillis les plus hauts mon front atteint le faiste;
Mes pieds ne me font point d'honneur.
Tout en parlant de la sorte,
Un Limier le fait partir;
Il tasche à se garentir;
Dans les forests il s'emporte.
Son bois dommageable ornement,
L'arrestant à chaque moment,
Nuit à l'office que luy rendent
Ses pieds, de qui ses jours dépendent.
Il se dedit alors, et maudit les presens,
Que le Ciel luy fait tous les ans.

Nous faisons cas du beau, nous méprisons l'utile ;
  Et le beau souvent nous détruit.
Ce Cerf blasme ses pieds qui le rendent agile :
  Il estime un bois qui luy nuit.

X.

LE LIEVRE ET LA TORTUE.

Rien ne sert de courir ; il faut partir à point.
  Le Lievre et la Tortuë en sont un témoi-
   gnage.
  Gageons, dit celle-cy, que vous n'atteindrez
 point
Si-tost que moy ce but. Si-tost ? estes-vous sage ?
  Repartit l'animal leger.
  Ma commere il vous faut purger
  Avec quatre grains d'ellebore.
  Sage ou non, je parie encore.
  Ainsi fut fait : et de tous deux
  On mit pres du but les enjeux.
  Sçavoir quoy ; ce n'est pas l'affaire :
  Ny de quel juge l'on convint.
Nostre Lievre n'avoit que quatre pas à faire ;
J'entends de ceux qu'il fait lors que prest d'estre atteint
Il s'éloigne des chiens, les renvoye aux Calendes,
  Et leur fait arpenter les Landes.
Ayant, dis-je, du temps de reste pour brouter,
  Pour dormir, et pour écouter
D'où vient le vent ; il laisse la Tortuë
  Aller son train de Senateur.
  Elle part, elle s'évertuë :
  Elle se haste avec lenteur.
Luy cependant méprise une telle victoire ;
  Tient la gageure à peu de gloire ;

Croit qu'il y va de son honneur
De partir tard. Il broute, il se repose,
   Il s'amuse à toute autre chose
Qu'à la gageure. A la fin quand il vid
Que l'autre touchoit presque au bout de la carriere,
Il partit comme un trait; mais les élans qu'il fit
Furent vains; la Tortuë arriva la premiere.
Hé bien, luy cria-t-elle, avois-je pas raison?
   Dequoy vous sert vostre vistesse?
   Moy l'emporter! et que seroit-ce
   Si vous portiez une maison?

XI.

L'ASNE ET SES MAISTRES.

'Asne d'un Jardinier se plaignoit au destin
De ce qu'on le faisoit lever devant l'Aurore.
Les Coqs, luy disoit-il, ont beau chanter
   matin;
  Je suis plus matineux encore.
Et pourquoy? pour porter des herbes au marché.
Belle necessité d'interrompre mon somme!
   Le Sort de sa plainte touché
Luy donne un autre Maistre; et l'Animal de somme
Passe du Jardinier aux mains d'un Corroyeur.
La pesanteur des peaux, et leur mauvaise odeur
Eurent bien-tost choqué l'impertinente Beste.
J'ay regret, disoit-il, à mon premier Seigneur.
   Encor quand il tournoit la teste
   J'attrapois, s'il m'en souvient bien,
Quelque morceau de chou qui ne me coûtoit rien.
Mais icy, point d'aubeine; ou si j'en ay quelqu'une
C'est de coups. Il obtint changement de fortune,
   Et sur l'estat d'un Charbonnier

Il fut couché tout le dernier.
Autre plainte. Quoy donc, dit le Sort en colere,
        Ce Baudet-cy m'occupe autant
        Que cent Monarques pourroient faire.
Croit-il estre le seul qui ne soit pas content?
        — N'ay-je en l'esprit que son affaire?
Le Sort avoit raison; tous gens sont ainsi faits :
Nostre condition jamais ne nous contente :
        La pire est toûjours la presente.
Nous fatiguons le Ciel à force de placets.
Qu'à chacun Jupiter accorde sa requeste;
        Nous lui romprons encor la teste.

XII.

LE SOLEIL ET LES GRENOUILLES.

Aux nopces d'un Tyran tout le Peuple en liesse
        Noyoit son soucy dans les pots.
    Esope seul trouvoit que les gens estoient sots
        De témoigner tant d'allegresse.
Le Soleil, disoit-il, eust dessein autrefois
        De songer à l'Hymenée.
Aussi-tost on oüit d'une commune voix
        Se plaindre de leur destinée
        Les Citoyennes des étangs.
    Que ferons-nous s'il luy vient des enfans?
Dirent-elles au Sort, un seul Soleil à peine
        Se peut souffrir. Une demy-douzaine
Mettra la Mer à sec et toùs ses habitans.
Adieu joncs et marests : Nostre race est détruite.
        Bien-tost on la verra reduite
        A l'eau du Styx. Pour un pauvre Animal
Grenoüilles à mon sens ne raisonnoient pas mal.

XIII.

LE VILLAGEOIS ET LE SERPENT.

Esope conte qu'un Manant
    Charitable autant que peu sage
    Un jour d'Hyver se promenant
    A l'entour de son heritage,
Apperçût un Serpent sur la neige étendu,
Transi, gelé, perclus, immobile rendu,
    N'ayant pas à vivre un quart d'heure.
Le Villageois le prend, l'emporte en sa demeure,
Et sans considerer quel sera le loyer
    D'une action de ce merite,
    Il l'étend le long du foyer,
    Le réchauffe, le ressuscite.
L'Animal engourdy sent à peine le chaud,
Que l'ame luy revient avecque la colere.
Il leve un peu la teste, et puis siffle aussitost,
Puis fait un long reply, puis tâche à faire un saut
Contre son bienfaiteur, son sauveur, et son pere.
Ingrat, dit le Manant, voila donc mon salaire?
Tu mourras. A ces mots, plein d'un juste courroux,
Il vous prend sa cognée, il vous tranche la Beste,
    Il fait trois Serpens de deux coups,
    Un tronçon, la queuë, et la teste.
L'insecte sautillant cherche à se reünir,
    Mais il ne pût y parvenir.

    Il est bon d'estre charitable :
    Mais envers qui, c'est là le poinct.
    Quant aux ingrats, il n'en est point
    Qui ne meure enfin miserable.

XIV.

LE LION MALADE ET LE RENARD.

De par le Roy des Animaux
Qui dans son antre estoit malade,
Fut fait sçavoir à ses vassaux
Que chaque espece en ambassade
Envoyast gens le visiter :
Sous promesse de bien traiter
Les Deputez, eux et leur suite ;
Foy de Lion tres-bien écrite.
Bon passe-port contre la dent ;
Contre la griffe tout autant.
L'Edit du Prince s'execute.
De chaque espece on luy depute.
Les Renards gardant la maison,
Un d'eux en dit cette raison.
Les pas empraints sur la poussiere,
Par ceux qui s'en vont faire au malade leur cour,
Tous sans exception regardent sa taniere ;
Pas un ne marquer de retour.
Cela nous met en méfiance.
Que sa Majesté nous dispense.
Grammercy de son passe-port.
Je le crois bon : mais dans cét antre
Je vois fort bien comme l'on entre,
Et ne vois pas comme on en sort.

XV.

L'OISELEUR, L'AUTOUR, ET
L'ALOÜETTE.

Les injustices des pervers
    Servent souvent d'excuse aux nostres.
    Telle est la loy de l'Univers :
Si tu veux qu'on t'épargne, épargne aussi les
Un Manant au miroir prenoit des Oisillons.   *[autres.*
Le fantosme brillant attire une Aloüette.
Aussi-tost un Autour planant sur les sillons
    Descend des airs, fond, et se jette
Sur celle qui chantoit, quoy que prés du tombeau.
Elle avoit évité la perfide machine,
Lors que se rencontrant sous la main de l'oiseau
    Elle sent son ongle maline.
Pendant qu'à la plumer l'Autour est occupé,
Luy-mesme sous les rets demeure envelopé.
Oiseleur laisse-moy, dit-il en son langage.
    Je ne t'ay jamais fait de mal.
L'Oiseleur repartit : Ce petit animal
    T'en avoit-il fait devantage?

XVI.

LE CHEVAL ET L'ASNE.

En ce monde il se faut l'un l'autre secourir.
    Si ton voisin vient à mourir,
    C'est sur toy que le fardeau tombe.
Un Asne accompagnoit un Cheval peu
courtois,

Celuy-cy ne portant que son simple harnois,
Et le pauvre Baudet si chargé qu'il succombe.
Il pria le Cheval de l'aider quelque peu :
Autrement il mourroit devant qu'estre à la ville.
La priere, dit-il, n'en est pas incivile :
Moitié de ce fardeau ne vous sera que jeu.
Le Cheval refusa, fit une petarrade ;
Tant qu'il vid sous le faix mourir son camarade,
    Et reconnut qu'il avoit tort.
    Du Baudet en cette avanture,
    On luy fit porter la voiture,
    Et la peau par dessus encore.

XVII.

LE CHIEN QUI LACHE SA PROYE

POUR L'OMBRE.

Chacun se trompe icy bas :
On void courir apres l'Ombre
Tant de fous, qu'on n'en sçait pas
La pluspart du temps le nombre.

Au Chien dont parle Esope il faut les renvoyer.
Ce Chien voyant sa proye en l'eau representée,
La quitta pour l'image, et pensa se noyer ;
La riviere devint tout d'un coup agitée.
A toute peine il regagna les bords,
    Et n'eut ny l'ombre ny le corps.

XVIII.

LE CHARTIER EMBOURBÉ.

Le Phaëton d'une voiture à foin
　　Vid son char embourbé. Le pauvre homme
　　　estoit loin　　　　　　　　　　[pagne
　　De tout humain secours. C'estoit à la cam-
Pres d'un certain canton de la basse Bretagne
　　　Appellé Quimpercorentin.
　　On sçait assez que le destin
Adresse là les gens quand il veut qu'on enrage.
　　　Dieu nous préserve du voyage.
Pour venir au Chartier embourbé dans ces lieux,
Le voila qui deteste et jure de son mieux,
　　　Pestant en sa fureur extrême
Tantost contre les trous, puis contre ses chevaux,
　　　Contre son char, contre luy-mesme.
Il invoque à la fin le Dieu dont les travaux
　　　Sont si celebres dans le monde.
Hercule, luy dit-il, aide moy; si ton dos
　　　A porté la machine ronde,
　　　Ton bras peut me tirer d'icy.
Sa priere estant faite, il entend dans la nuë
　　　Une voix qui luy parle ainsi :
　　　Hercule veut qu'on se remuë,
Puis il aide les gens. Regarde d'où provient
　　　L'achopement qui te retient.
　　　Oste d'autour de chaque rouë
Ce mal-heureux mortier, cette maudite bouë,
　　　Qui jusqu'à l'aissieu les enduit.
Pren ton pic, et me romps ce caillou qui te nuit.
Comble-moi cette orniere. As-tu fait? Ouy, dit l'homme.
Or bien je vas t'aider, dit la voix : pren ton fouët.

Je l'ay pris. Qu'est-cecy? mon char marche à souhait.
Hercule en soit loüé. Lors la voix : Tu vois comme
Tes chevaux aisément se sont tirez de là.
    Aide-toy, le Ciel t'aidera.

XIX.

LE CHARLATAN.

Le monde n'a jamais manqué de Charlatans.
    Cette science de tout temps
    Fut en Professeurs tres-fertile.
Tantost l'un en Theatre affronte l'Acheron :
    Et l'autre affiche par la ville
    Qu'il est un Passe-Ciceron.
    Un des derniers se vantoit d'estre
    En Eloquence si grand maistre,
    Qu'il rendroit disert un badaut,
    Un manant, un rustre, un lourdaut :
Ouy, Messieurs, un lourdaut; un Animal, un Asne :
Que l'on m'ameine un Asne, un Asne renforcé ;
    Je le rendray maistre passé ;
    Et veux qu'il porte la soutane.
Le Prince sçeut la chose : il manda le Rheteur.
    J'ay, dit-il, en mon écurie
    Un fort beau Roussin d'Arcadie :
    J'en voudrois faire un Orateur.
Sire, vous pouvez tout, reprit d'abord nôtre homme.
    On luy donna certaine somme.
    Il devoit au bout de dix ans
    Mettre son Asne sur les bancs :
Sinon il consentoit d'estre en place publique
Guindé la hare au col, étranglé court et net,
    Ayant au dos sa Rhetorique,

Et les oreilles d'un Baudet.
Quelqu'un des Courtisans luy dit qu'à la potençe
Il vouloit l'aller voir; et que pour un pendu
Il auroit bonne grace, et beaucoup de prestance :
Sur tout qu'il se souvinst de faire à l'assistance
Un discours où son art fût au long étendu ;
Un discours pathetique, et dont le formulaire
  Servist à certains Cicerons
  Vulgairement nommez larrons.
  L'autre reprit : Avant l'affaire
  Le Roy, l'Asne, ou moy nous mourrons.

  Il avoit raison. C'est folie
  De compter sur dix ans de vie.
  Soyons bien beuvans, bien mangeans,
Nous devons à la mort de trois l'un en dix ans.

XX.

LA DISCORDE.

La Deesse Discorde ayant broüillé les Dieux,
 Et fait un grand procés là haut pour une
  pomme ;
   On la fit déloger des Cieux.
Chez l'Animal qu'on appelle Homme
On la reçeut à bras ouverts,
 Elle, et Que-si-que-non son frere,
 Avecque Tien-et-mien son pere.
Elle nous fit l'honneur en ce bas Univers
 De preferer nostre Hemisphere
A celuy des mortels qui nous sont opposez :
  Gens grossiers, peu civilisez,
Et qui se mariant sans Prestre et sans Notaire,

De la Discorde n'ont que faire.
Pour la faire trouver aux lieux où le besoin
Demandoit qu'elle fût présente,
La Renommée avoit le soin
De l'avertir; et l'autre diligente
Couroit viste aux debats, et prevenoit la paix,
Faisoit d'une étincelle un feu long à s'éteindre.
La Renommée enfin commença de se plaindre
Que l'on ne luy trouvoit jamais
De demeure fixe et certaine,
Bien souvent l'on perdoit à la chercher sa peine.
Il faloit donc qu'elle eust un sejour affecté,
Un sejour d'où l'on pûst en toutes les familles
L'envoyer à jour arresté.
Comme il n'estoit alors aucun Convent[1] de Filles,
On y trouva difficulté.
L'auberge enfin de l'Hymenée
Luy fut pour maison assinée[2].

XXI.

LA JEUNE VEUVE.

a perte d'un époux ne va point sans soûpirs :
On fait beaucoup de bruit, et puis on se console.
Sur les aisles du temps la tristesse s'envole;
Le temps rameine les plaisirs.
Entre la Veuve d'une année
Et la Veuve d'une journée
La difference est grande. On ne croiroit jamais

1. *Couvent*, dans l'édition de 1668.
2. *Assignée*, dans l'édition de 1668.

Que ce fust la mesme personne.
L'une fait fuir les gens, et l'autre a mille attraits :
Aux soûpirs vrais ou faux celle-là s'abandonne :
C'est toûjours mesme note, et pareil entretien :
  On dit qu'on est inconsolable ;
  On le dit mais il n'en est rien,
  Comme on verra par ceste Fable,
  Ou plustost par la verité.
  L'Epoux d'une jeune beauté
Partoit pour l'autre monde. A ses costez sa femme
Luy crioit, Attends-moy ; je te suis ; et mon ame
Aussi bien que la tienne, est preste à s'envoler.
  Le Mary fait [1] seul le voyage.
La Belle avoit un pere homme prudent et sage :
  Il laissa le torrent couler.
  A la fin pour la consoler :
Ma fille, luy dit-il, c'est trop verser de larmes :
Qu'a besoin le défunt que vous noyez vos charmes?
Puisqu'il est des vivans, ne songez plus aux morts.
  Je ne dis pas que tout à l'heure
  Une condition meilleure
  Change en des nopces ces transports :
Mais apres certain temps souffrez qu'on vous propose
Un époux, beau, bien fait, jeune, et tout autre chose
  Que le défunt. Ah! dit-elle aussi-tost,
  Un Cloistre est l'époux qu'il me faut.
Le pere luy laissa digerer sa disgrace.
  Un mois de la sorte se passe.
L'autre mois, on l'employe à changer tous les jours
Quelque chose à l'habit, au linge, à la coifure.
  Le deüil enfin sert de parure,
  En attendant d'autres atours.
  Toute la bande des Amours
Revient au colombier : les jeux, les ris, la danse
  Ont aussi leur tour à la fin.
  On se plonge soir et matin

1. *Fit*, dans l'édition de 1668.

Dans la fontaine de Jouvence.
Le Pere ne craint plus ce défunt tant chery.
Mais comme il ne parloit de rien à notre Belle,
　　Où donc est le jeune mary
　　Que vous m'avez promis, dit-elle?

ÉPILOGUE.

Bornons icy cette carriere :
　　Les longs ouvrages me font peur.
　　Loin d'épuiser une matiere
　　On n'en doit prendre que la fleur.
Il s'en va temps que je reprenne
Un peu de forces et d'haleine
Pour fournir à d'autres projets.
　　Amour ce tyran de ma vie
　　Veut que je change de sujets ;
　　Il faut contenter son envie.
Retournons à Psiché[1] : Damon vous m'exhortez
A peindre ses mal-heurs et ses felicitez.
　　J'y consens : peut-estre ma veine
　　En sa faveur s'échauffera.
Heureux si ce travail est la derniere peine
　　Que son époux me causera!

---

1. *Les amours de Psyché et de Cupidon* ont été publiés par La Fontaine en 1669, un an après les six premiers livres des *Fables*. Voyez le tome III de notre édition.

AVERTISSEMENT.

oicy un second recüeil de Fables que je presente au public [1] ; j'ay jugé à propos de donner à la pluspart de celles-cy un air, et un tour un peu different de celuy que j'ay donné aux premieres ; tant à cause de la difference des sujets, que pour remplir de plus de varieté mon Ouvrage. Les traits familiers que j'ay semez avec assez d'abondance dans les deux autres parties, convenoient bien mieux aux inventions d'Esope, qu'à ces dernieres, où j'en use plus sobrement, pour ne pas tomber en des repetitions : car le nombre de ces traits n'est pas infiny. Il a donc falu que j'aye cherché d'autres enrichissemens, et étendu davantage les circonstances de ces recits, qui

1. Ce « second recueil » publié en 1678-1679 comprenait la troisième et la quatrième partie. Voy. ci-dessus, p. 1, note 1.

d'ailleurs me sembloient le demander de la sorte. Pour peu que le Lecteur y prenne garde, il le reconnoistra luy-mesme; ainsi je ne tiens pas qu'il soit necessaire d'en étaler icy les raisons : non plus que de dire où j'ay puisé ces derniers sujets. Seulement je diray par reconnoissance que j'en dois la plus grande partie à Pilpay, sage Indien. Son Livre a esté traduit en toutes les Langues. Les gens du païs le croyent fort ancien, et original à l'égard d'Esope; si ce n'est Esope luy-mesme sous le nom du sage Locman. Quelques autres m'ont fourny des sujets assez heureux. Enfin j'ay tasché de mettre en ces deux dernieres Parties toute la diversité dont j'estois capable. Il s'est glissé quelques fautes dans l'impression; j'en ay fait faire un Errata [1]; mais ce sont de legers remedes pour un défaut considerable. Si on veut avoir quelque plaisir de la lecture de cét Ouvrage, il faut que chacun fasse corriger ces fautes à la main dans son Exemplaire, ainsi qu'elles sont marquées par chaque Errata, aussi bien pour les deux premieres Parties, que pour les dernieres.

---

1. Une portion de cet *Errata* suit immédiatement l'*Avertissement*, une autre portion se trouve à la fin de la quatrième partie. Nous avons corrigé les fautes qui y sont indiquées et nous avons donné en note le premier texte quand il nous a semblé qu'il y avait quelque intérêt à le faire.

A MADAME

DE MONTESPAN.

L'apologue est un don qui vient des immortels;
Ou si c'est un present des hommes,
Quiconque nous l'a fait merite des Autels.
Nous devons tous tant que nous sommes
Eriger en divinité
Le Sage par qui fut ce bel art inventé.
C'est proprement un charme : il rend l'ame attentive,
Ou plustost il la tient captive,
Nous attachant à des recits
Qui meinent à son gré les cœurs et les esprits.
O vous qui l'imitez, Olimpe, si ma Muse
A quelquefois pris place à la table des Dieux,
Sur ses dons aujourd'huy daignez porter les yeux,
Favorisez les jeux où mon esprit s'amuse.
Le temps qui détruit tout, respectant vostre appuy
Me laissera franchir les ans dans cet ouvrage :
Tout Auteur qui voudra vivre encore apres luy,
Doit s'acquerir vostre suffrage.
C'est de vous que mes vers attendent tout leur prix :
Il n'est beauté dans nos écrits
Dont vous ne connoissiez jusques aux moindres traces;
Eh! qui connoist que vous les beautez et les graces?

Paroles et regards, tout est charme dans vous.
       Ma Muse en un sujet si doux
       Voudroit s'étendre davantage;
Mais il faut reserver à d'autres cet employ,
       Et d'un plus grand Maistre que moy
       Vostre loüange est le partage.
Olimpe, c'est assez qu'à mon dernier ouvrage
Vostre nom serve un jour de rempart et d'abri :
Protegez desormais le livre favori
Par qui j'ose esperer une seconde vie :
       Sous vos seuls auspices ces vers
       Seront jugez malgré l'envie
       Dignes des yeux de l'Univers.
Je ne merite pas une faveur si grande :
       La Fable en son nom la demande :
Vous sçavez quel credit ce mensonge a sur nous;
S'il procure à mes vers le bonheur de vous plaire,
Je croiray luy devoir un temple pour salaire;
Mais je ne veux bastir des temples que pour vous.

LIVRE PREMIER (VII).

FABLE I.

LES ANIMAUX MALADES DE LA PESTE.

Un mal qui répand la terreur,
    Mal que le Ciel en sa fureur
    Inventa pour punir les crimes de la terre,
    La peste (puis qu'il faut l'appeller par son
Capable d'enrichir en un jour l'Acheron,   [nom)
    Faisoit aux animaux la guerre.
Ils ne mouroient pas tous, mais tous estoient frappez.
    On n'en vōyoit point d'occupez
A chercher le soûtien d'une mourante vie;
    Nul mets n'excitoit leur envie.
    Ni Loups ni Renards n'épioient
    La douce et l'innocente proye.
    Les Tourterelles se fuyoient;
    Plus d'amour, partant plus de joye.
Le Lion tint conseil, et dit : Mes chers amis,
    Je crois que le Ciel a permis
    Pour nos pechez cette infortune;
    Que le plus coupable de nous

Se sacrifie aux traits du celeste courroux,
Peut-estre il obtiendra la guerison commune.
L'histoire nous apprend qu'en de tels accidens
          On fait de pareils dévoûmens :
Ne nous flatons donc point, voyons sans indulgence
          L'état de nostre conscience.
Pour moy, satisfaisant mes appetits gloutons
          J'ay devoré force moutons;
          Que m'avoient-ils fait? nulle offense :
Mesme il m'est arrivé quelquefois de manger
                    Le Berger.
Je me dévoûray donc, s'il le faut; mais je pense
Qu'il est bon que chacun s'accuse ainsi que moy :
Car on doit souhaiter selon toute justice
          Que le plus coupable perisse.
Sire, dit le Renard, vous estes trop bon Roy;
Vos scrupules font voir trop de delicatesse;
Et bien, manger moutons, canaille, sotte espece,
Est-ce un peché? Non non : Vous leur fistes Seigneur
          En les croquant beaucoup d'honneur.
          Et quant au Berger l'on peut dire
          Qu'il estoit digne de tous maux,
Estans de ces gens-là qui sur les animaux
          Se font un chimerique empire.
Ainsi dit le Renard, et flateurs d'applaudir.
          On n'osa trop approfondir
Du Tigre, ni de l'Ours, ni des autres puissances
          Les moins pardonnables offenses.
Tous les gens querelleurs, jusqu'aux simples mastins,
Au dire de chacun estoient de petits saints.
L'Asne vint à son tour et dit : J'ay souvenance
          Qu'en un pré de Moines passant
La faim, l'occasion, l'herbe tendre et, je pense
          Quelque diable aussi me poussant,
Je tondis de ce pré la largeur de ma langue.
Je n'en avois nul droit, puis qu'il faut parler net.
A ces mots on cria haro sur le baudet.
Un Loup quelque peu clerc prouva par sa harangue

Qu'il faloit dévoüer ce maudit animal,
Ce pelé, ce galeux, d'où venoit tout leur mal.
Sa peccadille fut jugée un cas pendable.
Manger l'herbe d'autruy ! quel crime abominable !
    Rien que la mort n'estoit capable
D'expier son forfait : on le luy fit bien voir.
Selon que vous serez puissant ou miserable,
Les jugemens de Cour vous rendront blanc ou noir.

II.

LE MAL MARIÉ.

Que le bon soit toûjours camarade du beau,
    Dés demain je chercheray femme ;
Mais comme le divorce entre eux n'est pas
    nouveau,
Et que peu de beaux corps hostes d'une belle ame
    Assemblent l'un et l'autre poinct,
Ne trouvez pas mauvais que je ne cherche point.
J'ay veu beaucoup d'Hymens, aucuns d'eux ne me tentent :
Cependant des humains presque les quatre parts
S'exposent hardiment au plus grand des hazards ;
Les quatre parts aussi des humains se repentent.
J'en vais alleguer un qui s'estant repenti,
    Ne put trouver d'autre parti,
    Que de renvoyer son épouse
    Querelleuse, avare, et jalouse.
Rien ne la contentoit, rien n'estoit comme il faut,
On se levoit trop tard, on se couchoit trop tost,
Puis du blanc, puis du noir, puis encore autre chose :
Les valets enrageoient, l'époux estoit à bout ;
Monsieur ne songe à rien, Monsieur dépense tout,
    Monsieur court, Monsieur se repose.

Elle en dit tant, que Monsieur à la fin
    Lassé d'entendre un tel lutin,
    Vous la renvoye à la campagne
  Chez ses parens. La voila donc compagne
De certaines Philis qui gardent les dindons
    Avec les gardeurs de cochons.
Au bout de quelque-temps qu'on la crut adouciè,
Le mary la reprend. Eh bien qu'avez-vous fait?
    Comment passiez-vous vostre vie?
L'innocence des champs est-elle vôtre fait?
    Assez, dit-elle; mais ma peine
Estoit de voir les gens plus paresseux qu'icy :
    Ils n'ont des troupeaux nul soucy.
Je leur sçavois bien dire, et m'attirois la haine
    De tous ces gens si peu soigneux.
Eh, Madame, reprit son époux tout à l'heure,
    Si vostre esprit est si hargneux
    Que le monde qui ne demeure
Qu'un moment avec vous, et ne revient qu'au soir,
    Est déja lassé de vous voir,
Que feront des valets qui toute la journée
    Vous verront contre eux déchaînée?
    Et que pourra faire un époux
Que vous voulez qui soit jour et nuit avec vous?
Retournez au village : adieu : si de ma vie
    Je vous rappelle, et qu'il m'en prenne envie,
Puissay-je chez les morts avoir pour mes pechez,
Deux femmes comme vous sans cesse à mes costez.

III.

LE RAT QUI S'EST RETIRÉ DU MONDE.

Les Levantins en leur legende   [bas,
Disent qu'un certain Rat, las des soins d'icy-
    Dans un fromage de Hollande
    Se retira loin du tracas.

La solitude estoit profonde,
S'étendant partout à la ronde.
Nostre hermite nouveau subsistoit là dedans.
Il fit tant de pieds et de dents
Qu'en peu de jours il eut au fond de l'hermitage
Le vivre et le couvert ; que faut-il davantage?
Il devint gros et gras ; Dieu prodigue ses biens
A ceux qui font vœu d'estre siens.
Un jour au devot personnage
Des deputez du peuple Rat
S'en vinrent demander quelque aumône legere :
Ils alloient en terre étrangere
Chercher quelque secours contre le peuple chat ;
Ratopolis estoit bloquée :
On les avoit contraints de partir sans argent,
Attendu l'estat indigent
De la Republique attaquée :
Ils demandoient fort peu, certains que le secours
Seroit prest dans quatre ou cinq jours.
Mes amis, dit le Solitaire,
Les choses d'icy bas ne me regardent plus :
En quoy peut un pauvre Reclus
Vous assister? que peut-il faire,
Que de prier le ciel qu'il vous aide en cecy?
J'espere qu'il aura de vous quelque soucy.
Ayant parlé de cette sorte,
Le nouveau Saint ferma sa porte.
Qui designay-je à vostre avis
Par ce Rat si peu secourable?
Un Moine? Non, mais un Dervis ;
Je suppose qu'un Moine est toûjours charitable.

IV.

LE HÉRON.

LA FILLE.

Un jour sur ses longs pieds alloit je ne sçais où,
Le Héron au long bec emmanché d'un long
    cou.
        Il costoyoit une riviere.
L'onde estoit transparente ainsi qu'aux plus beaux jours ;
Ma commere la carpe y faisoit mille tours
        Avec le brochet son compere.
Le Héron en eùst fait aisément son profit :
Tous approchoient du bord, l'oiseau n'avoit qu'à prendre ;
        Mais il crût mieux faire d'attendre
        Qu'il eût un peu plus d'appetit.
Il vivoit de regime, et mangeoit à ses heures.
Apres quelques momens l'appetit vint ; l'oiseau
        S'approchant du bord vid sur l'eau
Des Tanches qui sortoient du fond de ces demeures.
Le mets ne luy plut pas ; il s'attendoit à mieux ;
        Et montroit un goust dédaigneux
        Comme le rat du bon Horace [1].
Moy des Tanches ? dit-il, moy Héron que je fasse
Une si pauvre chere ? et pour qui me prend-on ?

---

1. Le rat de ville que le rat des champs s'efforce en
vain de contenter :
            Cupiens varia fastidia cœna
        Vincere tangentis male singula dente superbo.
                (livre II, satire 6.)

Voyez ci-dessus, page 47, l'imitation que La Fontaine a
faite de ce récit.

La Tanche rebutée il trouva du goujon.
Du goujon ! c'est bien là le disné d'un Héron !
J'ouvrirois pour si peu le bec ! aux Dieux ne plaise.
Il l'ouvrit pour bien moins : tout alla de façon
      Qu'il ne vid plus aucun poisson.
La faim le prit ; il fut tout heureux et tout aise
    De rencontrer un Limaçon.
    Ne soyons pas si difficiles :
Les plus accommodans ce sont les plus habiles :
On hazarde de perdre en voulant trop gagner.
    Gardez-vous de rien dédaigner ;
Sur tout quand vous avez à peu prés vostre compte.
Bien des gens y sont pris ; ce n'est pas aux Hérons
Que je parle ; écoutez, humains, un autre conte ;
Vous verrez que chez vous j'ay puisé ces leçons.
    Certaine fille un peu trop fiere
    Prétendoit trouver un mary
Jeune, bien-fait, et beau, d'agreable maniere,
Point froid et point jaloux ; notez ces deux poincts cy.
    Cette fille vouloit aussi
    Qu'il eust du bien, de la naissance,
De l'esprit, enfin tout : mais qui peut tout avoir ?
Le destin se montra soigneux de la pourvoir :
    Il vint des partis d'importance.
La belle les trouva trop chetifs de moitié.
Quoy moy ? quoy ces gens-là ? l'on radote, je pense.
A moy les proposer ! helas ils font pitié.
    Voyez un peu la belle espece !
L'un n'avoit en l'esprit nulle delicatesse ;
L'autre avoit le nez fait de cette façon-là ;
    C'estoit cecy, c'estoit cela,
    C'estoit tout ; car les précieuses
    Font dessus tout les dédaigneuses.
Apres les bons partis les mediocres gens
    Vinrent se mettre sur les rangs.
Elle de se moquer. Ah vrayment je suis bonne
De leur ouvrir la porte : Ils pensent que je suis
    Fort en peine de ma personne.

La Fontaine. — I.   13

Grace à Dieu je passe les nuits
Sans chagrin, quoy qu'en solitude.
La belle se sceut gré de tous ces sentimens.
L'âge la fit déchoir; adieu tous les amans.
Un an se passe et deux avec inquietude.
Le chagrin vient en suite : elle sent chaque jour
Déloger quelques Ris, quelques jeux, puis l'amour;
Puis ses traits choquer et déplaire;
Puis cent sortes de fards. Ses soins ne pûrent faire
Qu'elle échapât au temps cet insigne larron :
Les ruines d'une maison
Se peuvent reparer; que n'est cet avantage
Pour les ruines du visage!
Sa preciosité changea lors de langage.
Son miroir luy disoit, prenez viste un mari :
Je ne sçais quel desir le luy disoit aussi;
Le desir peut loger chez une precieuse :
Celle-cy fit un choix qu'on n'auroit jamais crû,
Se trouvant à la fin tout aise et tout heureuse
De rencontrer un malotru.

V.

LES SOUHAITS.

Il est au Mogol des folets
Qui font office de valets,
Tiennent la maison propre, ont soin de l'équi-
page,
Et quelquefois du jardinage.
Si vous touchez à leur ouvrage,
Vous gastez tout. Un d'eux prés du Gange autrefois
Cultivoit le jardin d'un assez bon Bourgeois.
Il travailloit sans bruit, avoit beaucoup d'adresse,

Aimoit le maistre et la maistresse,
Et le jardin sur tout. Dieu sçait si les zephirs
Peuple ami du Demon l'assistoient dans sa tâche :
Le folet de sa part travaillant sans relâche
    Combloit ses hostes de plaisirs.
    Pour plus de marques de son zele
Chez ces gens pour toûjours il se fust arresté,
    Nonobstant la legereté
    A ses pareils si naturelle;
    Mais ses confreres les esprits
Firent tant que le chef de cette republique,
    Par caprice ou par politique,
    Le changea bien-tost de logis.
Ordre luy vient d'aller au fond de la Norvege
    Prendre le soin d'une maison
    En tout temps couverte de neige;
Et d'Indou qu'il estoit, on vous le fait Lapon.
Avant que de partir l'esprit dit à ses hostes :
    On m'oblige de vous quitter :
    Je ne sçais pas pour quelles fautes;
Mais enfin il le faut, je ne puis arrester   [maine.
Qu'un temps fort court, un mois, peut-estre une se-
Employez-la; formez trois souhaits, car je puis
    Rendre trois souhaits accomplis;
Trois sans plus. Souhaiter ce n'est pas une peine
    Etrange et nouvelle aux humains.
Ceux-cy pour premier vœu demandent l'abondance;
    Et l'abondance à pleines mains
    Verse en leurs cofres la finance,
En leurs greniers le bled, dans leurs caves les vins;
Tout en creve. Comment ranger cette chevance ?
Quels registres, quels soins, quel temps il leur falut!
Tous deux sont empeschez si jamais on le fut.
    Les voleurs contre eux comploterent;
    Les grands Seigneurs leur empruntérent;
Le Prince les taxa. Voila les pauvres gens
    Malheureux par trop de fortune.
Ostez-nous de ces biens l'affluence importune;

Dirent-ils l'un et l'autre; heureux les indigents!
La pauvreté vaut mieux qu'une telle richesse.
Retirez-vous, tresors, fuyez; et toy, Deesse,
Mere du bon esprit, compagne du repos,
O mediocrité, revien viste. A ces mots
La mediocrité revient; on luy fait place;
  Avec elle ils rentrent en grace,
Au bout de deux souhaits estant aussi chançeux
  Qu'ils estoient, et que sont tous ceux
Qui souhaitent toûjours, et perdent en chimeres
Le temps qu'ils feroient mieux de mettre à leurs affaires.
  Le folet en rit avec eux.
  Pour profiter de sa largesse,
Quand il voulut partir, et qu'il fut sur le poinct,
  Ils demanderent la sagesse;
  C'est un tresor qui n'embarrasse point.

VI.

LA COUR DU LION.

Sa Majesté Lionne un jour voulut connoistre,
De quelles nations le Ciel l'avoit fait maistre.
  Il manda donc par deputez
  Ses vassaux de toute nature,
  Envoyant de tous les costez
  Une circulaire écriture,
  Avec son sceau. L'écrit portoit
  Qu'un mois durant le Roy tiendroit
  Cour pleniere, dont l'ouverture
  Devoit estre un fort grand festin,
  Suivy des tours de Fagotin.
  Par ce trait de magnificence
Le Prince à ses sujets étaloit sa puissance.

En son Louvre il les invita.
Quel Louvre! un vray charnier, dont l'odeur se porta
D'abord au nez des gens. L'Ours boucha sa narine :
Il se fust bien passé de faire cette mine.
Sa grimace dépleut. Le Monarque irrité
L'envoya chez Pluton faire le dégoûté.
Le Singe approuva fort cette severité ;
Et flateur excessif il loüa la colere [1],
Et la griffe du Prince, et l'antre, et cette odeur :
    Il n'estoit ambre, il n'estoit fleur,
Qui ne fût ail au prix. Sa sotte flaterie
Eut un mauvais succés, et fut encor punie.
    Ce Monseigneur du Lion là,
    Fut parent de Caligula.
Le Renard estant proche : Or ça, luy dit le Sire,
Que sens-tu? dis-le moy : Parle sans déguiser.
    L'autre aussi-tost de s'excuser,
Alleguant un grand rume : il ne pouvoit que dire
    Sans odorat; bref il s'en tire.
    Cecy vous sert d'enseignement.
Ne soyez à la Cour, si vous voulez y plaire,
Ny fade adulateur, ny parleur trop sincere ;
Et tâchez quelquefois de répondre en Normant.

VII.

LES VAUTOURS ET LES PIGEONS.

Mars autrefois mit tout l'air en émûte.
Certain sujet fit naistre la dispute
Chez les oiseaux ; non ceux que le Printemps
Meine à sa Cour, et qui sous la feüillée

---

  1. Ce vers ne rime avec aucun autre et les trois précédents présentent trois fois la même rime de suite. Pour faire disparaître cette irrégularité, M. de Montenault a, dans l'édition de 1755, coupé ainsi le second de ces quatre vers :

    L'envoya chez Pluton faire
      Le dégoûté.

Par leur exemple et leurs sons éclatans
Font que Venus est en nous réveillée ;
Ny ceux encor que la Mere d'Amour
Met à son char : mais le peuple Vautour
Au bec retors, à la tranchante serre,
Pour un chien mort se fit, dit-on, la guerre.
Il plut du sang ; je n'exagere point.
Si je voulois conter de poinct en poinct
Tout le détail, je manquerois d'haleine.
Maint chef périt, maint heros expira ;
Et sur son roc Prométhée espera
De voir bien-tost une fin à sa peine.
C'estoit plaisir d'observer leurs efforts ;
C'estoit pitié de voir tomber les morts.
Valeur, adresse, et ruses, et surprises,
Tout s'employa : Les deux troupes éprises
D'ardent courroux n'épargnoient nuls moyens
De peupler l'air que respirent les ombres :
Tout element remplit de citoyens
Le vaste enclos qu'ont les royaumes sombres.
Cette fureur mit la compassion
Dans les esprits d'une autre nation
Au col changeant, au cœur tendre et fidéle.
Elle employa sa mediation
Pour accorder une telle querelle.
Ambassadeurs par le peuple Pigeon
Furent choisis, et si bien travaillerent,
Que les Vautours plus ne se chamaillerent.
Ils firent treve, et la paix s'ensuivit.
Helas ! ce fut aux dépens de la race
A qui la leur auroit deu rendre grace.
La gent maudite aussi-tost poursuivit
Tous les pigeons, en fit ample carnage,
En dépeupla les bourgades, les champs.
Peu de prudence eurent les pauvres gens,
D'accommoder un peuple si sauvage.
Tenez toûjours divisez les méchans ;
La seureté du reste de la terre
Dépend de là : Semez entre eux la guerre,

Ou vous n'aurez avec eux nulle paix.
Cecy soit dit en passant; je me tais.

VIII.

LE COCHE ET LA MOUCHE.

Dans un chemin montant, sablonneux, mal-
Et de tous les côtez au Soleil exposé,   [aisé,
    Six forts chevaux tiroient un Coche.
Femmes, Moine, vieillards, tout estoit des-
L'attelage suoit, soufloit, estoit rendu.   [cendu.
Une Mouche survient, et des chevaux s'approche;
Prétend les animer par son bourdonnement;
Pique l'un, pique l'autre, et pense à tout moment
    Qu'elle fait aller la machine,
S'assied sur le timon, sur le nez du Cocher;
    Aussi tost que le char chemine,
    Et qu'elle voit les gens marcher,
Elle s'en attribuë uniquement la gloire;
Va, vient, fait l'empressée; il semble que ce soit
Un Sergent de bataille allant en chaque endroit
Faire avancer ses gens, et hâter la victoire.
    La Mouche en ce commun besoin
Se plaint qu'elle agit seule, et qu'elle a tout le soin;
Qu'aucun n'aide aux chevaux à se tirer d'affaire.
    Le Moine disoit son Breviaire;
Il prenoit bien son temps! une femme chantoit;
C'estoit bien de chansons qu'alors il s'agissoit!
Dame Mouche s'en va chanter à leurs oreilles,
    Et fait cent sotises pareilles.
Aprés bien du travail le Coche arrive au haut.
Respirons maintenant, dit la Mouche aussi-tost:
J'ay tant fait que nos gens sont enfin dans la plaine.
Çà, Messieurs les Chevaux, payez-moy de ma peine.

Ainsi certaines gens, faisant les empressez
      S'introduisent dans les affaires,
      Ils font partout les necessaires ;
Et par tout importuns devroient estre chassez.

IX.

LA LAITIERE ET LE POT AU LAIT.

Perrette sur sa teste ayant un Pot au lait
      Bien posé sur un coussinet,
Pretendoit arriver sans encombre à la ville.
Legere et court vestuë elle alloit à grands pas ;
Ayant mis ce jour-là pour estre plus agile
      Cotillon simple, et souliers plats.
      Nostre Laitiere ainsi troussée
      Comptoit déja dans sa pensée
Tout le prix de son lait, en employoit l'argent,
Achetoit un cent d'œufs, faisoit triple couvée ;
La chose alloit à bien par son soin diligent.
      Il m'est, disoit-elle, facile
D'élever des poulets autour de ma maison :
      Le Renard sera bien habile
S'il ne m'en laisse assez pour avoir un cochon.
Le porc à s'engraisser coûtera peu de son ;
Il estoit quand je l'eus de grosseur raisonnable :
J'auray le revendant de l'argent bel et bon ;
Et qui m'empêchera de mettre en nostre estable,
Veu le prix dont il est, une vache et son veau,
Que je verray sauter au milieu du troupeau ?
Perrette là-dessus saute aussi, transportée.
Le lait tombe ; adieu veau, vache, cochon, couvée ;
La Dame de ces biens, quittant d'un œil marry
      Sa fortune ainsi repanduë,
      Va s'excuser à son mary

En grand danger d'estre batuë.
Le recit en farce en fut fait;
On l'appella le Pot au lait[1].

Quel esprit ne bat la campagne?
Qui ne fait chasteaux en Espagne?
Pichrocole, Pyrrhus, la Laitiere, enfin tous,
Autant les sages que les fous,
Chacun songe en veillant, il n'est rien de plus doux :
Une flateuse erreur emporte alors nos ames :
Tout le bien du monde est à nous,
Tous les honneurs, toutes les femmes.
Quand je suis seul, je fais au plus brave un défy ;
Je m'écarte, je vais détrosner le Sophy ;
On m'élit Roy, mon peuple m'aime ;
Les diadèmes vont sur ma teste pleuvant :
Quelque accident fait-il que je rentre en moy-mesme ;
Je suis gros Jean comme devant.

X.

LE CURÉ ET LE MORT[2].

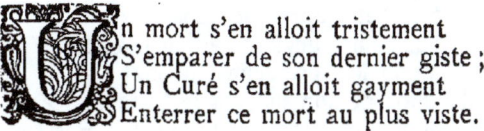

Un mort s'en alloit tristement
S'emparer de son dernier giste ;
Un Curé s'en alloit gayment
Enterrer ce mort au plus viste.

1. La Fontaine se rappelle les paroles d'Echephron qui, entendant dans le chapitre XXXIII de *Gargantua* les conseils donnés à Picrochole par ses capitaines, s'exprime ainsi : « J'ay grand peur que toute ceste entreprinse sera semblable à la farce du pot au laict, duquel vn cordouannier se faisoit riche par resuerie : puis, le pot cassé, n'eust de quoy disner. » On voit que l'aventure qui faisait le sujet de la farce du Pot au lait était un peu différente de la fable de La Fontaine.

2. « M. de Boufflers a tué un homme, après sa mort. Il

Nostre défunt estoit en carosse porté,
    Bien et deûment empaqueté,
Et vestu d'une robe, helas! qu'on nomme biere,
    Robe d'hyver, robe d'esté,
    Que les morts ne dépoüillent guere.
    Le Pasteur estoit à costé,
    Et recitoit à l'ordinaire
    Maintes devotes oraisons,
    Et des pseaumes, et des leçons,
    Et des versets, et des réponds :
    Monsieur le Mort laissez-nous faire,
On vous en donnera de toutes les façons;
    Il ne s'agit que du salaire.
Messire Jean Choüart coüvoit des yeux son mort,
Comme si l'on eût deu luy ravir ce tresor,
    Et des regards sembloit luy dire :
    Monsieur le Mort j'auray de vous,
    Tant en argent, et tant en cire,
    Et tant en autres menus cousts.
Il fondoit là dessus l'achat d'une feüillette
    Du meilleur vin des environs ;
    Certaine niece assez propette,
    Et sa chambriere Pâquette
    Devoient avoir des cottillons.
    Sur cette agreable pensée
    Un heurt survient, adieu le char.
    Voila Messire Jean Choüart
Qui du choc de son mort a la teste cassée :
Le Paroissien en plomb entraîne son Pasteur ;
    Nostre Curé suit son Seigneur;
    Tous deux s'en vont de compagnie.
    Proprement toute nostre vie

étoit dans sa bière et en carrosse, on le menoit à une lieue
de Boufflers pour l'enterrer, son curé étoit avec le corps.
On verse; la bière coupe le cou au pauvre curé.» (Mme de
Sévigné, 26 février 1672).

Est le Curé Choüart qui sur son mort comptoit,
  Et la fable du Pot au lait[1].

XI.

L'HOMME QUI COURT APRES LA FORTUNE

ET L'HOMME QUI L'ATTEND DANS SON LIT.

Qui ne court apres la Fortune?
Je voudrois estre en lieu d'où je pûsse aisément
      Contempler la foule importune
      De ceux qui cherchent vainement
Cette fille du sort de Royaume en Royaume,
Fideles courtisans d'un volage fantôme.
      Quand ils sont prés du bon moment,
L'inconstante aussi-tost à leurs desirs échape :
Pauvres gens, je les plains, car on a pour les fous
      Plus de pitié que de courroux.
Cet homme, disent-ils, estoit planteur de choux.
      Et le voila devenu Pape :
Ne le valons-nous pas? Vous valez cent fois mieux;
      Mais que vous sert vostre merite?
      La Fortune a-t-elle des yeux?
Et puis la papauté vaut-elle ce qu'on quite,
Le repos, le repos, tresor si précieux,
Qu'on en faisoit jadis le partage des Dieux?

1. Madame de Sévigné écrivait le 9 mars 1672 : « Voilà une petite fable de La Fontaine, qu'il a faite sur l'aventure du curé de M. de Boufflers, qui fut tué tout roide en carrosse auprès de lui : cette aventure est bizarre; la fable est jolie, mais ce n'est rien au prix de celles qui suivront. Je ne sais ce que c'est que ce *Pot au lait*. » On voit qu'elle avait pu se procurer *le Curé et le Mort* en manuscrit, mais que les fables précédentes ne lui étaient pas connues.

Rarement la Fortune à ses hostes le laisse.
      Ne cherchez point cette Déesse,
Elle vous cherchera; son sexe en use ainsi.
Certain couple d'amis en un bourg étably,
Possedoit quelque bien : l'un soûpiroit sans cesse
    Pour la Fortune; il dit à l'autre un jour :
      Si nous quittions nostre sejour?
      Vous sçavez que nul n'est prophete
En son païs : Cherchons nostre avanture ailleurs.
Cherchez, dit l'autre amy; pour moy je ne souhaite
      Ny climats ny destins meilleurs.
Contentez-vous; suivez vostre humeur inquiete;
Vous reviendrez bien-tost. Je fais vœu cependant
      De dormir en vous attendant.
    L'ambitieux, ou si l'on veut, l'avare,
      S'en va par voye et par chemin.
      Il arriva le lendemain
En un lieu que devoit la Déesse bizarre
Frequenter sur tout autre; et ce lieu c'est la cour.
Là donc pour quelque-temps il fixe son sejour,
Se trouvant au coucher, au lever, à ces heures
      Que l'on sait estre les meilleures;
Bref se trouvant à tout, et n'arrivant à rien.
Qu'est cecy? ce dit-il; Cherchons ailleurs du bien.
La Fortune pourtant habite ces demeures.
Je la vois tous les jours entrer chez celuy-cy,
      Chez celuy-là; D'où vient qu'aussi
Je ne puis heberger cette capricieuse?
On me l'avoit bien dit, que des gens de ce lieu
L'on n'aime pas toûjours l'humeur ambitieuse.
Adieu, Messieurs de cour; Messieurs de cour adieu.
Suivez jusques au bout une ombre qui vous flate.
La Fortune a, dit-on, des temples à Surate;
Allons-là. Ce fut un de dire et s'embarquer.
Ames de bronze, humains, celuy-là fut sans doute
Armé de diamant, qui tenta cette route
Et le premier osa l'abysme défier.
      Celuy-cy pendant son voyage

Tourna les yeux vers son village
    Plus d'une fois, essuyant les dangers
Des Pyrates, des vents, du calme et des rochers,
Ministres de la mort. Avec beaucoup de peines,
On s'en va la chercher en des rives lointaines,
La trouvant assez tost sans quitter la maison.
L'homme arrive au Mogol; on luy dit qu'au Japon
La Fortune pour lors distribuoit ses graces.
        Il y court; les mers estoient lasses
        De le porter; et tout le fruit
        Qu'il tira de ses longs voyages,
Ce fut cette leçon que donnent les sauvages :
Demeure en ton païs par la nature instruit.
Le Japon ne fut pas plus heureux à cet homme
        Que le Mogol l'avoit esté;
        Ce qui luy fit conclure en somme,
Qu'il avoit à grand tort son village quité.
        Il renonce aux courses ingrates,
Revient en son païs, void de loin ses pénates,
Pleure de joye, et dit : Heureux qui vit chez soy;
De regler ses desirs faisant tout son employ.
        Il ne sçait que par oüir dire
Ce que c'est que la cour, la mer, et ton empire,
Fortune, qui nous fais passer devant les yeux
Des dignitez, des biens, que jusqu'au bout du monde
On suit sans que l'effet aux promesses réponde.
Desormais je ne bouge, et feray cent fois mieux.
        En raisonnant de cette sorte,
Et contre la Fortune ayant pris ce conseil,
        Il la trouve assise à la porte
De son amy plongé dans un profond sommeil.

XII.

LES DEUX COQS.

Deux Coqs vivoient en paix ; une Poule survint,
    Et voila la guerre allumée.
Amour tu perdis Troye, et c'est de toy que vint
    Cette querelle envenimée,
Où du sang des Dieux mesme on vid le Xante teint.
Long-temps entre nos Coqs le combat se maintint.
Le bruit s'en répandit par tout le voisinage.
La gent qui porte creste au spectacle accourut.
    Plus d'une Heleine au beau plumage
Fut le prix du vainqueur ; le vaincu disparut.
Il alla se cacher au fond de sa retraite,
    Pleura sa gloire et ses amours,
Ses amours qu'un rival tout fier de sa défaite
Possedoit à ses yeux. Il voyoit tous les jours
Cet objet rallumer sa haine et son courage.
Il aiguisoit son bec, batoit l'air et ses flancs ;
    Et s'exerçant contre les vents
    S'armoit d'une jalouse rage.
Il n'en eut pas besoin. Son vainqueur sur les toits
  S'alla percher, et chanter sa victoire.
    Un Vautour entendit sa voix :
    Adieu les amours et la gloire.
Tout cet orgueil perit sous l'ongle du Vautour.
    Enfin par un fatal retour
    Son rival autour de la Poule
    S'en revint faire le coquet :
    Je laisse à penser quel caquet,
    Car il eut des femmes en foule.
La Fortune se plaist à faire de ces coups ;
Tout vainqueur insolent à sa perte travaille.
Défions-nous du sort, et prenons garde à nous
    Apres le gain d'une bataille.

XIII.

L'INGRATITUDE ET L'INJUSTICE
DES HOMMES ENVERS LA FORTUNE.

Un trafiquant sur mer par bon-heur s'enrichit.
Il triompha des vents pendant plus d'un
      voyage,
    Goufre, banc, ny rocher, n'exigea de peage
D'aucun de ses balots; le sort l'en affranchit.
Sur tous ses compagnons Atropos et Neptune
Recüeillirent leur droit, tandis que la Fortune
Prenoit soin d'amener son marchand à bon port.
Facteurs, associez, chacun luy fut fidele.
Il vendit son tabac, son sucre, sa canele
    Ce qu'il voulut, sa porcelaine encor.
Le luxe et la folie enflerent son trésor;
      Bref il plût dans son escarcelle.
On ne parloit chez luy que par doubles ducats.
Et mon homme d'avoir chiens, chevaux, et carosses.
      Ses jours de jeûne estoient des nopces.
Un sien amy voyant ces somptueux repas,
Luy dit : Et d'où vient donc un si bon ordinaire?
Et d'où me viendroit-il que de mon sçavoir faire?
Je n'en dois rien qu'à moy, qu'à mes soins, qu'au talent
De risquer à propos, et bien placer l'argent.
Le profit luy semblant une fort douce chose,
Il risqua de nouveau le gain qu'il avoit fait :
Mais rien pour cette fois ne luy vint à souhait.
    Son imprudence en fut la cause.
Un vaisseau mal freté perit au premier vent.
Un autre mal pourveu des armes necessaires
    Fut enlevé par les Corsaires.

Un troisiéme au port arrivant,
Rien n'eut cours ny debit. Le luxe et la folie
N'estoient plus tels qu'auparavant.
Enfin ses facteurs le trompant,
Et luy-mesme ayant fait grand fracas, chere lie,
Mis beaucoup en plaisirs, en bastimens beaucoup,
Il devint pauvre tout d'un coup.
Son amy le voyant en mauvais équipage,
Luy dit : d'où vient cela? de la Fortune, helas !
Consolez-vous, dit l'autre, et s'il ne luy plaist pas
Que vous soyez heureux ; tout au moins soyez sage.
Je ne sçais s'il crut ce conseil ;
Mais je sçais que chacun impute en cas pareil
Son bon-heur à son industrie,
Et si de quelque échec nostre faute est suivie,
Nous disons injures au sort.
Chose n'est icy plus commune :
Le bien nous le faisons, le mal c'est la Fortune,
On a toûjours raison, le destin toûjours tort.

XIV.

LES DEVINERESSES.

C'est souvent du hazard que naît l'opinion ;
Et c'est l'opinion qui fait toûjours la vogue.
Je pourrois fonder ce prologue
Sur gens de tous estats ; tout est prévention,
Cabale, entestement, point ou peu de justice :
C'est un torrent ; qu'y faire ? Il faut qu'il ait son cours,
Cela fut et sera toûjours.
Une femme à Paris faisoit la Pythonisse.
On l'alloit consulter sur chaque évenement :
Perdoit-on un chifon, avoit-on un amant,

Un mary vivant trop au gré de son épouse,
Une mere fâcheuse, une femme jalouse ;
　　Chez la Devineuse on couroit,
Pour se faire annoncer ce que l'on desiroit.
　　Son fait consistoit en adresse.
Quelques termes de l'art, beaucoup de hardiesse,
Du hazard quelquefois, tout cela concouroit :
Tout cela bien souvent faisoit crier miracle.
Enfin quoy qu'ignorante à vingt et trois carats,
　　Elle passoit pour un oracle.
L'oracle estoit logé dedans un galetas.
　　Là cette femme emplit sa bourse,
　　Et sans avoir d'autre ressource,
Gagne dequoy donner un rang à son mari :
Elle achete un office, une maison aussi.
　　Voila le galetas remply
D'une nouvelle hostesse, à qui toute la ville,
Femmes, filles, valets, gros Messieurs, tout enfin
Alloit comme autrefois demander son destin :
Le galetas devint l'antre de la Sibille.
L'autre femelle avoit achalandé ce lieu.
Cette derniere femme eut beau faire, eut beau dire,
Moy Devine ! on se moque ; Eh Messieurs, sçay-je lire ?
Je n'ay jamais appris que ma croix de pardieu.
Point de raison ; falut deviner et prédire,
　　Mettre à part force bons ducats,
Et gagner mal-gré soy plus que deux Avocats.
Le meuble, et l'équipage aidoient fort à la chose :
Quatre sieges boiteux, un manche de balay,
Tout sentoit son sabat, et sa metamorphose :
　　Quand cette femme auroit dit vray
　　Dans une chambre tapissée,
On s'en seroit moqué ; la vogue estoit passée
　　Au galetas ; il avoit le credit :
　　L'autre femme se morfondit.
　　L'enseigne fait la chalandise.
J'ay veu dans le Palais une robe mal-mise
　　Gagner gros : les gens l'avoient prise

Pour maistre tel, qui traisnoit apres soy
Force écoutans ; Demandez-moy pourquoy.

XV.

LE CHAT, LA BELETTE

ET LE PETIT LAPIN.

Du palais d'un jeune Lapin
Dame Belette un beau matin
S'empara ; c'est une rusée.
Le Maistre estant absent, ce luy fut chose [aisée.
Elle porta chez luy ses pénates un jour
Qu'il estoit allé faire à l'Aurore sa cour,
            Parmy le thim et la rosée.
Apres qu'il eut brouté, troté, fait tous ses tours.
Janot Lapin retourne aux soûterrains sejours.
La Belette avoit mis le nez à la fenestre.
O Dieux hospitaliers, que vois-je icy paroistre?
Dit l'animal chassé du paternel logis :
            O là, Madame la Belette,
            Que l'on déloge sans trompette,
Ou je vais avertir tous les rats du païs.
La Dame au nez pointu répondit que la terre
            Estoit au premier occupant.
            C'estoit un beau sujet de guerre
Qu'un logis où luy-mesme il n'entroit qu'en rampant.
            Et quand ce seroit un Royaume,
Je voudrois bien sçavoir, dit-elle, quelle loy
            En a pour toûjours fait l'octroy
A Jean fils ou nepveu de Pierre ou de Guillaume,
            Plustost qu'à Paul, plustost qu'à moy.
Jean Lapin allegüa la coustume et l'usage.
Ce sont, dit-il, leurs loix qui m'ont de ce logis

Rendu maistre et seigneur, et qui de pere en fils,
L'ont de Pierre à Simon, puis à moy Jean transmis.
Le premier occupant est-ce une loy plus sage?
    Or bien sans crier davantage,
Rapportons-nous, dit-elle, à Raminagrobis.
C'estoit un chat vivant comme un devot hermite,
    Un chat faisant la chatemite,
Un saint homme de chat, bien fourré, gros et gras,
    Arbitre expert sur tous les cas.
    Jean Lapin pour juge l'agrée,
    Les voila tous deux arrivez
    Devant sa majesté fourrée.
Grippeminaud leur dit, mes enfans approchez,
Approchez; je suis sourd; les ans en sont la cause.
L'un et l'autre approcha ne craignant nulle chose.
Aussi-tost qu'à portée il vid les contestans,
    Grippeminaud le bon apostre
Jettant des deux costez la griffe en mesme-temps,
Mit les plaideurs d'accord en croquant l'un et l'autre.
Cecy ressemble fort aux debats qu'ont par fois
Les petits souverains se rapportans aux Rois.

XVI.

LA TESTE ET LA QUEUË DU SERPENT.

Le Serpent a deux parties
    Du genre humain ennemies,
    Teste et queuë; et toutes deux
    Ont acquis un nom fameux
Aupres des Parques cruelles;
Si bien qu'autrefois entre elles
Il survint de grands debats
    Pour le pas.
La teste avoit toûjours marché devant la queuë.

La queuë au Ciel se plaignit,
    Et luy dit :
Je fais mainte et mainte lieuë,
Comme il plaist à celle-cy.
Croit-elle que toûjours j'en veüille user ainsi?
    Je suis son humble servante.
    On m'a faite Dieu mercy
    Sa sœur, et non sa suivante.
    Toutes deux de mesme sang
    Traitez-nous de mesme sorte :
    Aussi bien qu'elle je porte
    Un poison prompt et puissant.
    Enfin voila ma requeste :
    C'est à vous de commander,
    Qu'on me laisse préceder
    A mon tour ma sœur la teste.
    Je la conduiray si bien,
    Qu'on ne se plaindra de rien.
Le Ciel eut pour ces vœux une bonté cruelle.
Souvent sa complaisance a de méchans effets.
Il devroit estre sourd aux aveugles souhaits.
Il ne le fut pas lors : et la guide nouvelle,
    Qui ne voyoit au grand jour,
    Pas plus clair que dans un four,
    Donnoit tantost contre un marbre,
    Contre un passant, contre un arbre.
Droit aux ondes du Styx elle mena sa sœur.
Malheureux les Estats tombez dans son erreur.

XVII.

UN ANIMAL DANS LA LUNE.

Pendant qu'un Philosophe assure,
Que toûjours par leurs sens les hommes sont
    Un autre Philosophe jure,   [dupez,
    Qu'ils ne nous ont jamais trompez.

Tous les deux ont raison; et la Philosophie
Dit vray, quand elle dit, que les sens tromperont
Tant que sur leur rapport les hommes jugeront;
     Mais aussi si l'on rectifie
L'image de l'objet sur son éloignement,
     Sur le milieu qui l'environne,
     Sur l'organe, et sur l'instrument,
     Les sens ne tromperont personne.
La nature ordonna ces choses sagement :
J'en diray quelque jour les raisons amplement.
J'apperçois le Soleil; quelle en est la figure?
Icy bas ce grand corps n'a que trois pieds de tour :
Mais si je le voyois là haut dans son sejour,
Que seroit-ce à mes yeux que l'œil de la nature?
Sa distance me fait juger de sa grandeur;
Sur l'angle et les costez ma main la détermine :
L'ignorant le croit plat, j'épaissis sa rondeur :
Je le rends immobile, et la terre chemine.
Bref je démens mes yeux en toute sa machine.
Ce sens ne me nuit point par son illusion.
     Mon ame en toute occasion
Développe le vray caché sous l'apparence.
     Je ne suis point d'intelligence
Avecque mes regards peut-estre un peu trop prompts,
Ny mon oreille lente à m'apporter les sons.
Quand l'eau courbe un baston ma raison le redresse,
     La raison décide en maistresse.
     Mes yeux, moyennant ce secours,
Ne me trompent jamais en me mentant toûjours.
Si je crois leur rapport, erreur assez commune,
Une teste de femme est au corps de la Lune.
Y peut-elle estre? Non. D'où vient donc cet objet?
Quelques lieux inégaux font de loin cet effet.
La Lune nulle part n'a sa surface unie :
Montueuse en des lieux, en d'autres applanie,
L'ombre avec la lumiere y peut tracer souvent
     Un Homme, un Bœuf, un Elephant.
N'aguere l'Angleterre y vid chose pareille.

La lunette placée, un animal nouveau
   Parut dans cet astre si beau ;
   Et chacun de crier merveille.
Il estoit arrivé là haut un changement,
Qui présageoit sans doute un grand évenement.
Sçavoit-on si la guerre entre tant de puissances
N'en estoit point l'effet? Le Monarque accourut :
Il favorise en Roy ces hautes connoissances.
Le Monstre dans la Lune à son tour luy parut.
C'estoit une Souris cachée entre les verres[1] :
Dans la lunette estoit la source de ces guerres.
On en rit : Peuple heureux, quand pourront les François
Se donner comme vous entiers à ces emplois?
Mars nous fait recüeillir d'amples moissons de gloire :
C'est à nos ennemis de craindre les combats,
A nous de les chercher, certains que la victoire
Amante de Loüis suivra par tout ses pas.
Ses lauriers nous rendront celebres dans l'histoire.
   Mesme les filles de memoire
Ne nous ont point quitez : nous goûtons des plaisirs :
La paix fait nos souhaits, et non point nos soûpirs.
Charles en sçait joüir : Il sçauroit dans la guerre
Signaler sa valeur, et mener l'Angleterre
A ces jeux qu'en repos elle void aujourd'huy.
Cependant s'il pouvoit appaiser la querelle,
Que d'encens ! Est-il rien de plus digne de luy?
La carriere d'Auguste a-t-elle esté moins belle
Que les fameux exploits du premier des Cesars?
O peuple trop heureux, quand la paix viendra-t-elle
Nous rendre comme vous tout entiers aux beaux arts?

1. C'est au chevalier Paul Neal, membre de la Société royale de Londres, qu'on attribue cette mésaventure scientifique.

LIVRE SECOND (VIII).

FABLE I.

LA MORT ET LE MOURANT.

La mort ne surprend point le sage :
    Il est toûjours prest à partir,
    S'estant sceu luy-mesme avertir
    Du temps où l'on se doit resoudre à
      ce passage.
Ce temps, helas! embrasse tous les temps :
Qu'on le partage en jours, en heures, en momens,
    Il n'en est point qu'il ne compreñe
Dans le fatal tribut; tous sont de son domaine;
Et le premier instant où les enfans des Rois
    Ouvrent les yeux à la lumiere,
    Est celuy qui vient quelquefois
    Fermer pour toûjours leur paupiere.
    Défendez-vous par la grandeur,
Alleguez la beauté, la vertu, la jeunesse,
    La mort ravit tout sans pudeur.
Un jour le monde entier accroistra sa richesse.
    Il n'est rien de moins ignoré,
    Et puis qu'il faut que je le die,
    Rien où l'on soit moins preparé.
Un mourant qui contoit plus de cent ans de vie,

Se plaignoit à la mort que précipitamment
Elle le contraignoit de partir tout à l'heure,
   Sans qu'il eût fait son testament,
Sans l'avertir au moins. Est-il juste qu'on meure
Au pied levé? dit-il : attendez quelque peu.
Ma femme ne veut pas que je parte sans elle;
Il me reste à pourvoir un arriere neveu;
Souffrez qu'à mon logis j'ajouste encore une aisle.
Que vous estes pressante, ô Deesse cruelle!
Vieillard, luy dit la mort, je ne t'ay point surpris.
Tu te plains sans raison de mon impatience.
Eh n'as-tu pas cent ans? Trouve-moy dans Paris
Deux mortels aussi vieux, trouve-m'en dix en France.
Je devois, ce dis-tu, te donner quelque avis
   Qui te disposast à la chose :
  J'aurois trouvé ton testament tout fait,
Ton petit fils pourveu, ton bastiment parfait;
Ne te donna-t-on pas des avis quand la cause
   Du marcher et du mouvement,
   Quand les esprits, le sentiment,
Quand tout faillit en toy? Plus de goust, plus d'oüie :
Toute chose pour toy semble estre évanoüie :
Pour toy l'astre du jour prend des soins superflus :
Tu regretes des biens qui ne te touchent plus.

   Je t'ay fait voir tes camarades,
   Ou morts, ou mourans, ou malades.
Qu'est-ce que tout cela, qu'un avertissement?
   Allons vieillard, et sans replique;
   Il n'importe à la republique
   Que tu fasses ton testament.
La mort avoit raison : Je voudrois qu'à cet âge
On sortit de la vie ainsi que d'un banquet,
Remerciant son hoste, et qu'on fist son paquet;
Car de combien peut-on retarder le voyage?
Tu murmures vieillard; voy ces jeunes mourir,
   Voy les marcher, voy les courir
A des morts, il est vray, glorieuses et belles,
Mais sures cependant, et quelquefois cruelles.

J'ay beau te le crier; mon zele est indiscret :
Le plus semblable aux morts meurt le plus à regret.

II.

LE SAVETIER ET LE FINANCIER.

Un Savetier chantoit du matin jusqu'au soir :
          C'estoit merveilles de le voir,
     Merveilles de l'oüir : il faisoit des passages,
          Plus content qu'aucun des sept sages.
Son voisin au contraire, estant tout cousu d'or,
          Chantoit peu, dormoit moins encor.
          C'estoit un homme de finance.
Si sur le poinct du jour parfois il sommeilloit,
Le Savetier alors en chantant l'éveilloit,
          Et le Financier se plaignoit,
          Que les soins de la Providence
N'eussent pas au marché fait vendre le dormir,
          Comme le manger et le boire.
          En son hostel il fait venir
Le chanteur, et luy dit : Or ça, sire Gregoire,
Que gagnez-vous par an? Par an? ma foy, Monsieur,
          Dit avec un ton de rieur
Le gaillard Savetier, ce n'est point ma maniere
De compter de la sorte; et je n'entasse guere
     Un jour sur l'autre : il suffit qu'à la fin
          J'attrape le bout de l'année :
          Chaque jour ameine son pain.
Et bien que gagnez-vous, dites-moy, par journée?
Tantost plus, tantost moins : le mal est que toûjours
(Et sans cela nos gains seroient assez honnestes),
Le mal est que dans l'an s'entremeslent des jours[1]

1. Ce texte, généralement adopté, est celui que donne
un carton de l'édition de 1678; dans les exemplaires qui

Qu'il faut chommer ; on nous ruine en Festes.
L'une fait tort à l'autre ; et Monsieur le Curé
De quelque nouveau Saint charge toûjours son prône.
Le Financier riant de sa naïveté,
Luy dit : Je vous veux mettre aujourd'huy sur le trône.
Prenez ces cent écus : gardez les avec soin,
    Pour vous en servir au besoin.
Le Savetier crut voir tout l'argent que la terre
    Avoit depuis plus de cent ans
    Produit pour l'usage des gens.
Il retourne chez lui : dans sa cave il enserre
    L'argent et sa joye à la fois.
    Plus de chant ; il perdit la voix
Du moment qu'il gagna ce qui cause nos peines.
    Le sommeil quita son logis,
    Il eut pour hostes les soucis,
    Les soupçons, les alarmes vaines.
Tout le jour il avoit l'œil au guet ; Et la nuit,
    Si quelque chat faisoit du bruit,
Le chat prenoit l'argent : A la fin le pauvre homme
S'en courut chez celuy qu'il ne réveilloit plus.
Rendez-moy, luy dit-il, mes chansons et mon somme,
    Et reprenez vos cent écus.

III.

LE LION, LE LOUP ET LE RENARD.

Un Lion décrepit, gouteux, n'en pouvant plus,
Vouloit que l'on trouvât remede à la vieillesse :
Alleguer l'impossible aux Rois, c'est un abus.
    Celuy-cy parmy chaque espece

n'ont point ce carton le vers
    Et sans cela nos gains seroient assez honnestes
manque, et le suivant est :
    Il s'entre-mêle certains jours.
Il y a par conséquent une rime isolée.

Manda des Medecins ; il en est de tous arts :
Medecins au Lion viennent de toutes parts ;
De tous costez luy vient des donneurs de receptes.
    Dans les visites qui sont faites
Le Renard se dispense, et se tient clos et coy.
Le Loup en fait sa cour, daube au coucher du Roy
Son camarade absent ; le Prince tout à l'heure
Veut qu'on aille enfumer Renard dans sa demeure,
Qu'on le fasse venir. Il vient, est presenté ;
Et sçachant que le Loup luy faisoit cette affaire :
Je crains, Sire, dit-il, qu'un rapport peu sincere
    Ne m'ait à mépris imputé
    D'avoir differé cet hommage ;
    Mais j'estois en pelerinage :
Et m'acquitois d'un vœu fait pour vostre santé.
    Mesme j'ay veu dans mon voyage
Gens experts et savans ; leur ay dit la langueur
Dont vostre Majesté craint à bon droit la suite :
    Vous ne manquez que de chaleur :
    Le long âge en vous l'a détruite :
D'un Loup écorché vif appliquez-vous la peau
    Toute chaude et toute fumante ;
    Le secret sans doute en est beau
    Pour la nature défaillante.
    Messire Loup vous servira,
    S'il vous plaist, de robe de chambre.
    Le Roy goûte cet avis-là :
    On écorche, on taille, on démembre
Messire Loup. Le Monarque en soupa,
    Et de sa peau s'envelopa.

Messieurs les courtisans, cessez de vous détruire :
Faites si vous pouvez vostre cour sans vous nuire.
Le mal se rend chez vous au quadruple du bien.
Les daubeurs ont leur tour, d'une ou d'autre maniere :
    Vous estes dans une carriere
    Où l'on ne se pardonne rien.

IV.

LE POUVOIR DES FABLES.

A MONSIEUR DE BARILLON.

La qualité d'Ambassadeur
Peut-elle s'abaisser à des contes vulgaires?
Vous puis-je offrir mers vers et leurs graces
    legeres?
S'ils osent quelquefois prendre un air de grandeur,
Seront-ils point traitez par vous de temeraires?
    Vous avez bien d'autres affaires
    A démêler que les debats
    Du Lapin et de la Belette :
    Lisez-les, ne les lisez pas;
    Mais empeschez qu'on ne nous mette
    Toute l'Europe sur les bras.
    Que de mille endroits de la terre
    Il nous vienne des ennemis,
    J'y consens; mais que l'Angleterre
Veüille que nos deux Rois se lassent d'être amis,
    J'ay peine à digerer la chose.
N'est-il point encor temps que Loüis se repose?
Quel autre Hercule enfin ne se trouveroit las
De combattre cette Hydre? et faut-il qu'elle oppose
Une nouvelle teste aux efforts de son bras?
    Si votre esprit plein de souplesse,
    Par eloquence, et par adresse,
Peut adoucir les cœurs, et détourner ce coup,
Je vous sacrifieray cent moutons; c'est beaucoup
    Pour un habitant du Parnasse.
    Cependant faites-moy la grace
    De prendre en don ce peu d'encens.

Prenez en gré mes vœux ardens,
Et le recit en vers, qu'icy je vous dedie.
Son sujet vous convient; je n'en diray pas plus :
Sur les Eloges que l'envie
Doit avoüer qui vous sont deus,
Vous ne voulez pas qu'on appuye.

Dans Athene autrefois peuple vain et leger,
Un Orateur voyant sa patrie en danger,
Courut à la Tribune; et d'un art tyrannique,
Voulant forcer les cœurs dans une republique,
Il parla fortement sur le commun salut.
On ne l'écoutoit pas : l'Orateur recourut
A ces figures violentes,
Qui sçavent exciter les ames les plus lentes.
Il fit parler les morts, tonna, dit ce qu'il put.
Le vent emporta tout; personne ne s'émut.
L'animal aux testes frivoles
Estant fait à ces traits, ne daignoit l'écouter.
Tous regardoient ailleurs : il en vid s'arrester
A des combats d'enfans, et point à ses paroles.
Que fit le harangueur? Il prit un autre tour.
Céres, commença-t-il, faisoit voyage un jour
Avec l'Anguille et l'Hirondelle :
Un fleuve les arreste; et l'Anguille en nageant,
Comme l'Hirondelle en volant,
Le traversa bien-tost. L'assemblée à l'instant
Cria tout d'une voix : Et Céres, que fit-elle?
Ce qu'elle fit? un prompt courroux
L'anima d'abord contre vous.
Quoy, de contes d'enfans son peuple s'embarasse!
Et du peril qui le menace
Luy seul entre les Grecs il neglige l'effet!
Que ne demandez-vous ce que Philippe fait?
A ce reproche l'assemblée
Par l'Apologue réveillée
Se donne entiere à l'Orateur :
Un trait de Fable en eut l'honneur.

Nous sommes tous d'Athene en ce poinct; et moy-
Au moment que je fais cette moralité,   [mesme],
  Si peau d'asne m'estoit conté,
  J'y prendrois un plaisir extrême.
Le monde est vieux, dit-on, je le crois, cependant
Il le faut amuser encor comme un enfant.

V.

L'HOMME ET LA PUCE.

Par des vœux importuns nous fatiguons les
  Dieux
  Souvent pour des sujets mesme indignes des
  hommes.
Il semble que le Ciel sur tous tant que nous sommes
Soit obligé d'avoir incessamment les yeux,
Et que le plus petit de la race mortelle,
A chaque pas qu'il fait, à chaque bagatelle,
Doive intriguer l'Olympe et tous ses citoyens,
Comme s'il s'agissoit des Grecs et des Troyens.
Un sot par une puce eut l'épaule morduë.
Dans les plis de ses draps elle alla se loger.
Hercule, ce dit-il, tu devois bien purger
La terre de cette Hydre au Printemps revenuë.
Que fais-tu Jupiter, que du haut de la nuë
Tu n'en perdes la race afin de me venger?
Pour tuer une puce il vouloit obliger
Ces Dieux à luy prester leur foudre et leur massuë.

VI.

LES FEMMES ET LE SECRET.

Rien ne pese tant qu'un secret :
Le porter loin est difficile aux Dames :
Et je sçais mesme sur ce fait
Bon nombre d'hommes qui sont femmes.
Pour éprouver la sienne un mari s'écria
La nuit estant prés d'elle : ô dieux ! qu'est-ce cela ?
Je n'en puis plus ; on me déchire ;
Quoy j'accouche d'un œuf ! d'un œuf ! ouy, le voila
Frais et nouveau pondu : gardez bien de le dire :
On m'appelleroit poule. Enfin n'en parlez pas.
La femme neuve sur ce cas,
Ainsi que sur mainte autre affaire,
Crut la chose, et promit ses grands dieux de se taire.
Mais ce serment s'évanoüit
Avec les ombres de la nuit.
L'épouse indiscrete et peu fine,
Sort du lit quand le jour fut à peine levé :
Et de courir chez sa voisine.
Ma commere, dit-elle, un cas est arrivé :
N'en dites rien sur tout, car vous me feriez battre.
Mon mary vient de pondre un œuf gros comme quatre.
Au nom de Dieu gardez-vous bien
D'aller publier ce mystere.   [guere
Vous moquez-vous ? dit l'autre : Ah, vous ne sçavez
Quelle je suis. Allez, ne craignez rien.
La femme du pondeur s'en retourne chez elle.
L'autre grille déja de conter la nouvelle :
Elle va la répandre en plus de dix endroits.
Au lieu d'un œuf elle en dit trois.
Ce n'est pas encor tout, car une autre commere

En dit quatre, et raconte à l'oreille le fait,
        Precaution peu necessaire,
        Car ce n'estoit plus un secret.
Comme le nombre d'œufs, grace à la renommée,
        De bouche en bouche alloit croissant,
        Avant la fin de la journée
        Ils se montoient à plus d'un cent.

VII.

LE CHIEN QUI PORTE A SON COU LE DISNÉ DE SON MAISTRE[1].

ous n'avons pas les yeux à l'épreuve des belles,
        Ny les mains à celle de l'or :
        Peu de gens gardent un tresor
        Avec des soins assez fidelles.

1. Brossette écrit de Lyon à Boileau, le 21 décembre 1706, au sujet de cette fable : « Le sujet en est tiré d'une des lettres de M. Sorbière, qui assure que l'aventure décrite dans cette fable, étoit arrivée à Londres, du temps qu'il y étoit. Avant que La Fontaine composât sa Fable, M. de Puget avoit déjà mis ce sujet en vers pour faire allusion à la mauvaise administration des deniers publics dont on accusoit nos Magistrats. La Fontaine étant venu à Lyon chez un riche banquier de ses amis, il y voyoit souvent M. de Puget qui lui montra la Fable qu'il avoit composée. La Fontaine en approuva fort l'idée et mit ce même sujet en vers à sa manière. » Brossette donne la Fable de M. de Puget intitulée : *Le chien politique.* Nous nous contenterons d'en reproduire les quatre derniers vers, qu'il est intéressant de comparer à la fin de la fable de La Fontaine :

    Ainsi dans les emplois que fournit la cité
    Tel des deniers publics veut faire un bon usage,
    Qui d'abord des pillards retient l'avidité,
    Mais après s'humanise et prend part au pillage.

(*Correspondance entre Boileau et Brossette*, Paris, Techner, 1858, p. 234-236.)

Certain Chien qui portoit la pitance au logis,
S'estoit fait un collier du disné de son maistre.
Il estoit temperant plus qu'il n'eût voulu l'estre,
    Quand il voyoit un mets exquis :
Mais enfin il l'estoit ; et tous tant que nous sommes
Nous nous laissons tenter à l'approche des biens.
Chose estrange ! on apprend la temperance aux chiens,
    Et l'on ne peut l'apprendre aux hommes.
Ce Chien-cy donc estant de la sorte atourné,
Un mastin passe, et veut luy prendre le disné.
    Il n'en eut pas toute la joye
Qu'il esperoit d'abord : Le Chien mit bas la proye,
Pour la défendre mieux, n'en estant plus chargé.
    Grand combat : D'autres Chiens arrivent.
    Ils estoient de ceux-là qui vivent
    Sur le public, et craignent[1] peu les coups.
Nostre Chien se voyant trop foible contre eux tous,
Et que la chair couroit un danger manifeste,
Voulut avoir sa part ; Et luy sage : il leur dit :
Point de courroux, Messieurs, mon lopin me suffit :
    Faites vostre profit du reste.
A ces mots le premier il vous hape un morceau.
Et chacun de tirer, le mastin, la canaille ;
    A qui mieux mieux : ils firent tous ripaille ;
    Chacun d'eux eut part au gasteau.

Je crois voir en cecy l'image d'une Ville,
Où l'on met les deniers à la mercy des gens.
    Echevins, Prevost des Marchands,
    Tout fait sa main : le plus habile
Donne aux autres l'exemple ; Et c'est un passe-temps
De leur voir nettoyer un monceau de pistoles.
Si quelque scrupuleux par des raisons frivoles
Veut défendre l'argent, et dit le moindre mot ;
    On luy fait voir qu'il est un sot.

---

1. Le texte porte *en craignant*, mais il est corrigé à l'*Errata*.

Il n'a pas de peine à se rendre :
C'est bien-tost le premier à prendre.

VIII.

LE RIEUR ET LES POISSONS.

On cherche les Rieurs; et moy je les évite.
   Cet art veut sur tout autre un suprême merite.
     Dieu ne crea que pour les sots
     Les méchans diseurs de bons mots.
   J'en vais peut-estre en une Fable
   Introduire un ; peut-estre aussi
Que quelqu'un trouvera que j'auray reussi.
    Un Rieur estoit à la table
   D'un Financier; et n'avoit en son coin
Que de petits poissons; tous les gros estoient loin.
Il prend donc les menus, puis leur parle à l'oreille,
    Et puis il feint à la pareille
D'écouter leur réponse. On demeura surpris :
     Cela suspendit les esprits.
    Le Rieur alors d'un ton sage
    Dit qu'il craignoit qu'un sien amy
    Pour les grandes Indes party,
    N'eust depuis un an fait naufrage.
Il s'en informoit donc à ce menu fretin :
Mais tous luy répondoient qu'ils n'étoient pas d'un âge
    A sçavoir au vray son destin ;
    Les gros en sçauroient davantage.
N'en puis-je donc, Messieurs, un gros interroger?
    De dire si la compagnie
    Prit goust à sa plaisanterie,
J'en doute; mais enfin, il les sceut engager
A luy servir d'un monstre assez vieux pour luy dire
Tous les noms des chercheurs de mondes inconnus

Qui n'en estoient pas revenus,
Et que depuis cent ans sous l'abysme avoient veus
Les anciens du vaste empire.

IX.

LE RAT ET L'HUITRE.

Un Rat hoste d'un champ, Rat de peu de
　　　cervelle,
Des Lares paternels un jour se trouva sou.
Il laisse-là le champ, le grain, et la javelle,
Va courir le païs, abandonne son trou.
　　　Si-tost qu'il fut hors de la case,
Que le monde, dit-il, est grand et spacieux !
Voilà les Apennins, et voicy le Caucase :
La moindre Taupinée estoit mont à ses yeux.
Au bout de quelques jours le voyageur arrive
En un certain canton où Thetis sur la rive
Avoit laissé mainte Huitre ; et nostre Rat d'abord
Crût voir en les voyant des vaisseaux de haut bord.
Certes, dit-il, mon pere estoit un pauvre sire :
Il n'osoit voyager, craintif au dernier point :
Pour moy, j'ai déja veu le maritime empire :
J'ay passé les deserts, mais nous n'y bûmes point[1].
D'un certain magister le Rat tenoit ces choses,
　　　Et les disoit à travers champs ;
N'estant point de ces Rats qui les livres rongeans
　　　Se font sçavans jusques aux dents.

---

1. C'est un souvenir du dialogue de Picrochole avec ses
capitaines : « Que boyrons nous par ces desers ?... Nous
(dirent ilz) auons ia donné ordre à tout... Voyre mais, dist
il, nous ne beumes poinct frais. » (Rabelais, *Gargantua*,
XXXIII.)

Parmy tant d'Huitres toutes closes,
. Une s'estoit ouverte, et, bâillant au Soleil,
Par un doux Zephir réjoüie,
Humoit l'air, respiroit, estoit épanoüie,
Blanche, grasse, et d'un goust à la voir nompareil.
D'aussi loin que le Rat voit cette Huitre qui bâille,
Qu'apperçois-je? dit-il, c'est quelque victuaille;
Et si je ne me trompe à la couleur du mets,
Je dois faire aujourd'huy bonne chere, ou jamais.
Là-dessus maistre Rat plein de belle esperance,
Approche de l'écaille, allonge un peu le cou,   [coup
Se sent pris comme aux lacs; car l'Huitre tout d'un
Se referme, et voilà ce que fait l'ignorance.

Cette Fable contient plus d'un enseignement.
Nous y voyons premierement,
Que ceux qui n'ont du monde aucune experience
Sont aux moindres objets frappez d'étonnement :
Et puis nous y pouvons apprendre,
Que tel est pris qui croyoit prendre.

X.

L'OURS ET L'AMATEUR DES JARDINS.

ertain Ours montagnard, Ours à demi leché,
Confiné par le sort dans un bois solitaire,
Nouveau Bellerophon vivoit seul et caché :
Il fust devenu fou; la raison d'ordinaire .
N'habite pas longtemps [1] chez les gens sequestrez :
Il est bon de parler, et meilleur de se taire,
Mais tous deux sont mauvais alors qu'ils sont outrez.
Nul animal n'avoit affaire

1. *Toûjours*, dans le texte; *longtemps*, dans l'*Errata*.

Dans les lieux que l'Ours habitoit;
    Si bien que tout Ours qu'il estoit
Il vint à s'ennuyer de cette triste vie.
Pendant qu'il se livroit à la mélancholie,
    Non loin de là certain vieillard
    S'ennuyoit aussi de sa part.
Il aimoit les jardins, estoit Prestre de Flore,
    Il l'estoit de Pomone encore :
Ces deux emplois sont beaux; Mais je voudrois parmy
    Quelque doux et discret amy.
Les jardins parlent peu; si ce n'est dans mon livre;
    De façon que lassé de vivre
Avec des gens muets nostre homme un beau matin
Va chercher compagnie, et se met en campagne.
    L'Ours porté d'un mesme dessein
    Venoit de quitter sa montagne :
    Tous deux par un cas surprenant
    Se rencontrent en un tournant.   [faire?
L'homme eut peur : mais comment esquiver; et que
Se tirer en Gascon d'une semblable affaire
Est le mieux : Il sceut donc dissimuler sa peur.
    L'Ours tres-mauvais complimenteur
Luy dit; Vien-t'en me voir. L'autre reprit, Seigneur,
Vous voyez mon logis; si vous me vouliez faire
Tant d'honneur que d'y prendre un champestre repas,
J'ay des fruits, j'ay du lait : Ce n'est peut-estre pas
De Nosseigneurs les Ours le manger ordinaire;
Mais j'offre ce que j'ay. L'Ours l'accepte; et d'aller.
Les voila bons amis avant que d'arriver.
Arrivez, les voila, se trouvant bien ensemble;
    Et bien qu'on soit à ce qu'il semble
    Beaucoup mieux seul qu'avec des sots,
Comme l'Ours en un jour ne disoit pas deux mots
L'homme pouvoit sans bruit vaquer à son ouvrage.
L'Ours alloit à la chasse, apportoit du gibier,
    Faisoit son principal mestier
D'estre bon émoucheur, écartoit du visage
De son amy dormant ce parasite aislé

Que nous avons mouche appellé.
Un jour que le vieillard dormoit d'un profond somme,
Sur le bout de son nez une allant se placer
Mit l'Ours au desespoir, il eut beau la chasser.
Je t'attraperay bien, dit-il. Et voicy comme.
Aussi-tost fait que dit; le fidele émoucheur
Vous empoigne un pavé, le lance avec roideur,
Casse la teste à l'homme en écrazant la mouche,
Et non moins bon archer que mauvais raisonneur,
Roide mort étendu sur la place il le couche.
Rien n'est si dangereux qu'un ignorant amy ;
  Mieux vaudroit un sage ennemy.

XI.

LES DEUX AMIS.

Deux vrais amis vivoient au Monomotapa :
L'un ne possedoit rien qui n'apartinst à
  Les amis de ce païs-là   [l'autre :
  Valent bien dit-on ceux du nostre.
Une nuit que chacun s'occupoit au sommeil,
Et mettoit à profit l'absence du Soleil,
Un de nos deux amis sort du lit en alarme :
Il court chez son intime, éveille les valets :
Morphée avoit touché le seüil de ce palais.
L'amy couché s'estonne, il prend sa bourse, il s'arme;
Vient trouver l'autre, et dit; Il vous arrive peu
De courir quand on dort; vous me paroissiez homme
A mieux user du temps destiné pour le somme :
N'auriez-vous point perdu tout vostre argent au jeu?
En voicy : s'il vous est venu quelque querelle,
J'ay mon épée, allons : Vous ennuyez-vous point
De coucher toûjours seul? une esclave assez belle
Estoit à mes costez, voulez-vous qu'on l'appelle?

Non, dit l'amy, ce n'est ny l'un ny l'autre poinct[1] :
    Je vous rends grace de ce zele.
Vous m'estes en dormant un peu triste apparu ;
J'ay craint qu'il ne fust vray, je suis viste accouru.
    Ce maudit songe en est la cause.
Qui d'eux aimoit le mieux, que t'en semble Lecteur ?
Cette difficulté vaut bien qu'on la propose.
Qu'un amy veritable est une douce chose !
Il cherche vos besoins au fond de vostre cœur ;
    Il vous épargne la pudeur
    De les luy découvrir vous-mesme.
    Un songe[2], un rien, tout luy fait peur
    Quand il s'agit de ce qu'il aime.

XII.

LE COCHON, LA CHÈVRE
ET LE MOUTON.

Une Chevre, un Mouton, avec un Cochon gras,
    Montez sur mesme char s'en alloient à la
    foire :
    Leur divertissement ne les y portoit pas ;
On s'en alloit les vendre, à ce que dit l'histoire :
    Le Charton n'avoit pas dessein
    De les mener voir Tabarin.
    Dom Pourceau crioit en chemin,

1. Ce mot est écrit *point* dans le texte, mais La Fontaine a grand soin de le corriger à l'*Errata*. Il écrit toujours, comme ici, *poinct*, substantif, et, comme trois vers plus haut, *point*, négation. Voyez ci-dessus page 193, vers 19.
2. *Une ombre*, dans le texte ; *un songe* dans l'*Errata*.

Comme s'il avoit eu cent Bouchers à ses trousses.
C'estoit une clameur à rendre les gens sourds :
Les autres animaux, creatures plus douces,
Bonnes gens, s'estonnoient qu'il criast au secours ;
    Ils ne voyoient nul mal à craindre.
Le Charton dit au Porc, qu'as-tu tant à te plaindre?
Tu nous étourdis tous, que ne te tiens-tu coy?
Ces deux personnes-cy plus honnestes que toy,
Devroient t'apprendre à vivre, ou du moins à te taire.
Regarde ce Mouton ; A-t-il dit un seul mot?
    Il est sage. Il est un sot,
Repartit le Cochon : s'il sçavoit son affaire,
Il crieroit comme moy du haut de son gozier,
    Et cette autre personne honneste
    Crieroit tout du haut de sa teste.
Ils pensent qu'on les veut seulement décharger,
La Chevre de son lait, le Mouton de sa laine.
    Je ne sçay pas s'ils ont raison ;
    Mais quant à moy qui ne suis bon
    Qu'à manger, ma mort est certaine.
    Adieu mon toit et ma maison.
Dom Pourceau raisonnoit en subtil personnage :
Mais que luy servoit-il? quand le mal est certain,
La plainte ny la peur ne changent le destin ;
Et le moins prévoiant est toûjours le plus sage.

XIII.

TIRCIS ET AMARANTE.

POUR MADEMOISELLE DE SILLERY.

J'avois Esope quitté
Pour estre tout à Bocace :
Mais une Divinité
Veut revoir sur le Parnasse

Des Fables de ma façon ;
Or d'aller luy dire, Non,
Sans quelque valable excuse,
Ce n'est pas comme on en use
Avec des Divinitez,
Sur tout quand ce sont de celles
Que la qualité de belles
Fait Reines des volontez.
Car afin que l'on le sçache
C'est Sillery qui s'attache
A vouloir que de nouveau
Sire Loup, Sire Corbeau
Chez moy se parlent en rime.
Qui dit Sillery, dit tout ;
Peu de gens en leur estime
Luy refusent le haut bout ;
Comment le pourroit-on faire ?
Pour venir à nostre affaire,
Mes contes à son avis
Sont obscurs ; Les beaux esprits
N'entendent pas toute chose :
Faisons donc quelques recits
Qu'elle déchifre sans glose.
Amenóns des Bergers et puis nous rimerons
Ce que disent entre eux les Loups et les Moutons.
Tircis disoit un jour à la jeune Amaranthe ;
Ah ! si vous connoissiez comme moy certain mal
    Qui nous plaist et qui nous enchante !
Il n'est bien sous le Ciel qui vous parust égal :
    Souffrez qu'on vous le communique ;
    Croyez-moy ; n'ayez point de peur ;
Voudrois-je vous tromper, vous pour qui je me pique
Des plus doux sentiments que puisse avoir un cœur ?
    Amaranthe aussi-tost replique :
Comment l'appellez-vous ce mal ? quel est son nom ?
L'amour. Ce mot est beau : Dites-moy quelque marque
A quoy je le pourray connoistre : que sent-on ?
Des peines prés de qui le plaisir des Monarques

Est ennuyeux et fade : on s'oublie, on se plaist
    Toute seule en une forest.
    Se mire-t-on prés un rivage?
Ce n'est pas soy qu'on void, on ne void qu'une image
Qui sans cesse revient et qui suit en tous lieux :
    Pour tout le reste on est sans yeux.
    Il est un Berger du [1] village
Dont l'abord, dont la voix, dont le nom fait rougir :
    On soûpire à son souvenir :
On ne sçait pas pourquoy ; cependant on soûpire ;
On a peur de le voir encor qu'on le desire.
    Amaranthe dit à l'instant
Oh ! oh ! c'est-là ce mal que vous me prêchez tant?
Il ne m'est pas nouveau : je pense le connoître.
    Tircis à son but croyoit estre,
Quand la belle ajoûta, Voila tout justement
    Ce que je sens pour Clidamant.
L'autre pensa mourir de dépit et de honte.
    Il est force gens comme luy.
Qui pretendent n'agir que pour leur propre compte,
    Et qui font le marché d'autruy.

XIV.

LES OBSEQUES DE LA LIONNE.

La femme du Lion mourut :
Aussi-tost chacun accourut
Pour s'aquiter envers le Prince
De certains complimens de consola-
Qui sont surcroît d'affliction.　　　　[tion,
Il fit avertir sa Province,

1. *De* dans le texte, mais l'*Errata* a corrigé cette faute.

Que les obseques se feroient
Un tel jour, en tel lieu ; ses Prevosts y seroient
Pour regler la ceremonie,
Et pour placer la compagnie.
Jugez si chacun s'y trouva.
Le Prince aux cris s'abandonna,
Et tout son antre en résonna.
Les Lions n'ont point d'autre temple.
On entendit à son exemple
Rugir en leur patois Messieurs les Courtisans.
Je definis la cour un païs où les gens
Tristes, gais, prests à tout, à tout indifferens,
Sont ce qu'il plaist au Prince, ou s'ils ne peuvent l'estre,
Taschent au moins de le parêtre,
Peuple caméleon, peuple singe du maître ;
On diroit qu'un esprit anime mille corps ;
C'est bien là que les gens sont de simples ressorts.
Pour revenir à nostre affaire
Le Cerf ne pleura point, comment eust-il pû faire ?
Cette mort le vengeoit ; la Reine avoit jadis
Etranglé sa femme et son fils.
Bref il ne pleura point. Un flateur l'alla dire,
Et soûtint qu'il l'avoit veu rire.
La colere du Roy, comme dit Salomon,
Est terrible, et surtout celle du Roy Lion[1] :
Mais ce Cerf n'avoit pas accoustumé de lire.
Le Monarque luy dit, Chetif hoste des bois
Tu ris, tu ne suis pas ces gemissantes voix.
Nous n'appliquerons point sur tes membres profanes
Nos sacrez ongles ; venez Loups,
Vengez la Reine, immolez tous
Ce traistre à ses augustes manes.
Le Cerf reprit alors : Sire, le temps de pleurs
Est passé ; la douleur est icy superfluë.

1. Sicut rugitus leonis, ita et terror regis : qui provocat eum, peccat in animam suam (*Liber Proverbiorum*, cap. XX, 2).

Vostre digne moitié couchée entre des fleurs,
    Tout prés d'ici m'est apparuë;
    Et je l'ay d'abord reconnuë.
Amy, m'a-t-elle dit, garde que ce convoy,
Quand je vais chez les Dieux, ne t'oblige à des larmes.
Aux champs Elisiens j'ay goûté mille charmes,
Conversant avec ceux qui sont saints comme moy.
Laisse agir quelque-temps le desespoir du Roy.
J'y prends plaisir. A peine on eut oüi la chose,
Qu'on se mit à crier, Miracle, apotheose.
Le Cerf eut un present, bien loin d'estre puny.
    Amusez les Rois par des songes,
Flatez-les, payez-les d'agreables mensonges,
Quelque indignation dont leur cœur soit remply,
Ils goberont l'appast, vous serez leur amy.

XV.

LE RAT ET L'ELEPHANT.

Se croire un personnage, est fort commun en
    On y fait l'homme d'importance, [France.
    Et l'on n'est souvent qu'un Bourgeois :
    C'est proprement le mal François.
La sotte vanité nous est particuliere.
Les Espagnols sont vains, mais d'une autre maniere.
    Leur orgueil me semble en un mot
    Beaucoup plus fou, mais pas si sot.
    Donnons quelque image du nostre
    Qui sans doute en vaut bien un autre.
Un Rat des plus petits voyoit un Elephant
Des plus gros, et railloit le marcher un peu lent
    De la beste de haut parage,
    Qui marchoit à gros équipage.
    Sur l'animal à triple étage

Une Sultane de renom,
    Son Chien, son Chat, et sa Guenon,
Son Perroquet, sa vieille, et toute sa maison,
    S'en alloit en pelerinage.
    Le Rat s'estonnoit que les gens
Fussent touchez de voir cette pesante masse :
Comme si d'occuper ou plus ou moins de place,
Nous rendoit, disoit-il, plus ou moins importans.
Mais qu'admirez-vous tant en luy vous autres hommes?
Seroit-ce ce grand corps, qui fait peur aux enfans?
Nous ne nous prisons pas, tout petits que nous sommes,
    D'un grain moins que les Elephans.
    Il en auroit dit davantage;
    Mais le Chat sortant de sa cage,
    Luy fit voir en moins d'un instant
    Qu'un Rat n'est pas un Elephant.

XVI.

L'HOROSCOPE.

On rencontre sa destinée   [l'éviter.
    Souvent par des chemins qu'on prend pour
      Un pere eut pour toute lignée
    Un fils qu'il aima trop, jusques à consulter
    Sur le sort de sa geniture
    Les diseurs de bonne aventure.
Un de ces gens luy dit, que des Lions sur tout
Il éloignast l'enfant jusques à certain âge;
    Jusqu'à vingt ans, point davantage.
    Le pere pour venir à bout
D'une précaution sur qui rouloit la vie
De celuy qu'il aimoit, défendit que jamais
On luy laissast passer le seüil de son Palais.
Il pouvoit sans sortir contenter son envie,

Avec ses compagnons tout le jour badiner,
    Sauter, courir, se promener.
    Quand il fut en l'âge où la chasse
    Plaist le plus aux jeunes esprits,
    Cet exercice avec mépris
    Luy fut dépeint : mais quoy qu'on fasse,
    Propos, conseil, enseignement,
    Rien ne change un temperament.
Le jeune homme inquiet, ardent, plein de courage,
A peine se sentit des boüillons d'un tel âge,
    Qu'il soupira pour ce plaisir.
Plus l'obstacle estoit grand, plus fort fut le désir.
Il sçavoit le sujet des fatales défenses,
Et comme ce logis plein de magnificences,
    Abondoit par tout en tableaux,
    Et que la laine et les pinceaux
Traçoient de tous costez chasses et païsages,
    En cet endroit des animaux,
    En cet autre des personnages,
Le jeune homme s'émeut voyant peint un Lion.
Ah! monstre, cria-t-il, c'est toy qui me fais vivre
Dans l'ombre et dans les fers. A ces mots il se livre
Aux transports violens de l'indignation,
    Porte le poing sur l'innocente beste.
Sous la tapisserie un clou se rencontra.
    Ce clou le blesse; il penetra
Jusqu'aux ressorts de l'ame; et cette chere teste
Pour qui l'art d'Esculape en vain fit ce qu'il put,
Deut sa perte à ces soins qu'on prit pour son salut.
Mesme precaution nuisit au Poëte Æschile.
    Quelque Devin le menaça, dit-on,
    De la cheute d'une maison.
    Aussi-tost il quita la ville,
Mit son lit en plein champ, loin des toits, sous les Cieux.
Un Aigle qui portoit en l'air une Tortuë,
Passa par là, vid l'homme, et sur sa teste nuë,
Qui parut un morceau de rocher à ses yeux,
    Estant de cheveux dépourveuë,

Laissa tomber sa proye, afin de la casser :
Le pauvre Æschile ainsi sceut ses jours avancer.
    De ces exemples il resulte,
Que cet art, s'il est vray, fait tomber dans les maux,
    Que craint celuy qui le consulte ;
Mais je l'en justifie, et maintiens qu'il est faux.
    Je ne crois point que la nature
Se soit lié les mains, et nous les lie encor,
Jusqu'au point de marquer dans les Cieux nostre sort.
    Il dépend d'une conjoncture
    De lieux, de personnes, de temps ;
Non des conjonctions de tous ces charlatans.
Ce Berger et ce Roy sont sous mesme Planete ;
L'un d'eux porte le sceptre et l'autre la houlete :
    Jupiter le vouloit ainsi.
Qu'est-ce que Jupiter? un corps sans connoissance.
    D'où vient donc que son influence
Agit differemment sur ces deux hommes-cy?
Puis comment penetrer jusques à nostre monde?
Comment percer des airs la campagne profonde?
Percer Mars, le Soleil, et des vuides sans fin?
Un atome la peut détourner en chemin :
Où l'iront retrouver les faiseurs d'Horoscope?
    L'état où nous voyons l'Europe,
Merite que du moins quelqu'un d'eux l'ait préveu ;
Que ne l'a-t-il donc dit? mais nul d'eux ne l'a sceu.
L'immense éloignement, le poinct, et sa vîtesse,
    Celle aussi de nos passions,
    Permettent-ils à leur foiblesse
De suivre pas à pas toutes nos actions?
Nostre sort en dépend : sa course entresuivie
Ne va non plus que nous jamais d'un mesme pas ;
    Et ces gens veulent au compas,
    Tracer le cours de nostre vie !
    Il ne se faut point arrester
Aux deux faits ambigus que je viens de conter.
Ce fils par trop chery, ny le bonhomme Æschile
N'y font rien. Tout aveugle et menteur qu'est cet art,

Il peut frapper au but une fois entre mille ;
Ce sont des effets du hazard.

XVII.

L'ASNE ET LE CHIEN.

Il se faut entr'ayder ; c'est la loy de nature :
 L'Asne un jour pourtant s'en moqua :
 Et ne sçais comme il y manqua ;
 Car il est bonne creature.
Il alloit par pays accompagné du Chien,
 Gravement, sans songer à rien,
 Tous deux suivis d'un commun maistre.
Ce maistre s'endormit : l'Asne se mit à paître :
 Il estoit alors dans un pré,
 Dont l'herbe estoit fort à son gré.
Point de chardons pourtant ; il s'en passa pour l'heure :
Il ne faut pas toûjours estre si délicat ;
 Et faute de servir ce plat
 Rarement un festin demeure.
 Nostre Baudet s'en sceut enfin
Passer pour cette fois. Le Chien mourant de faim
Luy dit : cher compagnon, baisse-toy, je te prie ;
Je prendray mon disné dans le panier au pain.
Point de réponse, mot ; le Roussin d'Arcadie
 Craignit qu'en perdant un moment,
 Il ne perdist un coup de dent.
 Il fit long-temps la sourde oreille :
Enfin il répondit : Amy, je te conseille
D'attendre que ton maistre ait fini son sommeil ;
Car il te donnera sans faute à son réveil
 Ta portion accoûtumée.
 Il ne sçauroit tarder beaucoup.
 Sur ces entrefaites un Loup

Sort du bois, et s'en vient; autre beste affamée.
L'Asñe appelle aussi-tost le Chien à son secours.
Le Chien ne bouge, et dit : amy, je te conseille
De fuir en attendant que ton maistre s'éveille :
Il ne sçauroit tarder ; détale viste, et cours.
Que si ce Loup t'atteint, casse-luy la machoire.
On t'a ferré de neuf ; et si tu me veux croire,
Tu l'étendras tout plat. Pendant ce beau discours
Seïgneur Loup étrangla le Baudet sans remede.
      Je conclus qu'il faut qu'on s'entrayde.

XVIII.

LE BASSA ET LE MARCHAND.

Un Marchand Grec en certaine contrée
Faisoit trafic. Un Bassa l'appuyoit;
Dequoy le Grec en Bassa le payoit,
Non en Marchand; tant c'est chere den-
Qu'un protecteur. Celuy-cy coûtoit tant,   [rée
Que nostre Grec s'alloit par tout plaignant.
Trois autres Turcs d'un rang moindre en puissance
Luy vont offrir leur support en commun.
Eux trois vouloient moins de reconnoissance
Qu'à ce Marchand il n'en coûtoit pour un.
Le Grec écoute : avec eux il s'engage;
Et le Bassa du tout est averty :
Mesme on luy dit qu'il joûra s'il est sage,
A ces gens-là quelque méchant party,
Les prévenant, les chargeant d'un message
Pour Mahomet, droit en son paradis,
Et sans tarder : Sinon ces gens unis
Le préviendront, bien certains qu'à la ronde,
Il a des gens tout prests pour le venger.
Quelque poison l'envoyra proteger

Les trafiquans qui sont en l'autre monde.
Sur cet avis le Turc se comporta
Comme Alexandre ; et plein de confiance
Chez le Marchand tout droit il s'en alla ;
Se mit à table : on vid tant d'assurance
En ses discours et dans tout son maintien,
Qu'on ne crut point qu'il se doutast de rien.
Amy, dit-il, je sçais que tu me quites :
Mesme l'on veut que j'en craigne les suites ;
Mais je te crois un trop homme de bien :
Tu n'as point l'air d'un donneur de breuvage.
Je n'en dis pas là dessus davantage.
Quant à ces gens qui pensent t'appuyer,
Ecoute-moy. Sans tant de Dialogue,
Et de raisons qui pourroient t'ennuyer,
Je ne te veux conter qu'un Apologue.

Il estoit un Berger, son Chien, et son troupeau.
Quelqu'un luy demanda ce qu'il prétendoit faire
          D'un Dogue de qui l'ordinaire
Estoit un pain entier. Il faloit bien et beau
Donner cet animal au Seigneur du village.
          Luy Berger pour plus de ménage
          Auroit deux ou trois mastineaux,
Qui luy dépensant moins veilleroient aux troupeaux,
          Bien mieux que cette beste seule.
Il mangeoit plus que trois : mais on ne disoit pas
          Qu'il avoit aussi triple gueule
          Quand les Loups livroient des combats.
Le Berger s'en défait : Il prend trois chiens de taille
A luy dépenser moins, mais à fuir la bataille.
Le troupeau s'en sentit, et tu te sentiras
          Du choix de semblable canaille.
     Si tu fais bien, tu reviendras à moy.
Le Grec le crut. Cecy montre aux Provinces
Que tout compté mieux vaut en bonne-foy
S'abandonner à quelque puissant Roy,
Que s'appuyer de plusieurs petits Princes.

XIX.

L'AVANTAGE DE LA SCIENCE.

Entre deux Bourgeois d'une Ville
S'émeut jadis un differend.
L'un estoit pauvre, mais habile ;
L'autre riche, mais ignorant.
Celuy-cy sur son concurrent
Vouloit emporter l'avantage :
Prétendoit que tout homme sage
Estoit tenu de l'honorer.
C'estoit tout homme sot ; car pourquoy reverer
Des biens dépourveus de merite ?
La raison m'en semble petite.
Mon amy, disoit-il souvent
Au sçavant,
Vous vous croyez considerable ;
Mais dites-moy, tenez-vous table ?
Que sert à vos pareils de lire incessamment ?
Ils sont toûjours logez à la troisiéme chambre,
Vestus au mois de Juin comme au mois de Decembre,
Ayant pour tout Laquais leur ombre seulement.
La Republique a bien affaire
De gens qui ne dépensent rien :
Je ne sçais d'homme necessaire
Que celuy dont le luxe épand beaucoup de bien.
Nous en usons, Dieu sçait : nostre plaisir occupe
L'Artisan, le vendeur, celuy qui fait la jupe,
Et celle qui la porte, et vous qui dédiez
A Messieurs les gens de Finance
De méchants livres bien payez.
Ces mots remplis d'impertinence
Eurent le sort qu'ils méritoient.

L'homme lettré se teut, il avoit trop à dire.
La guerre le vengea, bien mieux qu'une satyre.
Mars détruisit le lieu que nos gens habitoient.
  L'un et l'autre quita sa Ville.
  L'ignorant resta sans azile ;
  Il receut par tout des mépris :
L'autre receut par tout quelque faveur nouvelle.
  Cela décida leur querelle.
Laissez dire les sots ; le sçavoir a son prix.

XX.

JUPITER ET LES TONNERRES.

Jupiter voyant nos fautes,
Dit un jour du haut des airs :
Remplissons de nouveaux hostes
Les cantons de l'Univers
Habitez par cette race
Qui m'importune et me lasse.
Va-t'en, Mercure, aux Enfers :
Ameine-moy la Furie
La plus cruelle des trois.
Race que j'ay trop cherie,
Tu periras cette fois.
Jupiter ne tarda guere
A moderer son transport.
O vous Rois qu'il voulut faire
Arbitres de nostre sort,
Laissez entre la colere
Et l'orage qui la suit
L'intervalle d'une nuit.
Le Dieu dont l'aisle est legere,
Et la langue a des douceurs,
Alla voir les noires Sœurs.

A Tisyphone et Mégere
Il préfera, ce dit-on,
L'impitoyable Alecton.
Ce choix la rendit si fiere,
Qu'elle jura par Pluton
Que toute l'engeance humaine
Seroit bien-tost du domaine
Des Deïtez de la bas.
Jupiter n'approuva pas
Le serment de l'Eumenide.
Il la renvoye, et pourtant
Il lance un foudre à l'instant
Sur certain peuple perfide.
Le tonnerre ayant pour guide
Le pere mesme de ceux
Qu'il menaçoit de ses feux,
Se contenta de leur crainte ;
Il n'embraza que l'enceinte
D'un desert inhabité.
Tout pere frape à costé.
Qu'arriva-t-il ? nostre engeance
Prit pied sur cette indulgence.
Tout l'Olympe s'en plaignit :
Et l'assembleur de nuages
Jura le Stix, et promit
De former d'autres orages ;
Ils seroient seurs. On soûrit :
On luy dit qu'il estoit pere,
Et qu'il laissast pour le mieux
A quelqu'un des autres Dieux
D'autres tonnerres à faire.
Vulcan entreprit l'affaire.
Ce Dieu remplit ses fourneaux
De deux sortes de carreaux.
L'un jamais ne se fourvoye,
Et c'est celuy que toûjours
L'Olympe en corps nous envoye.
L'autre s'écarte en son cours ;

Ce n'est qu'aux monts qu'il en coute :
Bien souvent mesme il se perd,
Et ce dernier en sa route
Nous vient du seul Jupiter.

XXI.

LE FAUCON ET LE CHAPON.

Une traitresse voix bien souvent vous appelle ;
Ne vous pressez donc nullement :   [m'en
Ce n'estoit pas un sot, non, non, et croyez-
Que le Chien de Jean de Nivelle.
Un citoyen du Mans Chapon de son métier
Estoit sommé de comparaistre
Pardevant les lares du maistre,
Au pied d'un tribunal que nous nommons foyer.
Tous les gens luy crioient pour déguiser la chose,
Petit, petit, petit : mais loin de s'y fier,
Le Normand et demi laissoit les gens crier :
Serviteur, disoit-il, vostre appast est grossier ;
On ne m'y tient pas ; et pour cause.
Cependant un Faucon sur sa perche voyoit
Nostre Manceau qui s'enfuyoit.
Les Chapons ont en nous fort peu de confiance,
Soit instinct, soit experience.
Celuy-cy qui ne fut qu'avec peine attrapé,
Devoit le lendemain estre d'un grand soupé,
Fort à l'aise, en un plat, honneur dont la volaille
Se seroit passée aisément.
L'Oiseau chasseur luy dit : Ton peu d'entendement
Me rend tout estonné ; Vous n'estes que racaille,
Gens grossiers, sans esprit, à qui l'on n'apprend rien.
Pour moy, je sçais chasser, et revenir au maistre.
Le vois-tu pas à la fenestre ?

Il t'attend, es-tu sourd? Je n'entends que trop bien,
Repartit le Chapon : Mais que me veut-il dire,
Et ce beau Cuisinier armé d'un grand couteau?
Reviendrois-tu pour cet appeau?
Laisse-moy fuir, cesse de rire
De l'indocilité qui me fait envoler,
Lors que d'un ton si doux on s'en vient m'appeller.
Si tu voyois mettre à la broche
Tous les jours autant de Faucons
Que j'y vois mettre de Chapons,
Tu ne me ferois pas un semblable réproche.

XXII.

LE CHAT ET LE RAT.

Quatre animaux divers, le Chat grippe-
fromage,
Triste-oiseau le Hibou, Ronge-maille le Rat,
Dame Belette au long corsage,
Toutes gens d'esprit scelerat,
Hantoient le tronc pourry d'un pin vieux et sauvage.
Tant y furent qu'un soir à l'entour de ce pin
L'homme tendit ses rets. Le Chat de grand matin
Sort pour aller chercher sa proye.
Les derniers traits de l'ombre empeschent qu'il ne voye
Le filet; il y tombe, en danger de mourir :
Et mon Chat de crier, et le Rat d'accourir,
L'un plein de desespoir, et l'autre plein de joye.
Il voyoit dans les las son mortel ennemy.
Le pauvre Chat dit: Cher amy,
Les marques de ta bienveillance
Sont communes en mon endroit :
Vien m'aider à sortir du piege où l'ignorance
M'a fait tomber : C'est à bon droit

Que seul entre les tiens par amour singuliere
Je t'ay toujours choyé, t'aimant comme mes yeux.
Je n'en ay point regret, et j'en rends grace aux Dieux.
     J'allois leur faire ma priere ;
Comme tout devot Chat en use les matins.
Ce rezeau me retient ; ma vie est en tes mains :
Vien dissoudre ces nœuds. Et quelle recompense
     En auray-je ? reprit le Rat.
     Je jure eternelle alliance
     Avec toy, repartit le Chat.
Dispose de ma griffe, et sois en assurance :
Envers et contre tous je te protegeray,
     Et la Belette mangeray
     Avec l'époux de la Choüette.
Ils t'en veulent tous deux. Le Rat dit : Idiot !
Moy ton liberateur ? je ne suis pas si sot.
     Puis il s'en va vers sa retraite.
     La Belette estoit prés du trou.
Le Rat grimpe plus haut ; il y void le Hibou :
Dangers de toutes parts ; le plus pressant l'emporte.
Ronge-maille retourne au Chat, et fait en sorte
Qu'il détache un chaisnon, puis un autre, et puis tant
     Qu'il dégage enfin l'hypocrite.
     L'homme paroist en cet instant.
Les nouveaux alliez prennent tous deux la fuite.
A quelque-temps delà nostre Chat vid de loin
Son Rat qui se tenoit à l'erte et sur ses gardes.
Ah ! mon frere, dit-il, vien m'embrasser ; ton soin
     Me fait injure ; Tu regardes
     Comme ennemy ton allié.
     Penses-tu que j'aye oublié
     Qu'apres Dieu je te dois la vie ?
Et moy, reprit le Rat, penses-tu que j'oublie
     Ton naturel ? aucun traité
Peut-il forcer un Chat à la reconnoissance ?
     S'assure-t-on sur l'alliance
     Qu'a faite la necessité ?

XXIII.

LE TORRENT ET LA RIVIERE.

Avec grand bruit et grand fracas
Un Torrent tomboit des montagnes :
Tout fuyoit devant luy ; l'horreur
    suivoit ses pas ;
Il faisoit trembler les campagnes.
Nul voyageur n'osoit passer
Une barriere si puïssante :
Un seul vid des voleurs, et se sentant presser,
Il mit entre eux et luy cette onde menaçante.
Ce n'estoit que menace, et bruit, sans profondeur ;
    Nostre homme enfin n'eut que la peur.
    Ce succés luy donnant courage,
Et les mesmes voleurs le poursuivant toûjours,
    Il rencontra sur son passage
    Une Riviere dont le cours
Image d'un sommeil doux, paisible et tranquille
Luy fit croire d'abord ce trajet fort facile.
Point de bords escarpez, un sable pur et net.
    Il entre, et son cheval le met
A couvert des voleurs, mais non de l'onde noire :
    Tous deux au Styx allerent boire ;
    Tous deux à nâger malheureux
Allerent traverser au sejour tenebreux,
    Bien d'autres fleuves que les nôtres.
    Les gens sans bruit sont dangereux ;
    Il n'en est pas ainsi des autres.

XXIV.

L'EDUCATION.

Laridon et Cesar, freres dont l'origine
Venoit de chiens fameux, beaux, bienfaits
et hardis,   [jadis,
A deux maistres divers échûs au temps
Hantoient, l'un les forests, et l'autre la cuisine [1].
Ils avoient eu d'abord chacun un autre nom :
        Mais la diverse nourriture
Fortifiant en l'un cette heureuse nature,
En l'autre l'alterant, un certain marmiton
        Nomma celuy-cy Laridon :
Son frere ayant couru mainte haute avanture,
Mis maint Cerf aux abois, maint Sanglier abatu,
Fut le premier Cesar que la gent chienne ait eu.
On eut soin d'empescher qu'une indigne maistresse
Ne fist en ses enfans dégenerer son sang :
Laridon negligé témoignoit sa tendresse
        A l'objet le premier passant.
        Il peupla tout de son engeance :
Tourne-broches par luy rendus communs en France
Y font un corps à part, gens fuyans les hazards,
        Peuple antipode des Cesars.
On ne suit pas toûjours ses ayeux ny son pere :
Le peu de soin, le temps, tout fait qu'on dégenere :
Faute de cultiver la nature et ses dons,
O combien de Cesars deviendront Laridons !

1. Ce vers est ainsi dans le texte :
    L'un hantoit les forests, et l'autre la cuisine.
Il est corrigé dans l'Errata.

XXV.

LES DEUX CHIENS ET L'ASNE MORT.

Les vertus devroient estre sœurs,
    Ainsi que les vices sont freres :
    Dés que l'un de ceux-cy s'empare
        de nos cœurs,
Tous viennent à la file, il ne s'en manque gueres ;
    J'entends de ceux qui n'estant pas contraires
      Peuvent loger sous mesme toit.
A l'égard des vertus, rarement on les void
Toutes en un sujet eminemment placées
Se tenir par la main sans estre dispersées.
L'un est vaillant, mais prompt ; l'autre est prudent,
    mais froid.
Parmy les animaux le Chien se pique d'être
    Soigneux et fidele à son maistre ;
    Mais il est sot, il est gourmand :
Témoin ces deux mâtins qui dans l'éloignement
Virent un Asne mort qui flotoit sur les ondes.
Le vent de plus en plus l'éloignoit de nos Chiens.
Amy, dit l'un, tes yeux sont meilleurs que les miens.
Porte un peu tes regards sur ces plaines profondes.
J'y crois voir quelque chose : Est-ce un Bœuf, un
    Hé qu'importe quel animal ?   [Cheval ?
Dit l'un de ces mastins ; voila toujours curée.
Le point est de l'avoir ; car le trajet est grand ;
Et de plus il nous faut nager contre le vent.
Beuvons toute cette eau ; nostre gorge alterée
En viendra bien à bout : ce corps demeurera
    Bien-tost à sec, et ce sera
    Provision pour la semaine.
Voila mes Chiens à boire ; ils perdirent l'haleine,

Et puis la vie ; ils firent tant
Qu'on les vid crever à l'instant.
L'homme est ainsi basti : Quand un sujet l'enflâme
L'impossibilité disparoist à son ame.
Combien fait-il de vœux, combien perd-il de pas?
S'outrant pour acquerir des biens ou de la gloire ?
Si j'arrondissois mes estats !
Si je pouvois remplir mes coffres de ducats !
Si j'apprenois l'hebreu, les sciences, l'histoire !
Tout cela c'est la mer à boire ;
Mais rien à l'homme ne suffit :
Pour fournir aux projets que forme un seul esprit
Il faudroit quatre corps ; encor loin d'y suffire
A my chemin je crois que tous demeureroient :
Quatre Mathusalems bout à bout ne pourroient
Mettre à fin ce qu'un seul desire.

XXVI.

DEMOCRITE ET LES ABDERITAINS.

Que j'ay toujours hay les pensers du vulgaire !
Qu'il me semble profane, injuste, et teme-
raire ;   [luy,
Mettant de faux milieux entre la chose et
Et mesurant par soy ce qu'il void en autruy !
Le maistre d'Epicure en fit l'apprentissage.
Son pays le crut fou : Petits esprits ! Mais quoy ?
Aucun n'est prophete chez soy.
Ces gens estoient les fous, Democrite le sage.
L'erreur alla si loin, qu'Abdere deputa
Vers Hipocrate, et l'invita,
Par lettres et par ambassade,
A venir restablir la raison du malade.
Nostre concitoyen, disoient-ils en pleurant,

Perd l'esprit : la lecture a gasté Democrite.
Nous l'estimerions plus s'il estoit ignorant.
Aucun nombre, dit-il, les mondes ne limite :
    Peut-estre mesme ils sont remplis
    De Democrites infinis.
Non content de ce songe il y joint les atômes,
Enfans d'un cerveau creux, invisibles fantômes ;
Et mesurant les Cieux sans bouger d'icy-bas
Il connoist l'Univers et ne se connoist pas.
Un temps fut qu'il sçavoit accorder les debats ;
    Maintenant il parle à luy-mesme.
Venez divin mortel ; sa folie est extrême.
Hipocrate n'eut pas trop de foy pour ces gens :
Cependant il partit : Et voyez, je vous prie,
    Quelles rencontres dans la vie
Le sort cause ; Hipocrate arriva dans le temps
Que celuy qu'on disoit n'avoir raison ny sens
    Cherchoit dans l'homme et dans la beste
Quel siege a la raison, soit le cœur, soit la teste.
Sous un ombrage épais, assis prés d'un ruisseau,
    Les labirintes d'un cerveau
L'occupoient. Il avoit à ses pieds maint volume,
Et ne vid presque pas son amy s'avancer,
    Attaché selon sa coûtume.
Leur compliment fut court, ainsi qu'on peut penser.
Le sage est ménager du temps et des paroles.
Ayant donc mis à part les entretiens frivoles,
Et beaucoup raisonné sur l'homme et sur l'esprit,
    Ils tomberent sur la morale.
    Ils n'est pas besoin que j'étale
    Tout ce que l'un et l'autre dit.
    Le recit precedent suffit
Pour montrer que le peuple est juge recusable.
    En quel sens est donc veritable
    Ce que j'ay leu dans certain lieu,
    Que sa voix est la voix de Dieu?

XXVII.

LE LOUP ET LE CHASSEUR.

Fureur d'accumuler, monstre de qui les yeux
    Regardent comme un poinct tous les bien-
      faits des Dieux,
    Te combatray-je en vain sans cesse en cet
      ouvrage?
Quel temps demandes-tu pour suivre mes leçons?
L'homme sourd à ma voix, comme à celle du sage,
Ne dira-t-il jamais, C'est assez, joüissons?
Haste-toy, mon amy; Tu n'as pas tant à vivre.
Je te rebats ce mot; car il vaut tout un livre.
Joüis : Je le feray. Mais quand donc? des demain.
Eh mon amy, la mort te peut prendre en chemin.
Joüis des aujourd'huy : redoute un sort semblable
A celuy du Chasseur et du Loup de ma fable.
Le premier de son arc avoit mis bas un Daim.
Un Fan de Biche passe, et le voila soudain
Compagnon du défunt; Tous deux gisent sur l'herbe.
La proye estoit honneste; un Dain avec un Fan,
Tout modeste Chasseur en eust esté content;
Cependant un Sanglier, monstre enorme et superbe,
Tente encor nostre archer friand de tels morceaux.
Autre habitant du Styx : la Parque et ses ciseaux
Avec peine y mordoient; la Déesse infernale
Reprit à plusieurs fois l'heure au monstre fatale.
De la force du coup pourtant il s'abattit.
C'estoit assez de biens; mais quoy, rien ne remplit
Les vastes appetits d'un faiseur de conquestes.
Dans le temps que le Porc revient à soy, l'archer
Void le long d'un sillon une perdrix marcher,
    Surcroist chetif aux autres testes.

De son arc toutesfois il bande les ressorts.
Le Sanglier rappellant les restes de sa vie,
Vient à luy, le découst, meurt vangé sur son corps :
    Et la perdrix le remercie.
Cette part du recit s'adresse au convoiteux.
L'avare aura pour luy le reste de l'exemple.
Un Loup vid en passant ce spectacle piteux.
O fortune, dit-il, je te promets un temple.
Quatre corps étendus ! que de biens ! mais pourtant
Il faut les mesnager, ces rencontres sont rares.
    (Ainsi s'excusent les avares,)
J'en auray, dit le Loup, pour un mois, pour autant.
Un, deux, trois, quatre corps, ce sont quatre sepmaines,
    Si je sçais compter, toutes pleines.
Commençons dans deux jours ; et mangeons cependant
La corde de cét arc ; il faut que l'on l'ait faite
De vray boyau ; l'odeur me le témoigne assez.
    En disant ces mots il se jette
Sur l'arc qui se détend, et fait de la sagette
Un nouveau mort, mon Loup a les boyaux percez.
Je reviens à mon texte : il faut que l'on joüisse ;
Témoin ces deux gloutons punis d'un sort commun ;
    La convoitise perdit l'un ;
    L'autre périt par l'avarice.

LIVRE TROISIÉME (IX).

FABLE I.

LE DÉPOSITAIRE INFIDÈLE.

Grace aux Filles de memoire,
J'ay chanté des animaux ;
Peut-estre d'autres Heros
M'auroient acquis moins de gloire.
Le Loup en langue des Dieux
Parle au Chien dans mes ouvrages :
Les Bestes, à qui mieux mieux,
Y font divers personnages,
Les uns fous, les autres sages ;
De telle sorte pourtant
Que les fous vont l'emportant ;
La mesure en est plus pleine.
Je mets aussi sur la Scene
Des Trompeurs, des Scelerats,
Des Tyrans, et des Ingrats,
Mainte imprudente pecore,
Force Sots, force Flateurs ;
Je pourrois y joindre encore
Des legions de menteurs :

Tout homme ment, dit le Sage[1].
S'il n'y mettoit seulement
Que les gens du bas estage,
On pourroit aucunement
Souffrir cē defaut aux hommes;
Mais que tous tant que nous sommes
Nous mentions, grand et petit,
Si quelque autre l'avoit dit,
Je soûtiendrois le contraire.
Et mesme qui mentiroit
Comme Esope, et comme Homere,
Un vray menteur ne seroit.
Le doux charme de maint songe
Par leur bel art inventé,
Sous les habits du mensonge
Nous offre la verité.
L'un et l'autre a fait un livre
Que je tiens digne de vivre
Sans fin, et plus s'il se peut :
Comme eux ne ment pas qui veut.
Mais mentir comme sceut faire
Un certain Dépositaire
Payé par son propre mot,
Est d'un méchant, et d'un sot.
Voicy le fait. Un trafiquant de Perse,
Chez son voisin, s'en allant en commerce,
Mit en dépost un cent de fer un jour.
Mon fer? dit-il, quand il fut de retour.
Vostre fer? il n'est plus : j'ay regret de vous dire
Qu'un Rat l'a mangé tout entier.
J'en ay grondé mes gens : mais qu'y faire? un Grenier
A toûjours quelque trou. Le trafiquant admire
Un tel prodige, et feint de le croire pourtant.
Au bout de quelques jours il détourne l'enfant
Du perfide voisin ; puis à souper convie
Le pere qui s'excuse, et luy dit en pleurant;

1. *Omnis homo mendax* (*Liber psalmorum* CXV, 11).

Dispensez-moy, je vous supplie :
Tous plaisirs pour moy sont perdus.
J'aimois un fils plus que ma vie ;
Je n'ay que luy ; que dis-je? helas! je ne l'ay plus.
On me l'a dérobé. Plaignez mon infortune.
Le Marchand repartit : Hier au soir sur la brune
Un Chat-huant s'en vint vostre fils enlever.
Vers un vieux bastiment je le luy vis porter.
Le pere dit : Comment voulez-vous que je croye
Qu'un Hibou pût jamais emporter cette proye?
Mon fils en un besoin eust pris le Chat-huant.
Je ne vous diray point, reprit l'autre, comment :
Mais enfin je l'ay veu, veu de mes yeux, vous dis-je,
    Et ne vois rien qui vous oblige
D'en douter un moment apres ce que je dis.
    Faut-il que vous trouviez estrange
    Que les Chat-huans d'un pays
Où le quintal de fer par un seul Rat se mange,
Enlèvent un garçon pesant un demy-cent?
L'autre vid où tendoit cette feinte aventure.
    Il rendit le fer au Marchand,
    Qui luy rendit sa géniture.
Mesme dispute avint entre deux voyageurs.
    L'un d'eux estoit de ces conteurs
Qui n'ont jamais rien vu qu'avec un microscope.
Tout est Geant chez eux : Ecoutez-les, l'Europe
Comme l'Afrique, aura des monstres à foison.
Celuy-cy se croyoit l'hyperbole permise.
J'ay veu, dit-il, un chou plus grand qu'une maison.
Et moy, dit l'autre, un pot aussi grand qu'une Eglise.
Le premier se mocquant, l'autre reprit : tout doux ;
    On le fit pour cuire vos choux.
L'homme au pot fut plaisant ; l'homme au fer fut habile.
Quand l'absurde est outré, l'on luy fait trop d'honneur
De vouloir par raison combatre son erreur ;
Encherir est plus court, sans s'échauffer la bile.

———

II.

LES DEUX PIGEONS.

Deux Pigeons s'aimoient d'amour
      tendre :
    L'un d'eux s'ennuyant au logis
    Fut assez fou pour entreprendre
Un voyage en loingtain pays.
  L'autre luy dit : Qu'allez-vous faire?
  Voulez-vous quitter votre frere?
  L'absence est le plus grand des maux :
Non pas pour vous, cruel : Au moins que les travaux,
   Les dangers, les soins du voyage,
   Changent un peu votre courage.
Encor si la saison s'avançoit davantage!
Attendez les zephirs : Qui vous presse? un Corbeau
Tout à l'heure annonçoit malheur à quelque oiseau.
Je ne songeray plus que rencontre funeste,
Que Faucons, que rezeaux. Helas, diray-je, il pleut :
   Mon frere a-t-il tout ce qu'il veut,
   Bon soupé, bon giste, et le reste?
   Ce discours ébranla le cœur
   De nostre imprudent voyageur :
Mais le desir de voir et l'humeur inquiete
L'emporterent enfin. Il dit : Ne pleurez point :
Trois jours au plus rendront mon ame satisfaite :
Je reviendray dans peu compter de poinct en poinct
   Mes aventures à mon frere.
Je le desennuiray. Quiconque ne void guere
N'a guere à dire aussi. Mon voyage dépeint
  Vous sera d'un plaisir extrême.

Je diray : J'estois là ; telle chose m'avint :
      Vous y croirez estre vous mesme.
A ces mots, en pleurant ils se dirent adieu.
Le voyageur s'éloigne : et voilà qu'un nuage
L'oblige de chercher retraite en quelque lieu.
Un seul arbre s'offrit, tel encor que l'orage
Mal-traita le Pigeon en dépit du feüillage.
L'air devenu serein il part tout morfondu,
Seche du mieux qu'il peut son corps chargé de plüye,
Dans un champ à l'écart void du bled répandu,
Void un Pigeon aupres, cela luy donne envie :
Il y vole, il est pris ; ce bled couvroit d'un las
      Les menteurs et traistres appas.
Le las estoit usé ; si bien que, de son aisle,
De ses pieds, de son bec, l'oiseau le rompt enfin :
Quelque plume y perît ; et le pis du destin
Fut qu'un certain Vautour à la serre cruelle
Vid nostre malheureux qui, traisnant la fiscelle,
Et les morceaux du las qui l'avoit attrapé,
      Sembloit un forçat échapé.
Le Vautour s'en alloit le lier, quand des nuës
Fond à son tour un Aigle aux aisles étenduës.
Le Pigeon profita du conflit des voleurs,
S'envola, s'abatit auprés d'une mazure,
      Crut pour ce coup que ses malheurs
      Finiroient par cette aventure:
Mais un fripon d'enfant, cet âge est sans pitié,
Prit sa fronde, et du coup tua plus d'amoitié
      La volatile malheureuse,
    Qui, maudissant sa curiosité,
      Traisnant l'aile, et tirant le pié,
      Demi-morte, et demi-boiteuse,
      Droit au logis s'en retourna :
      Que bien que mal elle arriva
      Sans autre aventure fascheuse.
Voila nos gens rejoints ; et je laisse à juger
De combien de plaisirs ils payerent leurs peines.
Amans, heureux amans, voulez-vous voyager ?

Que ce soit aux rives prochaines [1],
Soyez-vous l'un à l'autre un monde toûjours beau,
Toûjours divers, toûjours nouveau ;
Tenez-vous lieu de tout, comptez pour rien le reste.
J'ay quelquefois aimé ; je n'aurois pas alors,
Contre le Louvre et ses tresors,
Contre le firmament et sa voute celeste,
Changé les bois, changé les lieux,
Honorez par les pas, éclairez par les yeux
De l'aimable et jeune bergere
Pour qui sous le fils de Cythere
Je servis engagé par mes premiers sermens.
Helas ! quand reviendront de semblables momens ?
Faut-il que tant d'objets si doux et si charmans
Me laissent vivre au gré de mon ame inquiéte ?
Ah si mon cœur osoit encor se renflâmer !
Ne sentiray-je plus de charme qui m'arreste
Ay-je passé le temps d'aimer ?

III.

LE SINGE ET LE LÉOPARD.

Le singe avec le léopard
Gagnoient de l'argent à la foire.
Ils affichoient chacun à part.
L'un d'eux disoit : Messieurs, mon
merite et ma gloire
Sont connus en bon lieu ; le Roy m'a voulu voir ;
Et si je meurs il veut avoir
Un manchon de ma peau ; tant elle est bigarrée,
Pleine de taches, marquetée,

1. La Fontaine appelle ailleurs la mer :
L'élement
Qui doit être évité de tout heureux amant.
(*Les filles de Minée*, T. II, p. 454.)

Et vergetée, et mouchetée.
La bigarrure plaist ; partant chacun le vid.
Mais ce fut bien-tost fait, bien-tost chacun sortit.
Le Singe de sa part disoit : Venez, de grace,
Venez Messieurs ; Je fais cent tours de passe-passe.
Cette diversité dont on vous parle tant,
Mon voisin Leopard l'a sur soy seulement ;
Moy, je l'ay dans l'esprit : vostre serviteur Gille,
    Cousin et gendre de Bertrand,
    Singe du Pape en son vivant ;
    Tout fraîchement en cette ville
Arrive en trois basteaux exprés pour vous parler ;
Car il parle, on l'entend, il sçait danser, baler,
    Faire des tours de toute sorte,
Passer en des cerceaux ; et le tout pour six blancs :
Non Messieurs, pour un sou ; si vous n'êtes contens,
Nous rendrons à chacun son argent à la porte.
Le Singe avoit raison ; ce n'est pas sur l'habit
Que la diversité me plaist, c'est dans l'esprit :
L'une fournit toûjours des choses agreables ;
L'autre en moins d'un moment lasse les regardans.
O que de grands Seigneurs au Leopard semblables,
    N'ont que l'habit pour tous talens[1] !

IV.

LE GLAN ET LA CITROUILLE.

Dieu fait bien ce qu'il fait. Sans en chercher
    la preuve
En tout cet Univers, et l'aller parcourant,
    Dans les Citroüilles je la treuve.

1. Ce vers, définitivement adopté, a été introduit dans ce texte, à l'aide d'un carton : la première rédaction, conservée dans quelques exemplaires, était :

Bigarrez en dehors ne sont rien en dedans !

Un villageois, considérant
Combien ce fruit est gros, et sa tige menuë,
A quoy songeoit, dit-il, l'Auteur de tout cela?
Il a bien mal placé cette Citroüille-là :
          Hé parbleu, je l'aurois penduë
          A l'un des chênes que voilà.
          C'eût esté justement l'affaire ;
          Tel fruit, tel arbre, pour bien faire.
C'est dommage, Garo, que tu n'és point entré
Au conseil de celuy que prêche ton Curé ;
Tout en eust esté mieux : car pourquoy, par exemple,
Le Glan, qui n'est pas gros comme mon petit doigt,
          Ne pend-il pas en cet endroit?
          Dieu s'est mépris ; plus je contemple
Ces fruits ainsi placez, plus il semble à Garo
          Que l'on a fait un quiproquo.
Cette reflexion embarrassant nôtre homme ;
On ne dort point, dit-il ; quand on a tant d'esprit.
Sous un chêne aussi-tost il va prendre son somme.
Un Glan tombe ; le nez du dormeur en patit.
Il s'éveille ; et portant la main sur son visage,
Il trouve encor le Glan pris au poil du menton.
Son nez meurtri le force à changer de langage.
Oh, oh, dit-il, je saigne ! Et que seroit-ce donc
S'il fût tombé de l'arbre une masse plus lourde,
          Et que ce Glan eust esté gourde?
Dieu ne l'a pas voulu : sans doute il eut raison ;
          J'en vois bien à present la cause.
          En loüant Dieu de toute chose
          Garo retourne à la maison.

V.

L'ECOLIER, LE PEDANT, ET LE MAISTRE
D'UN JARDIN.

Certain enfant qui sentoit son College,
Doublement sot, et doublement fripon,
Par le jeune âge, et par le privilege
Qu'ont les Pedants de gaster la raison,
Chez un voisin déroboit, ce dit-on,
Et fleurs et fruits. Ce voisin en Autonne
Des plus beaux dons que nous offre Pomone
Avoit la fleur, les autres le rebut.
Chaque saison apportoit son tribut :
Car au Printemps il jouïssoit encore
Des plus beaux dons que nous presente Flore.
Un jour dans son jardin il vid nostre Ecolier,
Qui grimpant sans égard sur un arbre fruitier,
Gastoit jusqu'aux boutons; douce et fresle esperance,
Avant-coureurs des biens que promet l'abondance.
Mesme il ébranchoit l'arbre, et fit tant à la fin
     Que le possesseur du jardin
Envoya faire plainte au maistre de la Classe.
Celuy-cy vint suivy d'un cortege d'enfans.
     Voila le verger plein de gens
Pires que le premier. Le Pedant de sa grace
     Accrut le mal en amenant
     Cette jeunessse mal-instruite :
Le tout, à ce qu'il dit, pour faire un chastiment
Qui pûst servir d'exemple; et dont toute sa suite
Se souvinst à jamais comme d'une leçon.
Là-dessus il cita Virgile et Ciceron,
     Avec force traits de science.

Son discours dura tant que la maudite engeance
Eut le temps de gâter en cent lieux le jardin.
Je hais les pieces d'eloquence
Hors de leur place, et qui n'ont point de fin ;
Et ne sçais beste au monde pire
Que l'Ecolier, si ce n'est le Pedant.
Le meilleur de ces deux pour voisin, à vray dire,
Ne me plairoit aucunement.

VI.

LE STATUAIRE ET LA STATUE DE JUPITER

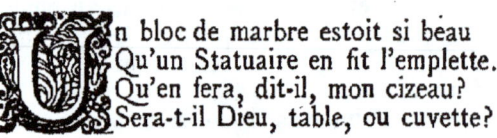n bloc de marbre estoit si beau
Qu'un Statuaire en fit l'emplette.
Qu'en fera, dit-il, mon cizeau ?
Sera-t-il Dieu, table, ou cuvette ?

Il sera Dieu : mesme je veux
Qu'il ait en sa main un tonnerre.
Tremblez humains ; Faites des vœux ;
Voila le maistre de la terre.

L'artisan exprima si bien
Le caractere de l'Idole,
Qu'on trouva qu'il ne manquoit rien
A Jupiter que la parole.

Mesme l'on dit que l'ouvrier
Eut à peine achevé l'image,
Qu'on le vid frémir le premier,
Et redouter son propre ouvrage.

A la foiblesse du Sculpteur
Le Poëte autrefois n'en dut guere,

Des Dieux dont il fut l'inventeur
Craignant la haine et la colere.

Il estoit enfant en cecy :
Les enfans n'ont l'ame occupée
Que du continuel soucy
Qu'on ne fâche point leur poupée.

Le cœur suit aisément l'esprit :
De cette source est descenduë
L'erreur payenne qui se vid
Chez tant de peuples répanduë.

Ils embrassoient violemment
Les interests de leur chimere.
Pigmalion devint amant
De la Venus dont il fut pere.

Chacun tourne en realitez
Autant qu'il peut ses propres songes :
L'homme est de glace aux veritez,
Il est de feu pour les mensonges.

VII.

LA SOURIS MÉTAMORPHOSÉE EN FILLE.

Une Souris tomba du bec d'un Chat-huant :
Je ne l'eusse pas ramassée ;
Mais un Bramin le fit ; je le crois aisément ;
Chaque pays a sa pensée.
La Souris estoit fort froissée :
De cette sorte de prochain
Nous nous soucions peu : mais le peuple Bramin
Le traite en frere ; ils ont en teste

Que nostre ame au sortir d'un Roy
Entre dans un ciron, ou dans telle autre beste
Qu'il plaist au sort ; C'est-là l'un des points de leur loy.
Pythagore chez eux a puisé ce mystere.
Sur un tel fondemeut le Bramin crut bien faire
De prier un Sorcier qu'il logeast la Souris
Dans un corps qu'elle eust eu pour hoste au temps jadis.
  Le Sorcier en fit une fille
De l'âge de quinze ans, et telle, et si gentille,
Que le fils de Priam pour elle auroit tenté
Plus encor qu'il ne fit pour la grecque beauté.
Le Bramin fut surpris de chose si nouvelle.
  Il dit à cet objet si doux :
Vous n'avez qu'à choisir ; car chacun est jaloux
  De l'honneur d'estre vostre époux.
  En ce cas je donne, dit-elle,
  Ma voix au plus puissant de tous.
Soleil, s'écria lors le Bramin à genoux ;
  C'est toy qui seras nostre gendre.
  Non, dit-il, ce nuage épais
Est plus puissant que moy, puis qu'il cache mes traits ;
  Je vous conseille de le prendre.
Et bien, dit le Bramin au nuage volant,
Es-tu né pour ma fille? helas non ; car le vent
Me chasse à son plaisir de contrée en contrée ;
Je n'entreprendray point sur les droits de Borée.
  Le Bramin fâché s'écria :
  O vent donc, puis que vent y a,
  Vien dans les bras de nostre belle.
Il accouroit : un mont en chemin l'arresta.
  L'étœuf passant à celuy-là,
Il le renvoye, et dit : J'aurois une querelle
  Avec le Rat, et l'offenser
Ce seroit estre fou, luy qui peut me percer.
  Au mot de Rat la Damoiselle
  Ouvrit l'oreille ; il fut l'époux :
  Un Rat! un Rat; c'est de ces coups
  Qu'amour fait, témoin telle et telle :

Mais cecy soit dit entre-nous.
On tient toûjours du lieu dont on vient : Cette Fable
Prouve assez bien ce poinct ; mais à la voir de prés
Quelque peu de sophisme entre parmy ses traits :
Car quel époux n'est point au Soleil préferable
En s'y prenant ainsi? diray-je qu'un geant
Est moins fort qu'une puce? Elle le mord pourtant.
Le Rat devoit aussi renvoyer pour bien faire
          La belle au chat, le chat au chien,
          Le chien au Loup. Par le moyen
          De cet argument circulaire
Pilpay jusqu'au Soleil eust enfin remonté ;
Le Soleil eust joüy de la jeune beauté.
Revenons s'il se peut à la metempsicose :
Le Sorcier du Bramin fit sans doute une chose.
Qui loin de la prouver fait voir sa fausseté.
Je prends droit là dessus contre le Bramin mesme ;
          Car il faut selon son sistême
Que l'homme, la souris, le ver, enfin chacun
Aille puiser son ame en un tresor commun :
          Toutes sont donc de mesme trempe ;
          Mais agissant diversement
          Selon l'organe seulement
          L'une s'éleve, et l'autre rempe.
D'où vient donc que ce corps si bien organisé
          Ne pût obliger son hostesse
De s'unir au Soleil, un Rat eut sa tendresse ?
          Tout débatu, tout bien pesé,
Les ames des Souris et les ames des belles
          Sont tres-differentes entre elles.
Il en faut revenir toujours à son destin,
C'est à dire à la loy par le Ciel établie.
     Parlez au diable, employez la magie,
Vous ne détournerez nul estre de sa fin.

VIII.

LE FOU QUI VEND LA SAGESSE.

Jamais auprés des fous ne te mets à portée.
Je ne te puis donner un plus sage conseil.
Il n'est enseignement pareil
A celuy-là de fuir une teste éventée.
On en void souvent dans les cours.
Le Prince y prend plaisir; car ils donnent toûjours
Quelque trait aux fripons, aux sots, aux ridicules.
Un fol alloit criant par tous les carrefours
Qu'il vendoit la Sagesse; et les mortels credules
De courir à l'achapt; chacun fut diligent.
On essuyoit force grimaces;
Puis on avoit pour son argent
Avec un bon soufflet un fil long de deux brasses.
La pluspart s'en fâchoient; mais que leur servoit-il?
C'estoient les plus moquez; le mieux estoit de rire,
Ou de s'en aller sans rien dire
Avec son soufflet et son fil.
De chercher du sens à la chose,
On se fust fait sifler ainsi qu'un ignorant.
La raison est-elle garant
De ce que fait un fou? le hazard est la cause
De tout ce qui se passe en un cerveau blessé.
Du fil et du soufflet pourtant embarassé
Un des dupes un jour alla trouver un sage,
Qui sans hesiter davantage
Luy dit : Ce sont icy jerogliphes tout purs.
Les gens bien conseillez, et qui voudront bien faire,
Entre eux et les gens fous mettront pour l'ordinaire
La longueur de ce fil; sinon je les tiens surs
De quelque semblable caresse.
Vous n'estes point trompé; ce fou vend la sagesse.

IX.

L'HUITRE, ET LES PLAIDEURS.

Un jour deux Pelerins sur le sable rencontrent
Une Huitre que le flot y venoit d'apporter :
Ils l'avalent des yeux, du doigt ils se la
      montrent;
A l'égard de la dent il falut contester.
L'un se baissoit déja pour amasser la proye;
L'autre le pousse, et dit : Il est bon de sçavoir
      Qui de nous en aura la joye.
Celuy qui le premier a pû l'appercevoir
En sera le gobeur; l'autre le verra faire.
      Si par-là l'on juge l'affaire,
Reprit son compagnon, j'ay l'œil bon, Dieu mercy.
      Je ne l'ay pas mauvais aussi,
Dit l'autre, et je l'ay veuë avant vous sur ma vie.
Et bien, vous l'avez veuë, et moy je l'ay sentie.
      Pendant tout ce bel incident
Perrin Dandin arrive : ils le prennent pour juge.
Perrin fort gravement ouvre l'Huitre, et la gruge,
      Nos deux Messieurs le regardant.
Ce repas fait, il dit d'un ton de President :
Tenez, la Cour vous donne à chacun une écaille
Sans dépens, et qu'en paix chacun chez-soy s'en aille.
Mettez ce qu'il en coûte à plaider aujourd'huy;
Comptez ce qu'il en reste à beaucoup de familles;
Vous verrez que Perrin tire l'argent à luy,
Et ne laisse aux plaideurs que le sac et les quilles.

X.

- LE LOUP ET LE CHIEN MAIGRE.

utrefois Carpillon fretin
Eut beau prêcher, il eut beau dire ;
On le mit dans la poësle à frire [1].
Je fis voir que lâcher ce qu'on a dans
Sous espoir de grosse avanture,   [la main
Est imprudence toute pure.
Le Pêcheur eut raison ; Carpillon n'eut pas tort.
Chacun dit ce qu'il peut pour défendre sa vie.
            Maintenant il faut que j'appuye
Ce que j'avançay lors, de quelque trait encor.
Certain Loup aussi sot que le pêcheur fut sage,
            Trouvant un Chien hors du village,
S'en alloit l'emporter ; le Chien representa
Sa maigreur. Jà ne plaise à vostre Seigneurie,
            De me prendre en cet estat-là,
            Attendez, mon maistre marie
            Sa fille unique ; Et vous jugez
Qu'estant de nopce il faut mal-gré moy que j'engraisse.
            Le Loup le croit, le Loup le laisse ;
            Le Loup quelques jours écoulez
Revient voir si son Chien n'est point meilleur à prendre.
            Mais le drôle estoit au logis.
            Il dit au Loup par un treillis :
Amy, je vais sortir ; Et, si tu veux attendre,
            Le portier du logis et moy
            Nous serons tout à l'heure à toy.
Ce portier du logis estoit un Chien énorme,

---

1. Voyez ci-dessus, pages 145 et 146.

Expédiant les[1] Loups en forme.
Celuy-cy s'en douta. Serviteur au portier,
Dit-il, et de courir. Il estoit fort agile ;
    Mais il n'estoit pas fort habile ;
Ce Loup ne sçavoit pas encor bien son métier.

XI.

RIEN DE TROP.

Je ne vois point de creature
    Se comporter modérement.
    Il est certain temperament
    Que le maistre de la nature
Veut que l'on garde en tout. Le fait-on? nullement.
Soit en bien, soit en mal, cela n'arrive guere,
Le blé riche present de la blonde Cerés
Trop touffu bien souvent épuise les guerets :
En superfluitez s'épandant d'ordinaire,
    Et poussant trop abondamment,
    Il oste à son fruit l'aliment.
L'arbre n'en fait pas moins ; tant le luxe sçait plaire.
Pour corriger le blé Dieu permit aux moutons
De retrancher l'excés des prodigues moissons.
    Tout au travers ils se jetterent,
    Gasterent tout, et tout brouterent ;
    Tant que le Ciel permit aux Loups
D'en croquer quelques-uns ; ils les croquerent tous.
S'ils ne le firent pas, du moins ils y tâcherent :
    Puis le Ciel permit aux humains

1. Il y a *des* dans le texte ; mais l'*Errata* remplace ce mot par *les*. L'avant-dernier vers de la fable est, dans le texte:
    Mais il n'estoit pas habile,
C'est l'*errata* qui le complète.

De punir ces derniers : les humains abuserent
        A leur tour des ordres divins.
De tous les animaux l'homme a le plus de pente
        A se porter dedans l'excés.
        Il faudroit faire le procés
Aux petits comme aux grands. Il n'est ame vivante
Qui ne peche en cecy. Rien de trop, est un poinct
Dont on parle sans cesse, et qu'on n'observe point.

XII.

LE CIERGE.

C'est du sejour des Dieux que les Abeilles
        viennent.
Les premieres, dit-on, s'en allerent loger
        Au mont Hymette *a*, et se gorger
De tresors qu'en ce lieu les zephirs entretiennent.
Quand on eut des palais de ces filles du Ciel
Enlevé l'ambroisie en leurs chambres enclose :
        Ou, pour dire en François la chose,
        Apres que les ruches sans miel
N'eurent plus que la Cire, on fit mainte bougie :
        Maint Cierge aussi fut façonné.
Un d'eux voyant la terre en brique au feu durcie
Vaincre l'effort des ans, il eut la mesme envie ;
Et nouvel Empedocle *b* aux flâmes condamné

a. *Hymette estoit une montagne celebrée par les Poëtes,
située dans l'Attique. et où les Grecs recüeilloient d'excellent
miel.* (Note de La Fontaine.)

b. *Empedocle estoit un Philosophe ancien, qui, ne pouvant
comprendre les merveilles du Mont Etna, se jetta dedans par
une vanité ridicule, et trouvant l'action belle, de peur d'en
perdre le fruit, et que la postérité ne l'ignorât, laissa ses
pantoufles au pied du Mont.* (Note de La Fontaine.)

Par sa propre et pure folie,
Il se lança dedans. Ce fut mal raisonné ;
Ce Cierge ne sçavoit grain de Philosophie.
Tout en tout est divers : ostez-vous de l'esprit
Qu'aucun estre ait esté composé sur le vostre.
L'Empedocle de Cire au brasier se fondit :
    Il n'estoit pas plus fou que l'autre.

XIII.

JUPITER ET LE PASSAGER.

O combien le peril enrichiroit les Dieux,
  Si nous nous souvenions des vœux qu'il
     nous fait faire !
Mais le peril passé l'on ne se souvient guere
  De ce qu'on a promis aux Cieux ;
On compte seulement ce qu'on doit à la terre.
Jupiter, dit l'impie, est un bon creancier :
    Il ne se sert jamais d'Huissier.
    Eh qu'est-ce donc que le tonnerre ?
Comment appellez-vous ces avertissemens ?
    Un Passager pendant l'orage
Avoit voüé cent Bœufs au vainqueur des Titans.
Il n'en avoit pas un : voüer cent Elephans
    N'auroit pas coûté davantage.
Il brûla quelques os quand il fut au rivage.
Au nez de Jupiter la fumée en monta.
Sire Jupin, dit-il, pren mon vœu ; le voila :
C'est un parfum de Bœuf que ta grandeur respire.
La fumée est ta part ; je ne te dois plus rien.
    Jupiter fit semblant de rire :
Mais apres quelques jours le Dieu l'attrapa bien,
    Envoyant un songe luy dire,
Qu'un tel tresor estoit en tel lieu : L'homme au vœu

Courut au tresor comme au feu.
Il trouva des voleurs, et n'ayant dans sa bourse
    Qu'un écu pour toute ressource,
    Il leur promit cent talens d'or,
    Bien comptez et d'un tel tresor.
On l'avoit enterré dedans telle Bourgade.
L'endroit parut suspect aux voleurs ; de façon
Qu'à nostre prometteur l'un dit : Mon camarade
Tu te moques de nous, meurs, et va chez Pluton
    Porter tes cent talens en don.

XIV.

LE CHAT ET LE RENARD.

Le Chat et le Renard comme beaux petits
    S'en alloient en pelerinage. [saints,
    C'estoient deux vrais Tartufs, deux archipa-
    telins,
Deux francs Pate-pelus qui des frais du voyage,
Croquant mainte volaille, escroquant maint fromage,
    S'indemnisoient à qui mieux mieux.
Le chemin étant long, et partant ennuyeux,
    Pour l'accourcir ils disputerent.
    La dispute est d'un grand secours ;
    Sans elle on dormiroit toûjours.
    Nos Pelerins s'égosillerent.
Ayant bien disputé l'on parla du prochain.
    Le Renard au Chat dit enfin :
    Tu pretends estre fort habile :
En sçais-tu tant que moy ? J'ay cent ruses au sac.
Non, dit l'autre ; je n'ay qu'un tour dans mon bissac,
    Mais je soûtiens qu'il en vaut mille.
Eux de recommencer la dispute à l'envy.
Sur le que si, que non tous deux estant ainsi,

Une meute appaisa la noise.
Le Chat dit au Renard : Foüille en ton sac amy :
    Cherche en ta cervelle matoise
Un stratagême seur : Pour moy, voicy le mien.
A ces mots sur un arbre il grimpa bel et bien.
    L'autre fit cent tours inutiles,
Entra dans cent terriers, mit cent fois en defaut
    Tous les confreres de Brifaut.
    Par tout il tenta des aziles ;
    Et ce fut par tout sans succés ;
La fumée y pourveut ainsi que les bassets.
Au sortir d'un Terrier deux chiens aux pieds agiles
    L'étranglerent du premier bond.
Le trop d'expediens peut gaster une affaire ;
On perd du temps au choix, on tente, on veut tout faire.
    N'en ayons qu'un, mais qu'il soit bon.

XV.

LE MARY, LA FEMME, ET LE VOLEUR.

Un Mary fort amoureux,
    Fort amoureux de sa femme,
    Bien qu'il fût joüissant se croioit
        malheureux.
Jamais œillade de la Dame,
Propos flateur et gracieux,
Mot d'amitié, ny doux soûrire,
Deïfiant le pauvre Sire,
N'avoient fait soupçonner qu'il fust vrayment chery ;
    Je le crois, c'estoit un mary.
    Il ne tint point à l'hymenée
    Que content de sa destinée
    Il n'en remerciast les Dieux ;

Mais quoy ? Si l'amour n'assaisonne
   Les plaisirs que l'hymen nous donne,
   Je ne vois pas qu'on en soit mieux.
Nostre épouse estant donc de la sorte bâtie,
Et n'ayant caressé son mari de sa vie,
Il en faisoit sa plainte une nuit. Un voleur
     Interrompit la doleance.
     La pauvre femme eut si grand'peur,
     Qu'elle chercha quelque assurance
     Entre les bras de son époux.
Amy Voleur, dit-il, sans toy ce bien si doux
Me seroit inconnu ; Pren donc en recompense
Tout ce qui peut chez-nous estre à ta bien-seance :
Pren le logis aussi. Les voleurs ne sont pas
     Gens honteux ny fort delicats :
Celuy-cy fit sa main. J'infere de ce conte
     Que la plus forte passion
C'est la peur ; elle fait vaincre l'aversion ;
Et l'amour quelquefois ; quelquefois il la dompte :
     J'en ay pour preuve cet amant,
Qui brûla sa maison pour embrasser sa Dame,
     L'emportant à travérs la flame[1] :
     J'aime assez cet emportement :
Le conte m'en a plû toûjours infiniment :
     Il est bien d'une ame Espagnole,
     Et plus grande encore que folle.

---

1. Allusion à l'aventure du comte de Villa-Medina avec
Elisabeth de France, fille de Henri IV, et femme de Philippe IV, roi d'Espagne.

« La force de sa passion le porta à faire preparer une
Comedie en machines, et d'y dépenser vingt mil écus ; et
apres pour pouvoir embrasser la Reyne, en l'enlevant au
feu, il le fit mettre au theatre et brûler presque toute la
maison. » (*Voyage d'Espagne*, par F. d'Aarsens de Som-
merdyck. A Cologne, chez Pierre Marteau, 1666, in-12,
p. 49.)

XVI.

LE TRESOR, ET LES DEUX HOMMES.

Un homme n'ayant plus ny credit, ny resource,
 Et logeant le Diable en sa bourse,
  C'est à dire, n'y logeant rien,
  S'imagina qu'il feroit bien
De se pendre, et finir luy-mesme sa misere ;
Puis qu'aussi bien sans luy la faim le viendroit faire,
  Genre de mort qui ne duit pas
A gens peu curieux de gouster le trépas.
Dans cette intention une vieille mazure
Fut la scene où devoit se passer l'aventure.
Il y porte une corde ; et veut avec un clou
Au haut d'un certain mur attacher le licou.
  La muraille vieille et peu forte,
S'ébranle aux premiers coups, tombe avec un tresor.
Nostre désesperé le ramasse, et l'emporte ;
Laisse-là le licou, s'en retourne avec l'or ;
Sans compter : ronde ou non, la somme plût au sire.
Tandis que le galant à grands pas se retire,
L'homme au tresor arrive et trouve son argent
  Absent.
Quoy, dit-il, sans mourir je perdray cette somme ?
Je ne me pendray pas ? et vraiment si feray,
  Ou de corde je manqueray.
Le lacs estoit tout prest, il n'y manquoit qu'un homme.
Celuy-cy se l'attache, et se pend bien et beau.
  Ce qui le consola peut-estre,
Fut qu'un autre eût pour luy fait les frais du cordeau.
Aussi-bien que l'argent le licou trouva maitre.

L'avare rarement finit ses jours sans pleurs :
Il a le moins de part au tresor qu'il enserre,

Thesaurizant pour les voleurs,
  Pour ses parens, ou pour la terre.
Mais que dire du troc que la fortune fit ?
Ce sont-là de ses traits ; elle s'en divertit.
Plus le tour est bizarre, et plus elle est contente.
   Cette Deesse inconstante
   Se mit alors en l'esprit
   De voir un homme se pendre ;
   Et celuy qui se pendit
   S'y devoit le moins attendre.

XVII.

LE SINGE, ET LE CHAT.

Bertrand avec Raton, l'un Singe, et l'autre
  Chat,
 Commensaux d'un logis, avoient un com-
  mun Maistre.
D'animaux mal-faisans c'estoit un tres-bon plat ;
Ils n'y craignoient tous deux aucun, quel qu'il pust
Trouvoit on quelque chose au logis de gasté ? [estre.
L'on ne s'en prenoit point aux gens du voisinage.
Bertrand déroboit tout ; Raton de son costé
Estoit moins attentif aux souris qu'au fromage.
Un jour au coin du feu nos deux maistres fripons
  Regardoient rostir des marons ;
Les escroquer estoit une tres-bonne affaire :
Nos galands y vòyoient double profit à faire,
Leur bien premierement, et puis le mal d'autruy.
Bertrand dit à Raton : Frere, il faut aujourd'huy
  Que tu fasses un coup de maistre.
Tire-moy ces marons ; Si Dieu m'avoit fait naistre
  Propre à tirer marons du feu,
  Certes marons verroient beau-jeu.

Aussi-tost fait, que dit : Raton avec sa pate
　　　D'une maniere delicate
Ecarte un peu la cendre, et retire les doigts ;
　　　Puis les reporte à plusieurs fois ;
Tire un maron, puis deux, et puis trois en excroque,
　　　Et cependant Bertrand les croque.
Une servante vient : adieu mes gens : Raton
　　　N'estoit pas content, ce dit-on.
Aussi ne le sont pas la pluspart de ces Princes
　　　Qui flatez d'un pareil employ
　　　Vont s'échauder en des Provinces,
　　　Pour le profit de quelque Roy.

XVIII.

LE MILAN ET LE ROSSIGNOL[1].

Apres que le Milan, manifeste voleur,
　　　Eût répandu l'alarme en tout le voisinage,
　　　Et fait crier sur luy les enfans du village,
　　　Un Rossignol tomba dans ses mains, par
　　　　　malheur.
Le heraut du Printemps luy demande la vie.
Aussi bien que manger en qui n'a que le son ?
　　　Ecoûtez plûtost ma chanson ;
Je vous raconteray Terée et son envie.
Qui, Terée ? est-ce un mets propre pour les Milans ?
Non pas, c'étoit un Roy dont les feux violens
Me firent ressentir leur ardeur criminelle :
Je m'en vais vous en dire une chanson si belle
Qu'elle vous ravira : mon chant plaist à chacun.
　　　Le Milan alors luy replique :

---

1. Dans l'édition originale de 1679, les fables de ce livre,
à partir de celle-ci, ne portent plus de numéro.

Vraiment nous voicy bien, lors que je suis à jeun,
    Tu me viens parler de musique.
J'en parle bien aux Rois : Quand un Roy te prendra,
    Tu peux luy conter ces merveilles :
    Pour un Milan, il s'en rira :
    Ventre affamé n'a point d'oreilles.

XIX.

LE BERGER ET SON TROUPEAU.

Quoy toûjours il me manquera
    Quelqu'un de ce peuple imbecille !
    Toûjours le Loup m'en gobera !
    J'auray beau les compter : ils estoient
        plus de mille,
Et m'ont laissé ravir nostre pauvre Robin ;
    Robin mouton qui par la ville
    Me suivoit pour un peu de pain,
Et qui m'auroit suivy jusques au bout du monde.
Helas ! de ma musette il entendoit le son :
Il me sentoit venir de cent pas à la ronde.
    Ah le pauvre Robin mouton !
Quand Guillot eut finy cette oraison funebre,
Et rendu de Robin la memoire celebre,
    Il harangua tout le troupeau,
Les chefs, la multitude, et jusqu'au moindre agneau,
    Les conjurant de tenir ferme :
Cela seul suffiroit pour écarter les Loups :
Foy de peuple d'honneur ils luy promirent tous,
    De ne bouger non plus qu'un terme.
Nous voulons, dirent-ils, étouffer le glouton,
    Qui nous a pris Robin mouton.
    Chacun en répond sur sa teste.
    Guillot les crut et leur fit feste.

Cependant devant qu'il fust nuit,
    Il arriva nouvel encombre.
Un Loup parut, tout le troupeau s'enfuit.
Ce n'estoit pas un Loup, ce n'en estoit que l'ombre.
    Haranguez de méchans soldats,
    Ils promettront de faire rage;
Mais au moindre danger adieu tout leur courage :
Vostre exemple et vos cris ne les retiendront pas.

DISCOURS

A MADAME DE LA SABLIERE [1].

Iris, je vous loüerois, il n'est que trop aisé;
Mais vous avez cent fois nôtre encens refusé ;
En cela peu semblable au reste des mortelles
Qui veulent tous les jours des loüanges nou-
Pas une ne s'endort à ce bruit si flateur.   [velles.
Je ne les blâme point, je souffre cette humeur ;
Elle est commune aux Dieux, aux Monarques, aux
Ce breuvage vanté par le peuple rimeur,   [belles.
Le Nectar que l'on sert au maistre du Tonnerre,
Et dont nous enyvrons tous les Dieux de la terre,
C'est la loüange, Iris; Vous ne la goustez point;
D'autres propos chez vous recompensent ce point ;
    Propos, agreables commerces,
Où le hazard fournit cent matieres diverses :
    Jusque-là qu'en vostre entretien
La bagatelle a part : le monde n'en croit rien.
    Laissons le monde, et sa croyance :
    La bagatelle, la science,
Les chimeres, le rien, tout est bon : Je soûtiens

1. Ce *discours*, dont on a fait la fable I du livre X, se trouve
dans l'édition de 1679 à la fin du livre III (IX).

Qu'il faut de tout aux entretiens :
C'est un parterre, où Flore épand ses biens;
Sur differentes fleurs l'Abeille s'y repose,
Et fait du miel de toute chose.
Ce fondement posé ne trouvez pas mauvais,
Qu'en ces Fables aussi j'entremêle des traits
De certaine Philosophie
Subtile, engageante, et hardie.
On l'appelle nouvelle. En avez-vous ou non
Oüy parler? Ils disent donc
Que la beste est une machine;
Qu'en elle tout se fait sans choix et par ressorts :
Nul sentiment, point d'ame, en elle tout est corps.
Telle est la monstre qui chemine,
A pas toûjours égaux, aveugle et sans dessein.
Ouvrez-la, lisez dans son sein ;
Mainte roüe y tient lieu de tout l'esprit du monde.
La premiere y meut la seconde,
Une troisiéme suit, elle sonne à la fin.
Au dire de ces gens, la beste est toute telle :
L'objet la frape en un endroit;
Ce lieu frapé s'en va tout droit
Selon nous au voisin en porter la nouvelle;
Le sens de proche en proche aussi-tost la reçoit.
L'impression se fait, mais comment se fait-elle?
Selon eux par necessité,
Sans passion, sans volonté :
L'animal se sent agité
De mouvemens que le vulgaire appelle
Tristesse, joye, amour, plaisir, douleur cruelle,
Ou quelque autre de ces estats ;
Mais ce n'est point cela; ne vous y trompez pas.
Qu'est-ce donc ? une monstre; et nous? c'est autre
Voicy de la façon que Descartes l'expose;   [chose.
Descartes ce mortel dont on eust fait un Dieu
Chez les Payens, et qui tient le milieu   [l'homme
Entre l'homme et l'esprit, comme entre l'huistre et
Le tient tel de nos gens, franche beste de somme.

Voicy, dis-je, comment raisonne cet Auteur.
Sur tous les animaux enfans du Createur,
J'ay le don de penser, et je sçais que je pense.
Or vous sçavez Iris de certaine science,
          Que quand la beste penseroit,
          La Beste ne refléchiroit
          Sur l'objet, ny sur sa pensée.
Descartes va plus loin, et soûtient nettement,
          Qu'elle ne pense nullement.
          Vous n'estes point embarassée
De le croire, ny moy. Cependant quand aux bois
          Le bruit des cors, celuy des voix
N'a donné nul relâche à la fuyante proye,
          Qu'en vain elle a mis ses efforts
          A confondre, et broüiller la voye,
L'animal chargé d'ans, vieux Cerf, et de dix cors,
En suppose un plus jeune, et l'oblige par force,
A presenter aux chiens une nouvelle amorce.
Que de raisonnemens pour conserver ses jours !
Le retour sur ses pas, les malices, les tours,
          Et le change, et cent stratagêmes
Dignes des plus grands chefs, dignes d'un meilleur sort !
          On le déchire apres sa mort ;
          Ce sont tous ses honneurs suprêmes.

          Quand la Perdrix
          Voïd ses petits
En danger, et n'ayant qu'une plume nouvelle,
Qui ne peut fuir encor par les airs le trépas ;
Elle fait la blessée, et va traisnant de l'aisle,
Attirant le Chasseur, et le Chien sur ses pas,
Détourne le danger, sauve ainsi sa famille,
Et puis quand le Chasseur croit que son Chien la pille,
Elle luy dit adieu, prend sa volée, et rit
De l'homme, qui confus des yeux en vain la suit.

          Non loin du Nort il est un monde,
          Où l'on sçait que les habitans

Vivent ainsi qu'aux premiers temps
　　　Dans une ignorance profonde :
Je parle des humains ; car quant aux animaux,
　　　Ils y construisent des travaux,
Qui des torrens grossis arrestent le ravage,
Et font communiquer l'un et l'autre rivage.
L'edifice resiste, et dure en son entier;
Apres un lit de bois, est un lit de mortier :
Chaque Castor agit; commune en est la tâche;
Le vieux y fait marcher le jeune sans relâche.
Maint maistre d'œuvre y court, et tient haut le baston.
　　　La republique de Platon
　　　Ne seroit rien que l'apprentie
　　　De cette famille amphibie.
Ils sçavent en hyver élever leurs maisons,
　　　Passent les estangs sur des ponts,
　　　Fruit de leur art, sçavant ouvrage ;
　　　Et nos pareils ont beau le voir ;
　　　Jusqu'à present tout leur sçavoir
　　　Est de passer l'onde à la nage.

Que ces Castors ne soient qu'un corps vuide d'esprit,
Jamais on ne pourra m'obliger à le croire :
Mais voicy beaucoup plus : écoutez ce recit,
　　　Que je tiens d'un Roy plein de gloire.
Le défenseur du Nort vous sera mon garend :
Je vais citer un Prince aimé de la victoire :
Son nom seul est un mur à l'empire Ottoman ;
C'est le Roy Polonois [1], jamais un Roy ne ment.
　　　Il dit donc que sur sa frontiere
Des animaux entr'eux ont guerre de tout temps :
Le sang qui se transmet des peres aux enfans,
　　　En renouvelle la matiere.
Ces animaux, dit-il, sont germains du Renard.

1. Sobieski, vainqueur des Turcs à Choczim, en 1673.
La Fontaine avait eu occasion de le voir chez Mᵐᵉ de La
Sablière.

Jamais la guerre avec tant d'art
Ne s'est faite parmy les hommes,
Non pas mesme au siecle où nous sommes.
Corps de garde avancé, vedettes, espions,
Embuscades, partis, et mille inventions
D'une pernicieuse, et maudite science,
Fille du Stix, et mere des heros,
Exercent de ces animaux
Le bon sens, et l'experience.
Pour chanter leurs combats, l'Acheron nous devroit
Rendre Homere. Ah s'il le rendoit
Et qu'il rendît aussi le rival d'Epicure ¹
Que diroit ce dernier sur ces exemples-cy?
Ce que j'ay déja dit, qu'aux bestes la nature
Peut par les seuls ressorts operer tout cecy;
Que la memoire est corporelle,
Et que pour en venir aux exemples divers,
Que j'ay mis en jour dans ces vers,
L'animal n'a besoin que d'elle.
L'objet lors qu'il revient, va dans son magazin
Chercher par le mesme chemin
L'image auparavant tracée,
Qui sur les mesmes pas revient pareillement,
Sans le secours de la pensée,
Causer un mesme évenement.
Nous agissons tout autrement.
La volonté nous détermine,
Non l'objet, ny l'instinct. Je parle, je chemine;
Je sens en moy certain agent;
Tout obeït dans ma machine
A ce principe intelligent.
Il est distinct du corps, se conçoit nettement,
Se conçoit mieux que le corps mesme:
De tous nos mouvemens c'est l'arbitre suprême.
Mais comment le corps l'entend-il?
C'est là le point: je vois l'outil

1. Descartes.

Obeïr à la main : mais la main qui la guide?
Eh.! qui guide les Cieux, et leur course rapide?
Quelque Ange est attaché peut-estre à ces grands corps.
Un esprit vit en nous, et meut tous nos ressorts :
L'impression se fait ; Le moyen, je l'ignore.
On ne l'apprend qu'au sein de la Divinité ;
Et s'il faut en parler avec sincerité,
      Descartes l'ignoroit encore.
Nous et lui là-dessus nous sommes tous égaux.
Ce que je sçais Iris, c'est qu'en ces animaux
      Dont je viens de citer l'exemple,
Cet esprit n'agit pas, l'homme seul est son temple.
Aussi faut-il donner à l'animal un poinct,
      Que la plante apres tout n'a point.
      Cependant la plante respire :
Mais que répondra-t-on à ce que je vais dire?

LES DEUX RATS, LE RENARD
ET L'ŒUF.

Deux Rats cherchoient leur vie, ils trouverent
      un Œuf.
Le disné suffisoit à gens de cette espece ;
Il n'estoit pas besoin qu'ils trouvassent un
      Bœuf.
    Pleins d'appetit, et d'allegresse,
Ils alloient de leur œuf manger chacun sa part,
Quand un Quidam parut. C'estoit maistre Renard ;
    Rencontre incommode et fascheuse.
Car comment sauver l'œuf? Le bien empaqueter,
Puis des pieds de devant ensemble le porter,
     Ou le rouler, ou le traisner,
C'estoit chose impossible autant que hazardeuse.
     Necessité l'ingenieuse
     Leur fournit une invention.
Comme ils pouvoient gagner leur habitation,

L'écornifleur estant à demy quart de lieuë ;
L'un se mit sur le dos, prit l'œuf entre ses bras,
Puis malgré quelques heurts, et quelques mauvais pas,
     L'autre le traisna par la queuë.
Qu'on m'aille soûtenir apres un tel recit,
     Que les bestes n'ont point d'esprit.
     Pour moy, si j'en estois le maistre,
Je leur en donnerois aussi bien qu'aux enfans.
Ceux-cy pensent-ils pas dés leurs plus jeunes ans ?
Quelqu'un peut donc penser ne se pouvant connoistre.
     Par un exemple tout égal,
     J'attribuërois à l'animal,
Non point une raison selon nostre maniere :
Mais beaucoup plus aussi qu'un aveugle ressort :
Je subtiliserois un morceau de matiere,
Que l'on ne pourroit plus concevoir sans effort,
Quintessence d'atome, extrait de la lumiere,
Je ne sçais quoy plus vif, et plus mobile encor
Que le feu ; car enfin, si le bois fait la flâme,
La flame en s'épurant peut-elle pas de l'ame
Nous donner quelque idée, et sort-il pas de l'or
Des entrailles du plomb ? Je rendrois mon ouvrage
Capable de sentir, juger, rien davantage,
     Et juger imparfaitement,
Sans qu'un Singe jamais fist le moindre argument.
     A l'égard de nous autres hommes,
Je ferois nostre lot infiniment plus fort :
     Nous aurions un double tresor ;
L'un cette ame pareille en tout-tant que nous sommes,
     Sages, fous, enfans, idiots,
Hostes de l'univers sous le nom d'animaux ;
L'autre encore une autre ame, entre nous et les Anges
     Commune en un certain degré ;
     Et ce tresor à part creé
Suivroit parmy les airs les celestes phalanges,
Entreroit dans un poinct sans en être pressé,
Ne finiroit jamais quoy qu'ayant commencé,
     Choses réelles quoy qu'estranges.

Tant que l'enfance dureroit,
Cette fille du Ciel en nous ne paroistroit
Qu'une tendre et foible lumiere ;
L'organe estant plus fort, la raison perceroit
Les tenebres de la matiere,
Qui toûjours enveloperoit
L'autre ame imparfaite et grossiere.

LIVRE QUATRIÉME (X).

FABLE I.

L'HOMME ET LA COULEUVRE.

Un homme vid une Couleuvre.
    Ah ! méchante, dit-il, je m'en vais faire une
    Agreable à tout l'univers.   [œuvre
    A ces mots l'animal pervers
    (C'est le serpent que je veux dire,
Et non l'homme, on pourroit aisément s'y tromper.)
A ces mots le serpent se laissant attraper
Est pris, mis en un sac, et ce qui fut le pire,
On resolut sa mort, fust-il coupable ou non.
Afin de le payer toutefois de raison,
    L'autre luy fit cette harangue.
Symbole des ingrats, estre bon aux méchans
C'est estre sot, meurs donc : ta colere et tes dents
Ne me nuiront jamais. Le Serpent en sa langue
Reprit du mieux qu'il put : S'il faloit condamner
    Tous les ingrats qui sont au monde,
    A qui pourroit-on pardonner ?
Toy-mesme tu te fais ton procés. Je me fonde
Sur tes propres leçons ; jette les yeux sur toy.

Mes jours sont en tes mains, tranche les : ta justice
C'est ton utilité, ton plaisir, ton caprice ;
  Selon ces loix condamne-moy :
  Mais trouve-bon qu'avec franchise
  En mourant au moins je te dise,
  Que le symbole des ingrats
Ce n'est point le serpent, c'est l'homme. Ces paroles
Firent arrester l'autre ; il recula d'un pas.
Enfin il repartit. Tes raisons sont frivoles :
Je pourrois décider ; car ce droit m'appartient :
Mais rapportons nous en. Soit fait, dit le reptile.
Une vache estoit là, l'on l'appelle, elle vient,
Le cas est proposé, c'estoit chose facile.
Faloit-il pour cela, dit-elle, m'appeller ?
La Couleuvre a raison, pourquoy dissimuler ?
Je nourris celuy-cy depuis longues années ;
Il n'a sans mes bienfaits passé nulles journées ;
Tout n'est que pour luy seul ; mon lait et mes enfans
Le font à la maison revenir les mains pleines ;
Mesme j'ay rétably sa santé que les ans
  Avoient alterée, et mes peines
Ont pour but son plaisir ainsi que son besoin.
Enfin me voila vieille ; il me laisse en un coin
Sans herbe ; s'il vouloit encor me laisser paistre !
Mais je suis attachée, et si j'eusse eu pour maistre
Un serpent, eust-il sceu jamais pousser si loin
L'ingratitude ? Adieu. J'ay dit ce que je pense.
L'homme tout étonné d'une telle sentence
Dit au serpent : Faut-il croire ce qu'elle dit ?
C'est une radoteuse, elle a perdu l'esprit.
Croyons ce Bœuf. Croyons, dit la rempante beste.
Ainsi dit, ainsi fait. Le Bœuf vient à pas lents.
Quand il eut ruminé tout le cas en sa teste,
  Il dit que du labeur des ans
Pour nous seuls il portoit les soins les plus pesans,
Parcourant sans cesser ce long cercle de peines
Qui revenant sur soy ramenoit dans nos plaines
Ce que Cerés nous donne, et vend aux animaux.

Que cette suite de travaux
Pour récompense avoit de tous tant que nous sommes,
Force coups, peu de gré; puis quand il estoit vieux,
On croyoit l'honorer chaque fois que les hommes
Achetoient de son sang l'indulgence des Dieux.
Ainsi parla le Bœuf. L'homme dit : Faisons taire
  Cet ennuyeux déclamateur.
Il cherche de grands mots, et vient icy se faire,
  Au lieu d'arbitre, accusateur.
Je le recuse aussi. L'arbre estant pris pour juge,
Ce fut bien pis encor. Il servoit de refuge
Contre le chaud, la pluye, et la fureur des vents :
Pour nous seuls il ornoit les jardins et les champs.
L'ombrage n'estoit pas le seul bien qu'il sceust faire;
Il courboit sous les fruits ; cependant pour salaire
Un rustre l'abattoit, c'estoit là son loyer ;
Quoy que pendant tout l'an liberal il nous donne
Ou des fleurs au Printemps, ou du fruit en Automne ;
L'ombre, l'Esté ; l'Hyver, les plaisirs du foyer.
Que ne l'émondoit-on sans prendre la cognée?
De son temperament il eust encor vécu.
L'homme trouvant mauvais que l'on l'eust convaincu,
Voulut à toute force avoir cause gagnée.
Je suis bien bon, dit-il, d'écouter ces gens-là.
Du sac et du serpent aussi-tost il donna
  Contre les murs, tant qu'il tua la beste.
  On en use ainsi chez les grands.
La raison les offense : ils se mettent en testé
Que tout est né pour eux, quadrupedes, et gens,
  Et serpens.
  Si quelqu'un desserre les dents,
C'est un sot. J'en conviens. Mais que faut-il donc faire?
  Parler de loin ; ou bien se taire.

II.

LA TORTUE ET LES DEUX CANARDS.

Une Tortuë estoit, à la teste legere,
　　Qui lasse de son trou voulut voir le pays.
　　Volontiers on fait cas d'une terre étrangere :
　　Volontiers gens boiteux haïssent le logis.
　　Deux Canards à qui la Commere
　　Communiqua ce beau dessein,
Luy dirent qu'ils avoient dequoy la satisfaire :
　　Voyez-vous ce large chemin ?
Nous vous voiturerons par l'air en Amerique.
　　Vous verrez mainte Republique,
Maint Royaume, maint peuple ; et vous profiterez
Des differentes mœurs que vous remarquerez.
Ulysse en fit autant. On ne s'attendoit guere
　　De voir Ulysse en cette affaire.
La Tortuë écouta la proposition.
Marché fait, les oiseaux forgent une machine
　　Pour transporter la pelerine.
Dans la gueule en travers on lui passe un baston.
Serrez-bien, dirent-ils ; gardez de lascher prise :
Puis chaque Canard prend ce baston par un bout.
La Tortuë enlevée on s'étonne par tout
　　De voir aller en cette guise
　　L'animal lent et sa maison,
Justement au milieu de l'un et l'autre Oison.
Miracle, crioit-on ; Venez voir dans les nuës
　　Passer la Reine des Tortuës.
La Reine : Vrayment ouy ; Je la suis en effet ;
Ne vous en moquez point. Elle eût beaucoup mieux fait
De passer son chemin sans dire aucune chose ;
Car laschant le baston en desserrant les dents,

Elle tombe, elle creve aux pieds des regardans.
Son indiscretion de sa perte fut cause.
Imprudence, babil, et sotte vanité,
    Et vaine curiosité
    Ont ensemble estroit parentage ;
    Ce sont enfans tous d'un lignage.

III.

LES POISSONS ET LE CORMORAN.

Il n'estoit point d'étang dans tout le voisinage
    Qu'un Cormoran n'eust mis à contribution.
    Viviers et reservoirs luy payoient pension :
    Sa cuisine alloit bien ; mais lors que le long
    Eut glacé le pauvre animal,   [âge
    La mesme cuisine alla mal.
Tout Cormoran se sert de pourvoyeur luy-mesme.
Le nostre un peu trop vieux pour voir au fond des eaus,
    N'ayant ny filets ny rezeaus,
    Souffroit une disette extreme.
Que fit-il ? le besoin, docteur en stratagême,
Luy fournit celuy-cy. Sur le bord d'un Estang
    Cormoran vid une Ecrevisse.
Ma commere, dit-il, allez tout à l'instant
    Porter un avis important
    A ce peuple ; Il faut qu'il perisse :
Le maistre de ce lieu dans huit jours peschera :
    L'Ecrevisse en haste s'en va
    Conter le cas : grande est l'émute.
    On court, on s'assemble, on depute
    A l'oiseau. Seigneur Cormoran,
D'où vous vient cet avis ? quel est vostre garand ?
    Estes-vous seur de cette affaire ?
N'y sçavez-vous remede ? et qu'est-il bon de faire ?

Changer de lieu, dit-il. Comment le ferons-nous ?
N'en soyez point en soin : je vous porteray tous
       L'un apres l'autre en ma retraite.
Nul que Dieu seul et moy n'en connoist les chemins,
       Il n'est demeure plus secrete.
Un Vivier que nature y creusa de ses mains,
       Inconnu des traîtres humains,
       Sauvera vostre republique.
       On le crut. Le peuple aquatique
       L'un apres l'autre fut porté
       Sous ce rocher peu frequenté.
       Là Cormoran le bon apostre
       Les ayant mis en un endroit
       Transparent, peu creux, fort étroit,
Vous les prenoit sans peine, un jour l'un, un jour l'autre.
       Il leur apprit à leurs dépens,
Que l'on ne doit jamais avoir de confiance
       En ceux qui sont mangeurs de gens.
Ils y perdirent peu ; puis que l'humaine engeance
En auroit aussi bien croqué sa bonne part ;
Qu'importe qui vous mange ? homme ou Loup ; toute
       Me paroist une à cet égard :   [panse
       Un jour plustost, un jour plus tard,
       Ce n'est pas grande difference.

IV.

L'ENFOUISSEUR ET SON COMPERE.

Un Pinsemaille avoit tant amassé,
     Qu'il ne sçavoit où loger sa finance,
     L'avarice compagne et sœur de l'ignorance,
       Le rendoit fort embarassé
       Dans le choix d'un dépositaire ;
Car il en vouloit un : Et voicy sa raison.
L'objet tente ; il faudra que ce monceau s'altere,
       Si je le laisse à la maison :

Moy-mesme de mon bien je seray le larron.
Le larron, quoy joüir, c'est se voler soy-mesme !
Mon amy, j'ai pitié de ton erreur extrême ;
    Appren de moy cette leçon :
Le bien n'est bien qu'en tant que l'on s'en peut défaire.
Sans cela c'est un mal. Veux-tu le reserver
Pour un âge et des temps qui n'en ont plus que faire !
La peine d'acquerir, le soin de conserver,
Ostent le prix à l'or qu'on croit si necessaire.
    Pour se décharger d'un tel soin
Nostre homme eust pû trouver des gens surs au besoin ;
Il aima mieux la terre, et prenant son compere,
Celuy-cy l'aide ; Ils vont enfoüir le tresor.
Au bout de quelque-temps l'homme va voir son or.
    Il ne retrouva que le giste.
Soupçonnant à bon droit le compere, il va viste
Luy dire, Apprestez-vous ; car il me reste encor
Quelques deniers ; je veux les joindre à l'autre masse.
Le compere aussi-tost va remettre en sa place
    L'argent volé, prétendant bien
Tout reprendre à la fois sans qu'il manquast rien.
    Mais pour ce coup l'autre fut sage :
Il retint tout chez luy, résolu de joüir,
    Plus n'entasser, plus n'enfoüir.
Et le pauvre voleur ne trouvant plus son gage,
    Pensa tomber de sa hauteur.
Il n'est pas mal-aisé de tromper un trompeur.

V.

LE LOUP ET LES BERGERS.

Un Loup remply d'humanité,
  (S'il en est de tels dans le monde)
Fit un jour sur sa cruauté,   [sité,
  Quoy qu'il ne l'exerçast que par neces-
Une reflexion profonde.

Je suis hay, dit-il, et de qui ? de chacun.
    Le loup est l'ennemy commun :
Chiens, Chasseurs, Villageois s'assemblent pour sa
Jupiter est là-haut étourdi de leurs cris :   [perte:
C'est par là que de Loups l'Angleterre est deserte :
    On y mit nostre teste à prix.
    Il n'est hobereau qui ne fasse
    Contre nous tels bans publier :
    Il n'est marmot osant crier
Que du Loup aussi-tost sa mere ne menace[1].
    Le tout pour un Asne rogneux,
Pour un Mouton pourry, pour quelque Chien hargneux
    Dont j'auray passé mon envie.
Et bien ne mangeons plus de chose ayant eu vie :
Paissons l'herbe, broutons, mourons de faim plutost :
    Est-ce une chose si cruelle?
Vaut-il mieux s'attirer la haine universelle?
Disant ces mots il vid des Bergers pour leur rost
    Mangeans un agneau cuit en broche.
    Oh, oh, dit-il, je me reproche
Le sang de cette gent ; Voila ses gardiens
    S'en repaissans eux et leurs chiens ;
    Et moy Loup j'en feray scrupule?
Non, par tous les Dieux, non ; je serois ridicule.
    Thibaut l'agnelet passera,
    Sans qu'à la broche je le mette ;
Et non seulement luy, mais la mere qu'il tette,
    Et le pere qui l'engendra.
Ce Loup avoit raison ; Est-il dit qu'on nous voye
    Faire festin de toute proye,
Manger les animaux, et nous les reduirons
Aux mets de l'âge d'or autant que nous pourrons?
    Ils n'auront ny croc ny marmite?
    Bergers, bergers, le loup n'a tort
    Que quand il n'est pas le plus fort :
    Voulez-vous qu'il vive en hermite?

1. Voyez ci-dessus, pages 131 et 132.

VI.

L'ARAIGNÉE ET L'HIRONDELLE.

O Jupiter, qui sceus de ton cerveau,
Par un secret d'acouchement nouveau,
Tirer Pallas, jadis mon ennemie,
Entends ma plainte une fois en ta vie.
Progné me vient enlever les morceaus :
Caracolant, frisant l'air et les eaus,
Elle me prend mes mouches à ma porte :
Miennes je puis les dire; et mon rezeau
En seroit plein sans ce maudit oyseau;
Je l'ay tissu de matiere assez forte.
  Ainsi d'un discours insolent,
Se plaignoit l'Araignée autrefois tapissiere,
  Et qui lors estant filandiere,
Pretendoit enlacer tout insecte volant.
La sœur de Philomele, attentive à sa proye,
Malgré le bestion happoit mouches dans l'air,
Pour ses petits, pour elle, impitoyable joye,
Que ses enfans gloutons, d'un bec toûjours ouvert,
D'un ton demy formé, bégayante couvée,
Demandoient par des cris encor mal entendus.
  La pauvre Aragne n'ayant plus
Que la teste et les pieds, artisans superflus,
  Se vid elle-mesme enlevée.
L'Hirondelle en passant emporta toile, et tout,
  Et l'animal pendant au bout.
Jupin pour chaque état mit deux tables au monde,
L'adroit, le vigilant, et le fort sont assis
  A la premiere : et les petits
  Mangent leur reste à la seconde.

VII.

LA PERDRIX ET LES COCS.

Parmy de certains Cocs incivils, peu galans,
    Toûjours en noise et turbulens,
        Une Perdrix estoit nourrie.
        Son sexe et l'hospitalité,
De la part de ces Cocs peuple à l'amour porté
Luy faisoient esperer beaucoup d'honnesteté :
Ils feroient les honneurs de la mesnagerie.
Ce peuple cependant fort souvent en furie,
Pour la Dame étrangere ayant peu de respec,
Luy donnoit fort souvent d'horribles coups de bec.
        D'abord elle en fut affligée;
Mais si-tost qu'elle eut vû cette troupe enragée
S'entrebattre elle-mesme, et se percer les flancs,
Elle se consola. Ce sont leurs mœurs, dit-elle,
Ne les accusons point; plaignons plûtost ces gens.
        Jupiter sur un seul modele
        N'a pas formé tous les esprits :
Il est des naturels de Cocs et de Perdrix.
S'il dépendoit de moy, je passerois ma vie
        En plus honneste compagnie.
Le maistre de ces lieux en ordonne autrement.
        Il nous prend avec des tonnelles,
Nous loge avec des Cocs, et nous coupe les aisles :
C'est de l'homme qu'il faut se plaindre seulement.

VIII.

LE CHIEN A QUI ON A COUPÉ LES OREILLES.

Qu'ay-je fait pour me voir ainsi
Mutilé par mon propre maistre ?
Le bel estat où me voicy ! [parêtre?
Devant les autres Chiens oseray-je

O Rois des animaux, ou plûtost leurs tyrans,
        Qui vous feroit choses pareilles?
Ainsi crioit Mouflar jeune dogue; et les gens
Peu touchez de ses cris douloureux et perçans,
Venoient de luy couper sans pitié les oreilles.
Mouflar y croyoit perdre : il vit avec le tems
Qu'il y gagnoit beaucoup ; car estant de nature
A piller ses pareils, mainte mesaventure
        L'auroit fait retourner chez luy
Avec cette partie en cent lieux alterée;
Chien hargneux a toûjours l'oreille déchirée.   [truy
Le moins qu'on peut laisser de prise aux dents d'au-
C'est le mieux. Quand on n'a qu'un endroit à défendre,
        On le munit de peur d'esclandre :
Témoin maistre Mouflar armé d'un gorgerin ;
Du reste ayant d'oreille autant que sur ma main,
        Un Loup n'eust sceu par où le prendre.

IX.

LE BERGER ET LE ROY.

Deux demons à leur gré partagent nostre vie,
Et de son patrimoine ont chassé la raison.
Je ne vois point de cœur qui ne leur sacrifie.
Si vous me demandez leur état et leur nom,
J'appelle l'un, Amour ; et l'autre, Ambition.
Cette derniere étend le plus loin son empire;
        Car mesme elle entre dans l'amour.
Je le ferois bien voir : mais mon but est de dire
Comme un Roy fit venir un Berger à sa Cour.
Le conte est du bon temps, non du siecle où nous
    sommes.
Ce Roy vid un troupeau qui couvroit tous les champs,
Bien broutant, en bon corps, rapportant tous les ans,

Grace aux soins du Berger, de trés-notables sommes.
Le Berger plut au Roy par ces soins diligens.
Tu merites, dit-il, d'estre Pasteur de gens;
Laisse-là tes moutons, vien conduire des hommes.
     Je te fais Juge Souverain.
Voilà nostre Berger la balance à la main.   [mite,
Quoy qu'il n'eust gueres veu d'autres gens qu'un Her-
Son troupeau, ses mâtins, le loup, et puis c'est tout,
Il avoit du bon sens; le reste vient ensuite.
     Bref il en vint fort bien à-bout.
L'Hermite son voisin accourut pour luy dire,
Veillay-je, et n'est-ce point un songe que je vois?
Vous favory! vous grand! défiez-vous des Rois :
Leur faveur est glissante, on s'y trompe; et le pire,
C'est qu'il en coûte cher; de pareilles erreurs
Ne produisent jamais que d'illustres malheurs.
Vous ne connoissez pas l'attrait qui vous engage.
Je vous parle en amy. Craignez tout. L'autre rit,
     Et nostre Hermite poursuivit :
Voyez combien déja la Cour vous rend peu sage.
Je crois voir cet aveugle, à qui dans un voyage
     Un serpent engourdy de froid
Vint s'offrir sous la main; il le prit pour un foüet.
Le sien s'estoit perdu tombant de sa ceinture.
Il rendoit grace au Ciel de l'heureuse avanture,
Quant un passant cria : Que tenez-vous? ô Dieux!
Jettez cet animal traistre et pernicieux,   [dis-je :
Ce serpent. C'est un foüet. C'est un serpent, vous
A me tant tourmenter quel interest m'oblige?
Pretendez-vous garder ce tresor? Pourquoy non?
Mon foüet estoit usé; j'en retrouve un fort bon;
     Vous n'en parlez que par envie.
     L'aveugle enfin ne le crut pas,
     Il en perdit bien-tost la vie :
L'animal dégourdy piqua son homme au bras.
     Quant à vous, j'ose vous prédire
Qu'il vous arrivera quelque chose de pire.
Eh, que me sçauroit-il arriver que la mort?

Mille dégousts viendront, dit le Prophete Hermite.
Il en vint en effet; l'Hermite n'eut pas tort.
Mainte peste de Cour fit tant par main ressort,
Que la candeur du Juge, ainsi que son merite,
Furent suspects au Prince. On cabale, on suscite
Accusateurs et gens grevez par ses arrests.
De nos biens, dirent-ils, il s'est fait un Palais.
Le Prince voulut voir ces richesses immenses,
Il ne trouva par tout que mediocrité,
Loüanges du desert et de la pauvreté;
     C'estoient-là ses magnificences.
Son fait, dit-on, consiste en des pierres de prix.
Un grand coffre en est plein, fermé de dix serrures.
Luy-mesme ouvrit ce coffre, et rendit bien surpris
     Tous les machineurs d'impostures.
Le coffre estant ouvert, on y vid des lambeaux,
     L'habit d'un gardeur de troupeaux;
Petit chapeau, jupon, panetiere, houlette,
     Et je pense aussi sa musette.
Doux tresors, ce dit-il, chers gages qui jamais
N'attirastes sur vous l'envie et le mensonge,
Je vous reprens : sortons de ces riches Palais
     Comme l'on sortiroit d'un songe.
Sire, pardonnez-moy cette exclamation.
J'avois préveu ma cheute en montant sur le faiste.
Je m'y suis trop complu; mais qui n'a dans la teste
     Un petit grain d'ambition?

X.

LES POISSONS ET LE BERGER QUI JOUE DE LA FLUTE.

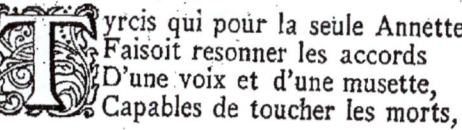

Tyrcis qui pour la seule Annette
Faisoit resonner les accords
D'une voix et d'une musette,
Capables de toucher les morts,

Chantoit un jour le long des bords
D'une onde arrosant des prairies,
Dont Zephire habitoit les campagnes fleuries.
Annette cependant à la ligne peschoit;
        Mais nul poisson ne s'approchoit.
        La Bergere perdoit ses peines.
        Le Berger qui par ses chansons
        Eust attiré des inhumaines,
    Crut, et crut mal, attirer des poissons.
Il leur chanta cecy. Citoyens de cette onde,
Laissez vostre Nayade en sa grote profonde.
Venez voir un objet mille fois plus charmant.
Ne craignez point d'entrer aux prisons de la Belle :
        Ce n'est qu'à nous qu'elle est cruelle :
        Vous serez traitez doucement,
        On n'en veut point à vostre vie :
Un vivier vous attend plus clair que fin cristal.
Et quand à quelques-uns l'appast seroit fatal,
Mourir des mains d'Annette est un sort que j'envie.
Ce discours éloquent ne fit pas grand effet :
L'auditoire estoit sourd aussi bien que muet.
Tyrcis eut beau prescher : ses paroles miellées
        S'en estant aux vents envolées,
Il tendit un long rets. Voila les poissons pris,
Voila les poissons mis aux pieds de la Bergere.
O vous Pasteurs d'humains et non pas de brebis :
Rois qui croyez gagner par raisons les esprits
        D'une multitude étrangere,
Ce n'est jamais par-là que l'on en vient à bout :
        Il y faut une autre maniere;
Servez-vous de vos rets, la puissance fait tout.

XI.

LES DEUX PERROQUETS, LE ROY
ET SON FILS.

Deux perroquets, l'un pere et l'autre fils,
Du rost d'un Roy faisoient leur ordi-
[naire.
Deux demi-dieux, l'un fils et l'autre
De ces oyseaux faisoient leurs favoris.   [pere,
L'âge lioit une amitié sincere
Entre ces gens : les deux peres s'aimoient ;
Les deux enfans, malgré leur cœur frivole,
L'un avec l'autre aussi s'accoûtumoient,
Nourris ensemble, et compagnons d'école.
C'estoit beaucoup d'honneur au jeune Perroquet ;
Car l'enfant estoit Prince et son pere Monarque.
Par le temperament que luy donna la parque,
Il aimoit les oyseaux. Un Moineau fort coquet,
Et le plus amoureux de toute la Province,
Faisoit aussi sa part des delices du Prince.
Ces deux rivaux un jour ensemble se joüans,
        Comme il arrive aux jeunes gens,
        Le jeu devint une querelle.
        Le Passereau peu circonspec,
        S'attira de tels coups de bec,
        Que demy mort et traisnant l'aisle,
        On crut qu'il n'en pourroit guerir.
        Le Prince indigné fit mourir
Son Perroquet. Le bruit en vint au pere.
L'infortuné vieillard crie et se desespere.
        Le tout en vain ; ses cris sont superflus :
        L'oiseau parleur est déja dans la barque :

La Fontaine. — I.   20

Pour dire mieux, l'oiseau ne parlant plus
    Fait qu'en fureur sur le fils du Monarque
Son pere s'en va fondre, et luy creve les yeux.
Il se sauve aussi-tost, et choisit pour azile
   Le haut d'un Pin. Là dans le sein des Dieux
Il gouste sa vengeance en lieu seur et tranquille.
Le Roy luy-mesme y court, et dit pour l'attirer :
Amy, reviens chez moy : que nous sert de pleurer ?
Haine, vengeance et deüil, laissons tout-à la porte.
    Je suis contraint de déclarer,
    Encor que ma douleur soit forte,
Que le tort vient de nous : mon fils fut l'agresseur :
Mon fils ! non ; C'est le sort qui du coup est l'autheur.
La Parque avoit écrit de tout temps en son livre
Que l'un de nos enfans devoit cesser de vivre,
    L'autre de voir, par ce malheur.
Consolons-nous tous deux, et reviens dans ta cage.
    Le Perroquet dit : Sire Roy,
    Crois-tu qu'aprés un tel outrage
    Je me doive fier à toy?
Tu m'allegues le sort ; prétens-tu par ta foy
Me leurrer de l'appast d'un profane langage?
Mais que la providence ou bien que le destin
    Regle les affaires du monde,
Il est écrit là-haut qu'au faiste de ce pin
    Ou dans quelque Forest profonde
J'acheveray mes jours loin du fatal objet
    Qui doit t'estre un juste sujet
De haine et de fureur. Je sçay que la vengeance
Est un morceau de Roy, car vous vivez en Dieux.
    Tu veux oublier cette offense :
Je le crois : cependant, il me faut pour le mieux
    Eviter ta main et tes yeux.
Sire Roy mon amy, va-t'en, tu perds ta peine,
    Ne me parle point de retour :
L'absence est aussi bien un remede à la haine
    Qu'un appareil contre l'amour.

XII.

LA LIONNE ET L'OURSE.

Mere Lionne avoit perdu son fan.
Un Chasseur l'avoit pris. La pauvre infor-
   Poussoit un tel rugissement [tunée
 Que toute la Forest estoit importunée.
 La nuit ny son obscurité,
 Son silence et ses autres charmes,
De la Reine des bois n'arrestoit les vacarmes.
Nul animal n'estoit du sommeil visité.
  L'Ourse enfin luy dit : Ma commere,
  Un mot sans plus ; tous les enfans
  Qui sont passez entre vos dents,
  N'avoient-ils ny pere ny mere?
  Ils en avoient. S'il est ainsi,
Et qu'aucun de leur mort n'ait nos testes rompuës,
  Si tant de meres se sont teuës,
  Que ne vous taisez-vous aussi?
  Moy me taire? moy malheureuse!
Ah j'ay perdu mon fils! il me faudra traisner
  Une vieillesse douloureuse.
Dites-moy, qui vous force à vous y condamner?
Helas! c'est le destin qui me hait. Ces paroles
Ont esté de tout temps en la bouche de tous.
Miserables humains, cecy s'adresse à vous :
Je n'entens resonner que des plaintes frivoles.
Quiconque en pareil cas se croit haï des Cieux,
Qu'il considere Hecube, il rendra grace aux Dieux.

XIII.

LES DEUX AVANTURIÈRS
ET LE TALISMAN.

Aucun chemin de fleurs ne conduit à la gloire.
    Je n'en veux pour témoin qu'Hercule et ses
        travaux.
        Ce Dieu n'a guere de rivaux :
J'en vois peu dans la Fable, encor moins dans l'His-
En voicy pourtant un que de vieux Talismans [toire.
Firent chercher fortune au pays des Romans.
        Il voyageoit de compagnie.
Son camarade et luy trouverent un poteau,
        Ayant au haut cet écriteau,
Seigneur Avanturier, s'il te prend quelque envie
De voir ce que n'a veu nul Chevalier errant,
        Tu n'as qu'à passer ce torrent,
Puis prenant dans tes bras un Elephant de pierre,
        Que tu verras couché par terre,
Le porter d'une haleine au sommet de ce mont
Qui menace les Cieux de son superbe front.
L'un des deux Chevaliers seigna du nez. Si l'onde
        Est rapide autant que profonde,
Dit-il, et supposé qu'on la puisse passer,
Pourquoy de l'Elephant s'aller embarrasser?
        Quelle ridicule entreprise !
Le sage l'aura fait par tel art et de guise,
Qu'on le pourra porter peut-estre quatre pas :
Mais jusqu'au haut du mont, d'une haleine? il n'est pas
Au pouvoir d'un mortel, à moins que la figure
Ne soit d'un Elephant nain, pigmée, avorton,
        Propre à mettre au bout d'un baston :

Auquel cas, où l'honneur d'une telle avanture?
On nous veut attraper dedans cette écriture :
Ce sera quelque enigme à tromper un enfant.
C'est pourquoy je vous laisse avec votre Elephant.
Le raisonneur party, l'avantureux se lance,
     Les yeux clos à travers cette eau.
     Ny profondeur ny violence
Ne pûrent l'arrester, et selon l'écriteau
Il vid son Elephant couché sur l'autre rive.
Il le prend, il l'emporte, au haut du mont arrive,
Rencontre une esplanade, et puis une cité.
Un cry par l'Elephant est aussi-tost jetté.
     Le peuple aussi-tost sort en armes.
Tout autre Avanturier au bruit de ces alarmes
Auroit fuy. Celui-cy loin de tourner le dos
Veut vendre au moins sa vie, et mourir en Heros.
Il fut tout étonné d'oüir cette cohorte
Le proclamer Monarque au lieu de son Roy mort.
Il ne se fit prier que de la bonne sorte,
Encor que le fardeau fust, dit-il, un peu fort.
Sixte en disoit autant quand on le fit saint Pere.
     (Seroit-ce bien une misere
     Que d'estre Pape ou d'estre Roy?)
On reconnut bien-tost son peu de bonne foy.
Fortune aveugle suit aveugle hardiesse.
Le sage quelquefois fait bien d'executer,
Avant que de donner le temps à la sagesse
D'envisager le fait, et sans la consulter.

DISCOURS

A MONSIEUR LE DUC DE LA ROCHEFOUCAULT[1].

XIV.

Je me suis souvent dit, voyant de quelle sorte
L'homme agit, et qu'il se comporte
En mille occasions comme les animaux :
Le Roy de ces gens-là n'a pas moins de de-
Que ses sujets, et la nature   [faux
A mis dans chaque creature
Quelque grain d'une masse où puisent les esprits :
J'entens les esprits corps, et paitris de matiere.
    Je vais prouver ce que je dis.
A l'heure de l'affust, soit lors que la lumiere
Précipite ses traits dans l'humide sejour ;
Soit lors que le Soleil rentre dans sa carriere,
Et que n'estant plus nuit, il n'est pas encor jour,
Au bord de quelque bois sur un arbre je grimpe;
Et nouveau Jupiter du haut de cet olympe,
    Je foudroye à discretion
    Un lapin qui n'y pensoit guere.
Je vois fuir aussi-tost toute la nation
    Des lapins qui sur la Bruyere,
    L'œil éveillé, l'oreille au guet,
S'égayoient et de thim parfumoient leur banquet.
    Le bruit du coup fait que la bande
    S'en va chercher sa seureté
    Dans la soûterraine cité :
Mais le danger s'oublie, et cette peur si grande

---

1. On a généralement ajouté à ce titre, le seul que donne l'édition originale, le suivant : *Les Lapins.*

S'évanoüit bien-tost. Je revois les lapins
Plus gais qu'auparavant revenir sous mes mains.
Ne reconnoist-on pas en cela les humains?
  Dispersez par quelque orage
  A peine ils touchent le port,
  Qu'ils vont hazarder encor
  Mesme vent, mesme naufrage.
  Vrais lapins on les revoit
  Sous les mains de la fortune.
Joignons à cet exemple une chose commune.
Quand des chiens étrangers passent par quelque endroit
  Qui n'est pas de leur détroit,
  Je laisse à penser quelle feste.
  Les chiens du lieu n'ayans en teste
Qu'un interest de gueule, à cris, à coups de dents
  Vous accompagnent ces passans
  Jusqu'aux confins du territoire.
Un interest de biens, de grandeur, et de gloire,
Aux Gouverneurs d'Estats, à certains courtisans,
A gens de tous métiers en fait tout autant faire.
  On nous void tous pour l'ordinaire
Piller le survenant, nous jetter sur sa peau.
La coquette et l'auteur sont de ce caractère;
  Malheur à l'écrivain nouveau.
Le moins de gens qu'on peut à l'entour du gasteau,
  C'est le droit du jeu, c'est l'affaire.
Cent exemples pourroient appuyer mon discours;
  Mais les ouvrages les plus courts
Sont toûjours les meilleurs. En cela j'ay pour guides
Tous les maistres de l'art, et tiens qu'il faut laisser
Dans les plus beaux sujets quelque chose à penser :
  Ainsi ce discours doit cesser.
Vous qui m'avez donné ce qu'il a de solide
Et dont la modestie égale la grandeur,
Qui ne pustes jamais écouter sans pudeur
  La loüange la plus permise,
  La plus juste et la mieux acquise,
Vous enfin dont à peine ay-je encore obtenu

Que vostre nom receust icy quelques hommages,
Du temps et des censeurs défendant mes ouvrages,
Comme un nom qui des ans et des peuples connu,
Fait honneur à la France en grands noms plus feconde
        Qu'aucun climat de l'Univers,
Permettez-moy du moins d'apprendre à tout le monde
Que vous m'avez donné le sujet de ces Vers.

XV.

LE MARCHAND, LE GENTILHOMME, LE PATRE ET LE FILS DE ROY.

Quatre chercheurs de nouveaux mondes,
Presque nus échapez à la fureur des ondes,
Un Trafiquant, un Noble, un Pâtre, un Fils
        de Roy,
        Réduits au sort de Bellizaire *,
        Demandoient aux passans de quoy
        Pouvoir soulager leur misere.
De raconter quel sort les avoit assemblez,
Quoy que sous divers points tous quatre ils fussent nez,
        C'est un récit de longue haleine.
Ils s'assirent enfin au bord d'une fontaine.
Là le conseil se tint entre les pauvres gens.
Le Prince s'étendit sur le malheur des grands.
Le Pâtre fut d'avis qu'éloignant la pensée
        De leur avanture passée

---

* Bellizaire estoit un grand Capitaine, qui ayant commandé les Armées de l'Empereur et perdu les bonnes graces
de son Maistre, tomba dans un tel point de misere, qu'il
demandoit l'aumosne sur les grands chemins. (Note de La
Fontaine.)

Chacun fist de son mieux, et s'appliquast au soin
    De pourvoir au commun besoin.
La plainte, ajoûta-t'il, guerit-elle son homme?
Travaillons; c'est dequoy nous mener jusqu'à Rome.
Un Pâtre ainsi parler! ainsi parler; croit-on
Que le Ciel n'ait donné qu'aux testes couronnées
    De l'esprit et de la raison,
Et que de tout Berger comme de tout mouton,
    Les connoissances soient bornées?
L'avis de celuy-cy fut d'abord trouvé bon
Par les trois échoüez aux bords de l'Amerique.
L'un, c'estoit le Marchand, sçavoit l'Arithmetique;
A tant par mois, dit-il, j'en donneray leçon.
    J'enseigneray la politique,
Reprit le Fils de Roy. Le Noble poursuivit :
Moy je sçais le blason; j'en veux tenir école :
Comme si devers l'Inde on eust eu dans l'esprit
La sotte vanité de ce jargon frivole.
Le Pâtre dit : Amis, vous parlez bien; mais quoy,
Le mois a trente jours, jusqu'à cette écheance
    Jeusnerons-nous par vostre foy?
    Vous me donnez une esperance
Belle, mais éloignée; et cependant j'ay faim.
Qui pourvoira de nous au dîner de demain?
    Ou plûtost sur quelle assurance
Fondez-vous, dites-moy, le soûper d'aujourd'huy?
    Avant tout autre c'est celuy
    Dont il s'agit : vostre science
Est courte là-dessus; ma main y suppléra.
    A ces mots le Pâtre s'en va
Dans un bois : il y fit des fagots dont la vente,
Pendant cette journée et pendant la suivante,
Empescha qu'un long jeusne à la fin ne fist tant
Qu'ils allassent là bas exercer leur talent.
    Je conclus de cette avanture,
Qu'il ne faut pas tant d'art pour conserver ses jours;
    Et grace aux dons de la nature,
La main est le plus seur et le plus prompt secours.

LIVRE CINQUIÉME (XI).

FABLE I.

LE LION.

Sultan Leopard autresfois
Eut, ce dit-on, par mainte aubeine,
Force bœufs dans ses prez, force Cerfs dans
    Force moutons parmi la plaine, [ses bois,
Il naquit un Lion dans la forest prochaine.
Apres les complimens et d'une et d'autre part,
    Comme entre grands il se pratique,
Le Sultan fit venir son son Visir le Renard,
    . Vieux routier et bon politique.
Tu crains, ce luy dit-il, Lionceau mon voisin :
    Son pere est mort, que peut-il faire?
    Plains plûtost le pauvre orphelin.
    Il a chez luy plus d'une affaire ;
    Et devra beaucoup au destin
S'il garde ce qu'il a sans tenter de conqueste.
    Le Renard dit branlant la teste :
Tels orphelins, Seigneur, ne me font point pitié :
Il faut de celuy-ci conserver l'amitié,
    Ou s'efforcer de le détruire,
    Avant que la griffe et la dent

Luy soit cruë, et qu'il soit en estat de nous nuire :
   N'y perdez pas un seul moment.
J'ay fait son horoscope : il croistra par la guerre.
  Ce sera le meilleur Lion
  Pour ses amis qui soit sur terre,
  Taschez donc d'en estre, sinon
Taschez de l'affoiblir. La harangue fut vaine.
Le Sultan dormoit lors ; et dedans son domaine
Chacun dormoit aussi, bestes, gens ; tant qu'enfin
 Le Lionceau devient vray Lion. Le tocsin
Sonne aussi-tost sur luy ; l'alarme se promeine
  De toutes parts ; et le Visir
Consulté là-dessus dit avec un soûpir :
Pourquoy l'irritez-vous? la chose est sans remede.
En vain nous appellons mille gens à nostre ayde.
Plus ils sont, plus il coûte ; et je ne les tiens bons
  Qu'à manger leur part des moutons.
Appaisez le Lion : seul il passe en puissance
Ce monde d'alliez vivans sur nostre bien :
Le Lion en a trois qui ne luy coûtent rien,
Son courage, sa force, avec sa vigilance.
Jettez-lui promptement sous la griffe un mouton :
S'il n'en est pas content jettez en davantage.
Joignez-y quelque bœuf : choisissez pour ce don
  Tout le plus gras du pasturage
Sauvez le reste ainsi. Ce conseil ne plut pas,
  Il en prit mal, et force états
  Voisins du Sultan en pâtirent :
  Nul n'y gagna : tous y perdirent.
  Quoy que fist ce monde ennemi,
  Celuy qu'ils craignoient fut le maistre.
Proposez-vous d'avoir le Lion pour ami
  Si vous voulez le laisser craistre.

II.

POUR MONSEIGNEUR LE DUC DU MAYNE [1].

Jupiter eut un fils, qui se sentant du lieu
　　　　Dont il tiroit son origine,
　　　　Avoit l'ame toute divine.
L'enfance n'aime rien : celle du jeune Dieu
　　Faisoit sa principale affaire
　　Des doux soins d'aimer et de plaire.
　　En luy l'amour et la raison
Devancerent le temps, dont les aîles legeres
N'amenent que trop-tost, helas! chaque saison.
Flore aux regards riants, aux charmantes manieres,
Toucha d'abord le cœur du jeune Olimpien.
Ce que la passion peut inspirer d'adresse,
Sentimens délicats et remplis de tendresse,
Pleurs, soûpirs, tout en fut : bref il n'oublia rien.
Le fils de Jupiter devoit par sa naissance
Avoir un autre esprit et d'autres dons des Cieux,
　　　　Que les enfans des autres Dieux.
Il sembloit qu'il n'agist que par réminiscence,
Et qu'il eust autresfois fait le métier d'amant,
　　　　Tant il le fit parfaitement.
Jupiter cependant voulut le faire instruire.
Il assembla les Dieux, et dit : J'ay sceu conduire
Seul et sans compagnon jusqu'ici l'Univers :
　　　　Mais il est des emplois divers
　　　　Qu'aux nouveaux Dieux je distribuë.
Sur cét enfant chery j'ay donc jetté la veuë.

---

1. Cette fable n'est pas désignée autrement, dans l'édition originale. Elle a été intitulée plus tard : *Les Dieux voulant instruire un Fils de Jupiter.*

C'est mon sang : tout est plein déja de ses Autels.
Afin de mériter le rang des immortels,
Il faut qu'il sçache tout. Le maistre du Tonnerre
Eut à peine achevé que chacun applaudit.
Pour sçavoir tout, l'enfant n'avoit que trop d'esprit.
    Je veux, dit le Dieu de la guerre,
    Luy monstrer moy-mesme cét art
    Par qui maints Heros ont eu part
Aux honneurs de l'Olimpe, et grossi cét empire.
    Je seray son maistre de lyre,
    Dit le blond et docte Apollon.
Et moy, reprit Hercule à la peau de Lion,
    Son maistre à surmonter les vices,
A dompter les transports, monstres empoisonneurs,
Comme Hydres renaissans sans cesse dans les cœurs.
    Ennemi des molles délices,
Il apprendra de moy les sentiers peu battus
Qui meinent aux honneurs sur les pas des vertus.
    Quand ce vint au Dieu de Cythere,
    Il dit qu'il luy monstreroit tout.
L'Amour avoit raison : dequoy ne vient à bout
    L'esprit joint au desir de plaire?

III.

LE FERMIER, LE CHIEN, ET LE RENARD.

Le Loup et le Renard sont d'étranges voisins :
Je ne bastiray point autour de leur demeure.
    Ce dernier guetoit à toute heure
Les poules d'un Fermier ; et quoy que des [plus fins,
Il n'avoit pû donner d'atteinte à la volaille.
D'une part l'appetit, de l'autre le danger,

N'estoient pas au compere un embarras leger.
  Hé quoy, dit-il, cette canaille
  Se moque impunément de moy?
  Je vais, je viens, je me travaille,
J'imagine cent tours; le rustre en paix chez soy
Vous fait argent de tout, convertit en monnoye
Ses chapons, sa poulaille; il en a mesme au croc :
Et moy maistre passé, quand j'attrape un vieux coq,
  Je suis au comble de la joye!
Pourquoy sire Jupin m'a-t-il donc appellé
Au métier de Renard? je jure les puissances
De l'Olimpe et du Stix, il en sera parlé.
  Roulant en son cœur ces vengeances,
Il choisit une nuit liberale en pavots :
Chascun estoit plongé dans un profond repos;
Le Maistre du logis, les valets, le chien mesme,
Poules, poulets, chapons, tout dormoit. Le Fermier,
  Laissant ouvert son poulailler,
  Commit une sottise extrême.
Le voleur tourne tant qu'il entre au lieu guetté;
Le dépeuple, remplit de meurtres la cité :
  Les marques de sa cruauté
Parurent avec l'Aube : on vid un étalage
  De corps sanglans, et de carnage.
  Peu s'en falut que le Soleil
Ne rebroussast d'horreur vers le manoir liquide.
  Tel, et d'un spectacle pareil,
Apollon irrité contre le fier Atride
Joncha son camp de morts : on vid presque détruit
L'ost des Grecs, et ce fut l'ouvrage d'une nuit.
  Tel encore autour de sa tente
  Ajax à l'ame impatiente,
De moutons, et de boucs fit un vaste débris,
Croyant tuer en eux son concurrent Ulisse,
  Et les autheurs de l'injustice
  Par qui l'autre emporta le prix.
Le Renard autre Ajax aux volailles funeste,
Emporte ce qu'il peut, laisse étendu le reste.

Le Maistre ne trouva de recours qu'à crier
Contre ses gens, son chien, c'est l'ordinaire usage.
Ah maudit animal qui n'es bon qu'à noyer,
Que n'avertissois-tu dés l'abord du carnage?
Que ne l'évitiez-vous? c'eust esté plûtost fait.
Si vous Maistre et Fermier à qui touche le fait,
Dormez sans avoir soin que la porte soit close,
Voulez-vous que moy chien qui n'ay rien à la chose,
Sans aucun interest je perde le repos?
    Ce chien parloit tres-apropos :
    Son raisonnement pouvoit estre
    Fort bon dans la bouche d'un Maistre ;
    Mais n'estant que d'un simple chien,
    On trouva qu'il ne valoit rien.
    On vous sangla le pauvre drille.
Toy donc, qui que tu sois, ô pere de famille,
(Et je ne t'ay jamais envié cét honneur,)   [erreur.
T'attendre aux yeux d'autruy, quand tu dors, c'est
Couche-toy le dernier, et voy fermer ta porte.
    Que si quelque affaire t'importe,
    Ne la fais point par procureur.

IV.

LE SONGE D'UN HABITANT DU MOGOL.

Jadis certain Mogol vid en songe un Vizir,
    Aux champs Elisiens possesseur d'un plaisir,
    Aussi pur qu'infini, tant en prix qu'en
        durée;
Le mesme songeur vid en une autre contrée
    Un Hermite entouré de feux,
Qui touchoit de pitié mesme les mal-heureux.
Le cas parut étrange, et contre l'ordinaire,
Minos en ces deux morts sembloit s'estre mépris.

Le dormeur s'éveilla tant il en fut surpris.
Dans ce songe pourtant soupçonnant du mystere,
      Il se fit expliquer l'affaire.
L'interprete lui dit : Ne vous étonnez point,
Vostre songe a du sens, et si j'ay sur ce poinct
      Acquis tant soit peu d'habitude,
C'est un avis des Dieux. Pendant l'humain séjour
Ce Vizir quelquesfois cherchoit la solitude;
Cét Hermite aux Vizirs alloit faire sa cour.

Si j'osois ajoûter au mot de l'interprete,
J'inspirerois icy l'amour de la retraite;
Elle offre à ses amans des biens sans embarras,
Biens purs, presens du Ciel, qui naissent sous les pas.
Solitude où je trouve une douceur secrete,
Lieux que j'aimay toujours, ne pourray-je jamais,
Loin du monde et du bruit goûter l'ombre et le frais?
O qui m'arrestera sous vos sombres aziles!   [Villes,
Quand pourront les neuf Sœurs, loin des cours et des
M'occuper tout entier, et m'apprendre des Cieux
Les divers mouvemens inconnus à nos yeux,
Les noms et les vertus de ces clartez errantes,
Par qui sont nos destins et nos mœurs differentes?
Que si je ne suis né pour de si grands projets,
Du moins que les ruisseaux m'offrent de doux objets!
Que je peigne en mes Vers quelque rive fleurie!
La Parque à filets d'or n'ourdira point ma vie;
Je ne dormiray point sous de riches lambris.
Mais void-on que le somme en perde de son prix?
En est-il moins profond, et moins plein de délices?
Je luy voüe au desert de nouveaux sacrifices.
Quand le moment viendra d'aller trouver les morts,
J'auray vescu sans soins, et mourray sans remords.

V.

LE LION, LE SINGE, ET LES DEUX ASNES.

e Lion, pour bien gouverner,
    Voulant apprendre la morale,
    Se fit un beau jour amener
    Le Singe maistre es arts chez la gent
La premiere leçon que donna le Regent,   [animale.
Fut celle-cy : Grand Roy, pour regner sagement,
    Il faut que tout Prince prefere
Le zele de l'Estat à certain mouvement,
    Qu'on appelle communément
    Amour propre ; car c'est le pere,
    C'est l'autheur de tous les défauts,
    Que l'on remarque aux animaux.
Vouloir que de tout poinct ce sentiment vous quitte,
    Ce n'est pas chose si petite
    Qu'on en vienne à bout en un jour :
C'est beaucoup de pouvoir moderer cét amour.
    Par là vostre personne auguste
    N'admettra jamais rien en soy
    De ridicule ny d'injuste.
    Donne-moy, repartit le Roy,
    Des exemples de l'un et l'autre.
    Toute espece, dit le Docteur,
    (Et je commence par la nostre)
Toute profession s'estime dans son cœur,
    Traite les autres d'ignorantes,
    Les qualifie impertinentes,
Et semblables discours qui ne nous coûtent rien.
L'amour propre au rebours, fait qu'au degré suprême
On porte ses pareils ; car c'est un bon moyen

De s'élever aussi soy-mesme.
De tout ce que dessus j'argumente tres-bien,
Qu'icy bas maint talent n'est que pure grimace,
Cabale, et certain art de se faire valoir,
Mieux sceu des ignorans, que des gens de sçavoir.
   L'autre jour suivant à la trace
Deux Asnes qui prenant tour à tour l'encensoir
Se loüoient tour à tour, comme c'est la maniere ;
J'oüis que l'un des deux disoit à son confrere :
Seigneur, trouvez-vous pas bien injuste et bien sot
L'homme cét animal si parfait? il profâne
   Notre auguste nom, traitant d'Asne
Quiconque est ignorant, d'esprit lourd, idiot :
   Il abuse encore d'un mot,
Et traite nostre rire, et nos discours de braire.
Les humains sont plaisans de pretendre exceller
Par dessus nous ; non, non ; c'est à vous de parler,
   A leurs Orateurs de se taire.
Voilà les vrays braillards ; mais laissons-là ces gens ;
   Vous m'entendez, je vous entends :
Il suffit : et quant aux merveilles,
Dont vostre divin chant vient frapper les oreilles,
Philomele est au prix novice dans cét Art ;
Vous surpassez Lambert. L'autre baudet repart :
Seigneur, j'admire en vous des qualitez pareilles.
Ces Asnes non contens de s'estre ainsi gratez,
   S'en allerent dans les Citez
L'un l'autre se prosner. Chacun d'eux croyoit faire
En prisant ses pareils une fort bonne affaire,
Pretendant que l'honneur en reviendroit sur luy.
   J'en connois beaucoup aujourd'huy,
Non parmi les baudets, mais parmy les puissances
Que le Ciel voulut mettre en de plus hauts degrez,
Qui changeroient entre eux les simples excellences,
   S'ils osoient, en des majestez.
J'en dis peut-estre plus qu'il ne faut, et suppose
Que vostre majesté gardera le secret.
Elle avoit soûhaité d'apprendre quelque trait

Qui luy fist voir entre autre chose,
L'amour propre, donnant du ridicule aux gens.
L'injuste aura son tour : il y faut plus de temps.
Ainsi parla ce Singe. On ne m'a pas sçeu dire
S'il traita l'autre poinct ; car il est délicat ;
Et nostre maistre es Arts qui n'estoit pas un fat
Regardoit ce Lion comme un terrible sire.

VI.

LE LOUP, ET LE RENARD.

Mais d'où vient qu'au Renard Esope accorde
                un poinct?   [serie.
C'est d'exceller en tours pleins de matoi-
J'en cherche la raison, et ne la trouve point.
Quand le Loup a besoin de défendre sa vie,
        Ou d'attaquer celle d'autruy,
        N'en sçait-il pas autant que luy?
Je crois qu'il en sçait plus, et j'oserois peut-estre
Avec quelque raison contredire mon maistre.
Voicy pourtant un cas où tout l'honneur échût
A l'hoste des terriers. Un soir il apperçeut
La Lune au fond d'un puits : l'orbiculaire image
        Luy parut un ample fromage.
        Deux sceaux alternativement
        Puisoient le liquide élement.
Nostre Renard pressé pas une faim canine,
S'accommode en celuy qu'au haut de la machine
        L'autre sceau tenoit suspendu.
        Voilà l'animal descendu,
        Tiré d'erreur ; mais fort en peine,
        Et voyant sa perte prochaine.
Car comment remonter si quelque autre affamé
        De la mesme image charmé,

Et succedant à sa misere
Par le mesme chemin ne le tiroit d'affaire? [puits ;
Deux jours s'estoient passez sans qu'aucun vinst au
Le temps qui toûjours marche avoit pendant deux
      Echancré selon l'ordinaire [nuits
De l'astre au front d'argent la face circulaire.
    Sire Renard estoit desesperé.
    Compere Loup, le gosier alteré,
    Passe par là : l'autre dit, Camarade,
Je vous veux régaler ; voyez-vous cét objet?
C'est un fromage exquis. Le Dieu Faune l'a fait,
    La vache Io donna le laict.
    Jupiter, s'il estoit malade,
Reprendroit l'appetit en tastant d'un tel mets.
    J'en ay mangé cette échancrure,
Le reste vous sera suffisante pasture.
Descendez dans un sceau que j'ay là mis exprés.
Bien qu'au moins mal qu'il pust il ajustast l'histoire,
    Le Loup fut un sot de le croire :
Il descend, et son poids emportant l'autre part,
    Reguinde en haut maistre Renard.
Ne nous en mocquons point : nous nous laissons séduire
    Sur aussi peu de fondement ;
    Et chacun croit fort aisément
    Ce qu'il craint, et ce qu'il desire.

VII.

LE PAISAN DU DANUBE.

Il ne faut point juger des gens sur l'appa-
    rence, [veau :
Le conseil en est bon ; mais il n'est pas nou-
Jadis l'erreur du Souriceau

Me servit à prouver le discours que j'avance[1].
    J'ay pour le fonder à present
Le bon Socrate, Esope, et certain Païsan
Des rives du Danube, homme dont Marc-Aurele
    Nous fait un portrait fort fidele[2].
On connoist les premiers ; quant à l'autre, voicy
    Le personnage en racourci.
Son menton nourrissoit une barbe touffuë,
    Toute sa personne veluë
Representoit un Ours, mais un Ours mal leché.
Sous un sourcil épais il avoit l'œil caché,
Le regard de travers, nez tortu, grosse levre,
    Portoit sayon de poil de chevre,
    Et ceinture de joncs marins.
Cét homme ainsi basty fut deputé des Villes
Que lave le Danube : il n'estoit point d'aziles,
    Où l'avarice des Romains
Ne penetrast alors, et ne portast les mains.
Le deputé vint donc, et fit cette harangue,
Romains, et vous Senat assis pour m'écoûter,
Je supplie avant tout les Dieux de m'assister :
Veüillent les immortels conducteurs de ma langue
Que je ne dise rien qui doive estre repris.
Sans leur ayde il ne peut entrer dans les esprits,
    Que tout mal et toute injustice :
Faute d'y recourir on viole leurs loix.
Témoin nous que punit la Romaine avarice :

1. Voyez, ci-dessus, p. 165 et 166.
2. C'est dans *l'Horloge des Princes* de Guevara que Marc-Aurèle trace ce portrait : « Ce paysan avoit le visage petit, les levres grosses, les yeux profonds, la couleur hallée, les cheveux herissez, la teste descouverte, les souliers de cuyr de porc espic, le saye de poil de chievre, la ceincture de joncs marins, et la barbe longue et espesse, les sourcils qui luy couvroyent les yeux, l'estomach et le col couverts de poil, et veluz comme un ours, et un baston en la main. » (Traduction de N. de Herberay, seigneur des Essars. Paris, G. le Noir, 1555, in-fol., ft. 180 vᵒ.)

Rome est par nos forfaits, plus que par ses exploits,
        L'instrument de nostre supplice.
Craignez Romains, craignez que le Ciel quelque jour
Ne transporte chez vous les pleurs et la misere,
Et mettant en nos mains par un juste retour
Les armes dont se sert sa vengeance severe,
        Il ne vous fasse en sa colere
        Nos esclaves à vostre tour.
Et pourquoy sommes-nous les vostres? Qu'on me die
En quoy vous valez mieux que cent peuples divers?
Quel droit vous a rendus maistres de l'Univers?
Pourquoy venir troubler une innocente vie?
Nous cultivions en paix d'heureux champs, et nos mains
Estoient propres aux Arts, ainsi qu'au labourage :
        Qu'avez-vous appris aux Germains?
        Ils ont l'adresse et le courage :
        S'ils avoient eu l'avidité,
        Comme vous, et la violence,
Peut estre en vostre place ils auroient la puissance,
Et sçauroient en user sans inhumanité.
Celle que vos Preteurs ont sur nous exercée
        N'entre qu'à peine en la pensée.
        La majesté de vos Autels
        Elle mesme en est offensée :
        Car sçachez que les immortels
Ont les regards sur nous. Graces à vos exemples,
Ils n'ont devant les yeux que des objets d'horreur,
        De mépris d'eux, et de leurs Temples,
D'avarice qui va jusques à la fureur.
Rien ne suffit aux gens qui nous viennent de Rome ;
        La terre, et le travail de l'homme
Font pour les assouvir des efforts superflus.
        Retirez les ; on ne veut plus
        Cultiver pour eux les campagnes ;
Nous quittons les Citez, nous fuyons aux montagnes,
        Nous laissons nos cheres compagnes [1].

1. *Campagnes*, dans le texte, mais l'*Errata* indique qu'il
faut lire *compagnes*.

Nous ne conversons plus qu'avec des Ours affreux,
Découragez de mettre au jour des malheureux,
Et de peupler pour Rome un païs qu'elle opprime.
   Quant à nos enfans déja nez
Nous soûhaitons de voir leurs jours bientôt bornez :
Vos Preteurs au mal-heur nous font joindre le crime.
  Retirez-les, ils ne nous apprendront
   Que la mollesse, et que le vice.
  Les Germains comme eux deviendront
   Gens de rapine et d'avarice.
C'est tout ce que j'ay veu dans Rome à mon abord :
   N'a-t-on point de present à faire? [espere
Point de pourpre à donner? c'est en vain qu'on
Quelque refuge aux loix : encor leur ministere
A-t-il mille longueurs. Ce discours un peu fort
   Doit commencer à vous déplaire.
   Je finis. Punissez de mort
   Une plainte un peu trop sincere.
A ces mots il se couche, et chacun étonné
Admire le grand cœur, le bon sens, l'éloquence
   Du sauvage ainsi prosterné.
On le créa Patrice; et ce fut la vengeance,
Qu'on crut qu'un tel discours méritoit. On choisit
   D'autres Preteurs, et par écrit
Le Senat demanda ce qu'avoit dit cét homme,
Pour servir de modele aux parleurs à venir.
   On ne sçeut pas long-temps à Rome
   Cette éloquence entretenir.

VIII.

LÉ VIEILLARD, ET LES TROIS JEUNES HOMMES.

Un octogenaire plantoit.
 Passe encore de bastir; mais planter à
  cét âge!   [sinage,
 Disoient trois jouvenceaux enfans du voi-

Assurement il radotoit.
  Car au nom des Dieux, je vous prie,
Quel fruict de ce labeur pouvez-vous recüeillir ?
Autant qu'un Patriarche il vous faudroit vieillir.
  A quoy bon charger vostre vie
Des soins d'un avenir qui n'est pas fait pour vous?
Ne songez desormais qu'à vos erreurs passées :
Quittez le long espoir, et les vastes pensées;
  Tout cela ne convient qu'à nous.
  Il ne convient pas à vous mesmes,
Repartit le Vieillard. Tout établissement
Vient tard et dure peu. La main des Parques blesmes
De vos jours, et des miens se joüe également,
Nos termes sont pareils par leur courte durée.
Qui de nous des clartez de la voûte azurée
Doit joüir le dernier ? Est-il aucun moment
Qui vous puisse assurer d'un second seulement?
Mes arriere-neveux me devront cét ombrage :
  Hé bien défendez vous au Sage
De se donner des soins pour le plaisir d'autruy?
Cela mesme est un fruict que je gouste aujourd'huy :
J'en puis joüir demain, et quelques jours encore :
  Je puis enfin compter l'Aurore
  Plus d'une fois sur vos tombeaux.
Le Vieillard eut raison ; l'un des trois jouvenceaux
Se noya dés le port allant à l'Amerique.
L'autre afin de monter aux grandes dignitez,
Dans les emplois de Mars servant la Republique,
Par un coup impréveu vid ses jours emportez.
  Le troisiéme tomba d'un arbre
  Que luy-mesme il voulut enter :
Et pleurez du Vieillard, il grava sur leur marbre
  Ce que je viens de raconter.

IX.

LES SOURIS, ET LE CHAT-HUANT.

Il ne faut jamais dire aux gens,
Ecoûtez un bon mot, oyez une merveille.
    Sçavez-vous si les écoûtans
En feront une estime à la vostre pareille ?
Voicy pourtant un cas qui peut estre excepté.
Je le maintiens prodige, et tel que d'une Fable
Il a l'air et les traits, encor que veritable.
On abattit un pin pour son antiquité,
Vieux Palais d'un Hibou, triste et sombre retraite
De l'oyseau qu'Atropos prend pour son interprete.
Dans son tronc caverneux, et miné par le temps
        Logeoient entre autres habitans
Force Souris sans pieds, toutes rondes de graisse.
L'oyseau les nourrissoit parmy des tas de bled,
Et de son bec avoit leur troupeau mutilé ;
Cét Oyseau raisonnoit. Il faut qu'on le confesse.
En son temps aux Souris le compagnon chassa :
Les premieres qu'il prit du logis échapées,
Pour y remedier, le drôle estropia
Tout ce qu'il prit en suite. Et leurs jambes coupées
Firent qu'il les mangeoit à sa commodité,
        Aujourd'huy l'une, et demain l'autre.
Tout manger à la fois, l'impossibilité .
S'y trouvoit, joint aussi le soin de sa santé.
Sa prévoyance alloit aussi loin que la nostre ;
        Elle alloit jusqu'à leur porter
        Vivres et grains pour subsister.
        Puis, qu'un Cartesien s'obstine
A traiter ce Hibou de montre, et de machine,
        Quel ressort luy pouvoit donner

Le conseil de tronquer un peuple mis en muë?
　　Si ce n'est pas là raisonner,
　　La raison m'est chose inconnuë.
　　Voyez que d'argumens il fit.
　　Quand ce peuple est pris il s'enfuit :
Donc il faut le croquer aussi-tost qu'on le hape.
Tout ; il est impossible. Et puis pour le besoin
N'en dois-je point garder? donc il faut avoir soin
　　De le nourrir sans qu'il échape.
Mais comment? ostons luy les pieds. Or trouvez moy
Chose par les humains à sa fin mieux conduite.
Quel autre art de penser Aristote et sa suite
　　Enseignent-ils par vostre foy?

*Cecy n'est point une Fable, et la chose quoy que merveil—
leuse et presque incroyable, est veritablement arrivée. J'ay
peut estre porté trop loin la prévoyance de ce hibou ; car je
ne pretends pas établir dans les bestes un progrés de raison-
nement tel que celuy-cy; mais ces exagérations sont per-
mises à la Poësie; sur tout dans la maniere d'écrire dont je
me sers.*

EPILOGUE.

C'est ainsi que ma Muse, aux bords d'une onde
　　Traduisoit en langue des Dieux,　　[pure,
　　　Tout ce que disent sous les Cieux
　　Tant d'estres empruntans la voix de la na-
　　Trucheman de peuples divers　　　[ture.
Je les faisois servir d'Acteurs en mon Ouvrage :
　　Car tout parle dans l'Univers;
　　Il n'est rien qui n'ait son langage.
Plus éloquens chez-eux qu'ils ne sont dans mes Vers,
Si ceux que j'introduis me trouvent peu fidele,
Si mon œuvre n'est pas un assez bon modele,

J'ay du moins ouvert le chemin :
D'autres pourront y mettre une derniere main.
Favoris des neuf Sœurs achevez l'entreprise :
Donnez mainte leçon que j'ay sans doute omise :
Sous ces inventions il faut l'envelopper :
Mais vous n'avez que trop dequoy vous occuper :
Pendant le doux employ de ma Muse innocente,
Loüis dompte l'Europe, et d'une main puissante
Il conduit à leur fin les plus nobles projets
      Qu'ait jamais formez un Monarque.
Favoris des neuf Sœurs, ce sont là des sujets
      Vainqueurs du temps et de la Parque.

A MONSEIGNEUR

LE DUC DE BOURGOGNE[1].

MONSEIGNEUR,

Je ne puis emploïer pour mes *Fables de Protection qui me soit plus glorieuse que la vôtre. Ce goût exquis, et ce jugement si solide que vous faites pa-*
roître dans toutes choses au delà d'un âge où à

---

1. L'édition originale du volume de 1694, qui contient le dernier livre des fables, ne porte point la mention *cinquiesme partie;* elle ne se trouve que dans la réimpression. L'achevé

*peine les autres Princes sont-ils touchez de ce qui
les environne avec le plus d'éclat ; tout cela joint au
devoir de vous obeïr et à la passion de vous plaire,
m'a obligé de vous presenter un Ouvrage dont
l'Original a esté l'admiration de tous les siecles,
aussi-bien que celle de tous les Sages. Vous m'avez
même ordonné de continuër ; et si vous me permettez de le dire, il y a des sujets dont je vous suis
redevable, et où vous avez jetté des graces qui ont
esté admirées de tout le monde. Nous n'avons plus
besoin de consulter ni Apollon, ni les Muses, ni aucune des Divinitez du Parnasse. Elles se rencontrent
toutes dans les presens que vous a faits la Nature,
et dans cette science de bien juger des Ouvrages de
l'esprit, à quoi vous joignez déja celle de connoître
toutes les regles qui y conviennent. Les Fables*

d'imprimer est du premier jour de septembre 1693.

Ce volume contient vingt-neuf fables, mais *Philémon et
Baucis* (voyez notre édition, tome II, p. 435), *la Matrone
d'Ephèse* (Tome II, p. 337), *Belphégor*, sans son prologue
(Tome II, p. 343), et *les Filles de Minée* (Tome II, p. 445),
portent les numéros xxv-xxviii, ce qui réduit en réalité les
fables à vingt-cinq.

Elles étaient pour la plupart déjà connues.

Trois fables avaient paru dans le *Mercure galant* : la Iʳᵉ
du recueil en décembre 1690, la IIIᵉ en mars 1691, la IVᵉ
en février 1691.

Les fables XIV-XXIV faisaient partie du premier volume
du recueil intitulé : *Ouvrages de prose et de poësie des sieurs
de Maucroix et de La Fontaine*, à Paris, chez Claude Barbin, 1685, 2 vol. in-12.

La fable XXV avait déjà été imprimée dans le *Recueil de
vers choisis*, publié par Bouhours, en 1693.

Plusieurs des fables contenues dans ce volume de 1694
ont reparu en 1696 dans les *Œuvres postumes* ; nous don-
nons les variantes que présente ce texte.

d'Esope sont une ample matiere pour ces talens. Elles embrassent toutes sortes d'évenemens et de carac-teres. Ces mensonges sont proprement une maniere d'Histoire, où on ne flate personne. Ce ne sont pas choses de peu d'importance que ces sujets. Les Ani-maux sont les Precepteurs des Hommes dans mon Ouvrage. Je ne m'étendrai pas davantage là-dessus; vous voïez mieux que moi le profit qu'on en peut tirer. Si Vous vous connoissez maintenant en Ora-teurs et en Poëtes, Vous vous connoîtrez encore mieux quelque jour en bons Politiques et en bons Generaux d'Armée; et Vous vous tromperez aussi peu au choix des Personnes qu'au merite des Actions. Je ne suis pas d'un âge à esperer d'en être témoin. Il faut que je me contente de travailler sous vos ordres. L'envie de vous plaire me tiendra lieu d'une imagination que les ans ont affoiblie. Quand vous souhaiterez quelque Fable, je la trouverai dans ce fonds-là. Je voudrois bien que vous y pussiez trou-ver des loüanges dignes du Monarque qui fait maintenant le destin de tant de Peuples et de Na-tions, et qui rend toutes les parties du Monde at-tentives à ses Conquêtes, à ses Victoires, et à la Paix qui semble se rapprocher, et dont il impose les conditions avec toute la moderation que peuvent souhaiter nos Ennemis. Je me le figure comme un Conquerant qui veut mettre des bornes à sa Gloire et à sa Puissance, et de qui on pourroit dire à meil-leur titre qu'on ne l'a dit d'Alexandre; Qu'il va tenir les Etats de l'Univers, en obligeant les Mi-nistres de tant de Princes de s'assembler, pour ter-miner une guerre qui ne peut être que ruineuse à leurs Maîtres. Ce sont des sujets au-dessus de nos paroles : *Je les laisse à de meilleures Plumes que la mienne; et suis avec un profond respect,*

MONSEIGNEUR,

Vôtre tres-humble, tres-obéïssant, et tres-fidele Serviteur,

DE LA FONTAINE.

LIVRE SEPTIÉME (XII)[1].

———

FABLE I.

LES COMPAGNONS D'ULISSE.

A MONSEIGNEUR LE DUC DE BOURGOGNE.

Prince, l'unique objet du soin des Immortels,
Souffrez que mon encens parfume vos
        Autels.   [Muse;
Je vous offre un peu tard ces Presens de ma
Les ans et les [2] travaux me serviront d'excuse :
Mon esprit diminuë, au lieu qu'à chaque instant
On apperçoit le vôtre aller en augmentant.
Il ne va pas, il court, il semble avoir des ailes :
Le Heros dont il tient des qualitez si belles,
Dans le métier de Mars brûle d'en faire autant ;
Il ne tient pas à luy que forçant la Victoire
      Il ne marche à pas de géant
      Dans la carriere de la Gloire.

    1. On lit bien, dans le volume de 1694, *livre septième*
ici et à tous les titres courants.
    2. *Mes*, dans le *Mercure galant* de 1690.

Quelque Dieu le retient ; c'est nôtre Souverain,
Lui qu'un mois a rendu maître et vainqueur du Rhin.
Cette rapidité fut alors necessaire :
Peut-être elle seroit aujourd'hui temeraire.
Je m'en tais ; aussi-bien les Ris et les Amours
Ne sont pas soupçonnez d'aimer les longs discours.
De ces sortes de Dieux vôtre Cour se compose.
Ils ne vous quittent point. Ce n'est pas qu'aprés tout
D'autres Divinitez n'y tiennent le haut bout ;
Le sens et la raison y reglent toute chose.
Consultez ces derniers sur un fait où les Grecs,
  Imprudens et peu circonspects,
  S'abandonnerent à des charmes
Qui métamorphosoient en bêtes les humains.
Les Compagnons d'Ulisse, apres dix ans d'alarmes,
Erroient au gré du vent, de leur sort incertains.
  Ils aborderent un rivage
  Où la fille du Dieu du Jour,
  Circé, tenoit alors sa Cour.
  Elle leur fit prendre un breuvage
Délicieux, mais plein d'un funeste poison.
  D'abord ils perdent la raison :
Quelques momens apres leur corps et leur visage
Prennent l'air et les traits d'animaux differens.
Les voilà devenus Ours, Lions, Elephans ;
  Les uns sous une masse énorme,
  Les autres sous une autre forme :
Il s'en vid de petits, *exemplum ut Talpa*[1] ;
  Le seul Ulisse en échappa.
Il sçut se défier de la liqueur traîtresse.
  Comme il joignoit à la sagesse
La mine d'un Heros et le doux entretien,
  Il fit tant que l'Enchanteresse
Prit un autre poison peu different du sien.

---

1. *Talpa*, dans les grammaires latines, est donné comme exemple des mots qui, bien qu'ayant une terminaison féminine, peuvent être du genre masculin.

Une Déesse dit tout ce qu'elle a dans l'ame;
   Celle-cy déclara sa flâme.
Ulisse étoit trop fin pour ne pas profiter
   D'une pareille conjoncture.
Il obtint qu'on rendroit à ces Grecs leur figure.
Mais la voudront-ils bien, dit la Nymphe, accepter?
Allez le proposer de ce pas à la troupe.
Ulisse y court, et dit, L'Empoisonneuse coupe
A son remede encore, et je viens vous l'offrir :
Chers amis, voulez-vous hommes redevenir?
   On vous rend déja la parole.
   Le Lion dit, pensant rugir,
   Je n'ai pas la tête si folle.
Moi renoncer aux dons que je viens d'acquerir?
J'ai griffe et dent, et mets en pieces qui m'attaque :
Je suis Roi, deviendrai-je un Citadin d'Itaque?
Tu me rendras peut-être encor simple Soldat :
   Je ne veux point changer d'état.
Ulisse du Lion court à l'Ours : Eh, mon frere,
Comme te voilà fait! je t'ai vû si joli.
   Ah vraiment nous y voici,
   Reprit l'Ours à sa maniere;
Comme me voilà fait! Comme doit être un Ours.
Qui t'a dit qu'une forme est plus belle qu'une autre?
  Est-ce à la tienne à juger de la nôtre?
Je me rapporte aux yeux d'une Ourse mes amours.
Te déplais-je? va-t'en, sui ta route et me laisse :
Je vis libre, content, sans nul soin qui me presse;
   Et te dis tout net et tout plat,
   Je ne veux point changer d'état.
Le Prince Grec au Loup va proposer l'affaire;
Il lui dit, au hazard d'un semblable refus,
   Camarade, je suis confus
   Qu'une jeune et belle Bergére
  Conte aux échos les appetits gloutons
   Qui t'ont fait manger ses moutons.
Autrefois on t'eût vû sauver sa bergerie :
   Tu menois une honneste vie.

Quite ces bois, et redevien
Au lieu de Loup Homme de bien.
En est-il, dit le Loup? Pour moi, je n'en voi guere [1].
Tu t'en viens me traiter de bête carnaciere :
Toi qui parles, qu'es-tu? N'auriez-vous pas sans moi
Mangé ces animaux que plaint tout le Village?
Si j'étois Homme, par ta foi,
Aimerois-je moins le carnage?
Pour un mot quelquefois vous vous étranglez tous ;
Ne vous étes-vous pas l'un à l'autre des Loups?
Tout bien consideré, je te soûtiens en somme,
Que scelerat pour scelerat,
Il vaut mieux être un Loup qu'un Homme ;
Je ne veux point changer d'état.
Ulisse fit à tous une même semonce ;
Chacun d'eux fit meme réponce ;
Autant le grand que le petit.
La liberté, les bois, suivre leur apetit,
C'étoit leurs délices suprêmes :
Tous renonçoient au lôs des belles actions.
Ils croïoient s'affranchir, suivans leurs passions ;
Ils étoient esclaves d'eux-mêmes.
Prince, j'aurois voulu vous choisir un sujet
Où je pûsse mêler le plaisant à l'utile :
C'étoit sans doute un beau projet,
Si ce choix [2] eût été facile,
Les Compagnons d'Ulisse enfin se sont offerts ;
Ils ont force pareils en ce bas Univers :
Gens à qui j'impose pour peine
Vôtre censure et vôtre haine [3].

1. En est-il, dit le Loup? Laissons cette matiere. (*Mercure galant.*)
2. *Si la chose*, dans le *Mercure galant.*
3. Dans le *Mercure galant*, cette fable se termine ainsi :
Vous raisonnez sur tout ; les Ris et les Amours,
Tiennent souvent chez vous de solides discours,
Je leur veux proposer bien-tost une matiere,
Noble, d'un tres-grand Art, convenable aux Heros.

FABLE II.

LE CHAT ET LES DEUX MOINEAUX

A MONSEIGNEUR LE DUC DE BOURGOGNE.

Un Chat contemporain d'un fort jeune Moineau
Fut logé prés de lui dés l'âge du berceau.
La Cage et le Panier avoient mêmes Pénates.
Le Chat étoit souvent agacé par l'Oiseau ;
L'un s'escrimoit du bec, l'autre joüoit des pates.
Ce dernier toutefois épargnoit son ami.
    Ne le corrigeant qu'à demi
    Il se fût fait un grand scrupule
    D'armer de pointes sa ferule.
    Le Passereau moins circonspect
    Lui donnoit force coups de bec ;
    En sage et discrette personne
    Maître Chat excusoit ces jeux.
Entre amis il ne faut jamais qu'on s'abandonne
    Aux traits d'un couroux serieux.
Comme ils se connoissoient tous deux dés leur bas âge,
Une longue habitude en paix les maintenoit ;
Jamais en vrai combat le jeu ne se tournoit.
    Quand un Moineau du voisinage
S'en vint les visiter, et se fit compagnon
Du petulant Pierrot, et du sage Raton ;
Entre les deux Oiseaux il arriva querelle ;
    Et Raton de prendre parti.
Cet inconnu, dit-il, nous la vient donner belle

            C'est la loüange ; ses propos
    Sont faits pour occuper vostre ame toute entiere.
Ces six vers ont été retranchés dans l'édition de 1694.

D'insulter ainsi nôtre ami;
Le Moineau du voisin viendra manger le nôtre?
Non, de par tous les Chats. Entrant lors au combat
Il croque l'étranger : Vraiment, dit maître Chat,
Les Moineaux ont un goût exquis et délicat.
Cette reflexion fit aussi croquer l'autre.
Quelle Morale puis-je inferer de ce fait?
Sans cela toute Fable est un œuvre imparfait.
J'en croi voir quelques traits; mais leur ombre m'abuse.
Prince, vous les aurez incontinent trouvez :
Ce sont des jeux pour vous, et non point pour ma Muse;
Elle et ses Sœurs n'ont pas l'esprit que vous avez.

FABLE III.

DU THESAURISEUR ET DU SINGE.

Un Homme accumuloit. On sçait que cette
       Va souvent jusqu'à la fureur[1]. [erreur
    Celui-ci ne songeoit que Ducats et Pistoles.
    Quand ces biens sont oisifs, je tiens qu'ils
     Pour seureté de son Tresor   [sont frivoles.
Nôtre Avare habitoit un lieu dont Amphitrite
Défendoit aux voleurs de toutes parts l'abord.
Là d'une volupté, selon moi fort petite,
Et selon lui fort grande, il entassoit toûjours.
    Il passoit les nuits et les jours
A compter, calculer, supputer sans relâche;
Calculant, supputant, comptant comme à la tâche,
Car il trouvoit toûjours du mécompte à son fait :
Un gros Singe plus sage, à mon sens, que son maître,

---

1. Un homme accumulant, (on sçait que cette ardeur
   Va toûjours jusqu'à la fureur).

(*Mercure galant*, mars 1691, et *Les Œuvres postumes*.)

Jettoit quelque Doublon toûjours par la fenêtre [1],
    Et rendoit le compte imparfait.
    La chambre bien cadenacée
Permettoit de laisser l'argent sur le comptoir.
Un beau jour Dom-bertrand se mit dans la pensée
D'en faire un sacrifice au liquide manoir.
    Quant à moi, lors que je compare
Les plaisirs de ce Singe à ceux de cet Avare,
Je ne sçai bonnement ausquels [2] donner le prix :
Dom-bertrand gagneroit prés de certains esprits ;
Les raisons en seroient trop longues à déduire.
Un jour donc l'animal, qui ne songeoit qu'à nuire,
Détachoit du monceau tantôt quelque Doublon,
    Un Jacobus, un Ducaton ;
    Et puis quelque Noble à la rose
Eprouvoit son adresse et sa force à jetter
Ces morceaux de métail qui se font souhaiter
    Par les humains sur toute chose.
S'il n'avoit entendu son Compteur à la fin
    Mettre la clef dans la serrure,
Les Ducats auroient tous pris le même chemin,
    Et couru la même avanture.
Il les auroit fait tous voler, jusqu'au dernier [3],
Dans le goufre enrichi par maint et maint naufrage,
Dieu veuille préserver maint et maint Financier
    Qui n'en fait pas meilleur usage.

---

1. Jettoit quelques doublons souvent par la fenestre.
                    (Les Œuvres postumes.)

2. *Auquel,* dans le *Mercure galant* et *Les Œuvres postumes.*

3. Au lieu des onze vers qui précèdent, on lit dans la première rédaction les cinq suivants :

    S'il n'eust ouy l'homme rentrer
    Eust jetté, sans considérer
L'estime que l'on fait des biens de cette espece,
    Tous ces beaux ducats piece à piece
Il les eust fait voler tous jusques au dernier.

    (Mercure galant et *Les Œuvres postumes.)*

FABLE IV.

LES DEUX CHÉVRES.

Dés que les Chévres ont brouté,
      Certain esprit de liberté   [voïage
Leur fait chercher fortune; elles vont en
      Vers les endroits du pâturage
    Les moins frequentez des humains.
Là s'il est quelque lieu sans route et sans chemins,
Un rocher, quelque mont pendant en précipices,
C'est où ces Dames vont promener leurs caprices[1];
Rien ne peut arrêter cet animal grimpant.
      Deux Chévres donc s'émancipant,
      Toutes deux aïant pate blanche,
Quiterent les bas prez[2], chacune de sa part.
L'une vers l'autre alloit pour quelque bon hazard.
Un ruisseau se rencontre, et pour pont une planche;
Deux Belettes à peine auroient passé de front
      Sur ce pont :
D'ailleurs l'onde rapide et le ruisseau profond

---

1.   Les Chevres ont une proprieté,
      C'est qu'ayant fort long-temps brouté
  Elles prennent l'essor, et s'en vont en voyage
    Vers les endroits du pasturage
    Inaccessibles aux Humains.
    Est-il quelque lieu sans chemins,
  Quelque Rocher, un Mont pendant en precipices,
  Mesdames s'en vont là promener leurs caprices.

        (*Mercure galant*, février 1691.)

Les *Œuvres postumes* présentent la même leçon avec *quelques lieux*, au pluriel, au sixième vers, et *Rocher ou Mont* au septième.

2. *Certain pré*, dans le *Mercure galant* et *Les Œuvres postumes*.

Devoient faire trembler de peur ces [1] Amazones.
Malgré tant de dangers l'une de ces personnes
Pose un pied sur la planche, et l'autre en fait autant.
Je m'imagine voir avec Loüis le Grand,
  Philippes Quatre qui s'avance
  Dans l'Isle de la Conférence.
  Ainsi s'avançoient pas à pas,
  Nez à nez nos Avanturieres,
  Qui toutes deux étant fort fieres,
Vers [2] le milieu du pont ne se voulurent pas
L'une à l'autre ceder. Elles avoient la gloire
De compter dans leur race (à ce que dit l'Histoire) [3]
L'une certaine Chévre au merite sans pair
Dont Polypheme fit present à Galatée;
  Et l'autre la Chevre Amalthée
  Par qui fut nourri Jupiter.
Faute de reculer leur chute fut commune;
  Toutes deux tomberent dans [4] l'eau.
  Cet accident n'est pas nouveau
  Dans le chemin de la Fortune.

A MONSEIGNEUR

LE DUC DE BOURGOGNE

*qui avoit demandé à M. de la Fontaine une Fable qui fût
nommée le Chat et la Souris.*

Pour plaire au jeune Prince à qui la Re-
  nommée
  Destine un Temple en mes Ecrits,
Comment composerai-je une Fable nommée
  Le Chat et la Souris?

1. *Nos* dans le *Mercure galant* et *Les Œuvres postumes.*
2. *Sur*, dans le *Mercure galant* et *Les Œuvres postumes.*
3. L'une à l'autre céder, ayant pour Dévancieres
  (Le *Mercure galant* et *Les Œuvres postumes.*)
4. *A*, dans le *Mercure galant* et *Les Œuvres postumes.*

Dois-je representer dans ces Vers une Belle,
Qui douce en apparence, et toutefois cruelle,
Va se joüant des cœurs que ses charmes ont pris,
    Comme le Chat de la Souris?

Prendrai-je pour sujet les jeux de la Fortune?
Rien ne lui convient mieux, et c'est chose commune
Que de lui voir traiter ceux qu'on croit ses amis,
    Comme le Chat fait la Souris.

Introduirai-je un Roi, qu'entre ses favoris
Elle respecte seul; Roi qui fixe sa roüe,
Qui n'est point empêché d'un monde d'Ennemis,
Et qui des plus puissans quand il luy plaît se joüe,
    Comme le Chat de la Souris?

Mais insensiblement, dans le tour que j'ai pris,
Mon dessein se rencontre; et si je ne m'abuse
Je pourrois tout gâter par de plus longs recits.
Le jeune Prince alors se joüroit de ma Muse,
    Comme le Chat de la Souris.

FABLE V.

LE VIEUX CHAT ET LA JEUNE SOURIS.

Une jeune Souris de peu d'experience,
  Crut fléchir un vieux Chat implorant sa
    clemence,
  Et païant de raisons le Raminagrobis.
    Laissez-moi vivre; une Souris
    De ma taille et de ma dépense
    Est-elle à charge en ce logis?
    Affamerois-je[1], à vôtre avis,

1. *Affameray-je*, dans *Les Œuvres postumes*.

L'Hôte et l'Hôtesse, et tout leur monde?
D'un grain de bled je me nourris;
Une noix me rend toute ronde.
A present je suis maigre; attendez quelque-tems,
Reservez ce repas à messieurs vos Enfans.
Ainsi parloit au Chat la Souris attrapée.
　. L'autre lui dit, Tu t'es trompée,
Est-ce à moi que l'on tient de semblables discours?
Tu gagnerois autant de parler à des sourds.
Chat et vieux pardonner? cela n'arrive gueres.
　　Selon ces loix descends là-bas,
　　Meurs, et va-t'en tout de ce pas
　　Haranguer les sœurs Filandieres.
Mes Enfans trouveront assez d'autres repas.
　　Il tint parole; et pour ma Fable
Voici le sens moral qui peut y convenir.
La jeunesse se flate, et croit tout obtenir :
　　La vieillesse est impitoïable.

FABLE VI.

LE CERF MALADE.

En païs plein de Cerfs un Cerf tomba malade,
　　　Incontinent maint Camarade
　　Accourt à son grabat le voir, le secourir.
　　Le consoler du moins; Multitude importune
　　Eh! messieurs, laissez-moi mourir:
　　Permettez qu'en forme commune
La parque m'expedie, et finissez vos pleurs.
　　Point du tout : Les Consolateurs
De ce triste devoir tout au long s'acquitterent :
　　Quand il plut à Dieu s'en allerent.
　　Ce ne fut pas sans boire un coup,

C'est-à-dire sans prendre un droit de pâturage.
Tout se mit à brouter les bois du voisinage.
La pitance du Cerf en déchut de beaucoup.
    Il ne trouva plus rien à frire :
    D'un mal il tomba dans un pire,
    Et se vid reduit à la fin
    A jeûner et mourir de faim.

    Il en coûte à qui vous reclame,
    Medecins du corps et de l'ame!
    O temps! ô mœurs! j'ai beau crier,
    Tout le monde se fait païer.

FABLE VII.

LA CHAUVE-SOURIS, LE BUISSON, ET LE CANARD.

Le Buisson, le Canard et la Chauve-Souris
    Voïant tous trois qu'en leur païs
    Ils faisoient petite fortune, [mune.
Vont trafiquer au loin, et font bourse com-
Ils avoient des Comptoirs, des Facteurs, des Agens,
    Non moins soigneux qu'intelligens,
Des Registres exacts de mise et de recette.
    Tout alloit bien, quand leur emplette,
    En passant par certains endroits
    Remplis d'écueils, et forts étroits,
    Et de Trajet tres-difficile,
Alla tout embalée au fond des magasins,
    Qui du Tartare sont voisins.
Nôtre Trio poussa maint regret inutile;
    Ou plûtôt il n'en poussa point.
Le plus petit Marchand est sçavant sur ce poinct;
Pour sauver son credit il faut cacher sa perte.

Celle que par malheur nos gens avoient soufferte
Ne put se reparer : le cas fut découvert.
Les voilà sans credit, sans argent, sans ressource,
    Prêts à porter le bonnet vert.
    Aucun ne leur ouvrit sa bourse,
Et le sort principal, et les gros interêts,
    Et les sergens, et les procez,
    Et le creancier à la porte
    Dés devant la pointe du jour,
N'occupoient le Trio qu'à chercher maint détour,
    Pour contenter cette cohorte.
Le Buisson accrochoit les passans à tous coups ;
Messieurs, leur disoit-il, de grace apprenez-nous
    En quels lieux sont les marchandises
    Que certains gouffres nous ont prises.
Le plongeon sous les eaux s'en alloit les chercher.
L'Oiseau Chauve-Souris n'osoit plus approcher
    Pendant le jour nulle demeure ;
    Suivi de Sergens à toute heure
    En des trous il s'alloit cacher.
Je connois maint detteur, qui n'est ni Souris-Chauve,
Ni Buisson, ni Canard, ni dans tel cas tombé,
Mais simple grand Seigneur, qui tous les jours se sauve
    Par un escalier dérobé.

FABLE VIII.

LA QUERELLE DES CHIENS ET DES CHATS, ET CELLE DES CHATS ET DES SOURIS.

La Discorde a toujours regné dans l'Univers;
Nôtre monde en fournit mille exemples
    divers :   [taire[1].
Chez nous cette Déesse a plus d'un Tribu-

---

1. LA QUERELLE DES CHATS, ET DES CHIENS ; ET CELLE
DES CHATS ET DES SOURIS.

    La Discorde aux yeux de travers.

Commençons par les Elemens ;
Vous serez étonnez de voir qu'à tous momens
Ils seront appointez contraire[1].
Outre ces quatre potentats,
Combien d'êtres de tous états
Se font une guerre éternèlle?
Autrefois un logis plein de Chiens et de Chats,
Par cent Arrêts rendus en forme solemnelle,
Vit terminer tous leurs débats.
Le Maître aïant reglé leurs emplois, leur Repas,
Et menacé du foüet quiconque auroit querelle,
Ces animaux vivoient entr'eux comme cousins ;
Cette[2] union si douce, et presque fraternelle,
Edifioit tous les voisins.
Enfin elle cessa. Quelque plat[3] de potage,
Quelque os par préférence à quelqu'un d'eux donné,
Fit que l'autre parti s'en vint[4] tout forcené
Representer un tel outrage.
J'ai vû des croniqueurs attribuer le cas
Aux passe-droits qu'avoit une chienne en gésine ;
Quoi-qu'il en soit, cet altercas
Mit en combustion la salle et la cuisine ;
Chacun se déclara pour son Chat, pour son Chien.
On fit un Reglement dont les Chats se plaignirent,
Et tout le quartier étourdirent.
Leur Avocat disoit qu'il faloit bel et bien
Recourir aux Arrêts. En vain ils les chercherent
Dans un coin où d'abord leurs Agens les cacherent[5],

  Reine du monde sublunaire,
  Rit de voir que nôtre Univers
  Est devenu son tributaire.

    (*Les Œuvres postumes.*)

1. Vous trouverez qu'à tous momens
  Ils sont en appointé contraire.

    (*Les Œuvres postumes.*)

2. *Une*, dans *Les Œuvres postumes.*
3. *Plus*, dans *Les Œuvres postumes.*
4. *S'en vient*, dans *Les Œuvres postumes.*
5. Car en certain cabas où leurs gens les cacherent,
    (*Les Œuvres postumes.*)

Les Souris enfin les mangerent.
Autre procés nouveau. Le peuple Souriquois
En pâtit. Maint vieux Chat, fin, subtil et narquois,
Et d'ailleurs en voulant à toute cette race,
      Les guetta, les prit, fit main basse.
Le Maître du Logis ne s'en trouva que mieux.
J'en reviens à mon dire. On ne void sous les Cieux
Nul animal, nul être, aucune Creature,
Qui n'ait son opposé : c'est la loi de Nature.
D'en[1] chercher la raison, ce sont soins superflus.
Dieu fit bien ce qu'il fit, et je n'en sçai pas plus.
      Ce que je sçais[2], c'est qu'aux grosses paroles
On en vient sur un rien plus des trois quarts du temps.
Humains, il vous faudroit encore à soixante ans
      Renvoïer chez les Barbacoles.

FABLE IX.

LE LOUP ET LE RENARD.

D'où vient que personne en la vie
N'est satisfait de son état ?
Tel voudroit bien être Soldat
A qui le Soldat porte envie.

Certain Renard voulut, dit-on,
Se faire Loup. Hé qui peut dire
Que pour le métier de Mouton
Jamais aucun Loup ne soupire ?

Ce qui m'étonne est qu'à huit ans
Un Prince en Fable ait mis la chose,
Pendant que sous mes cheveux blancs

1. *En,* dans *Les Œuvres postumes.*
2. *Ce que j'ai toûjours veu,* dans *Les Œuvres postumes.*

Je fabrique à force de temps
Des Vers moins sensez que sa Prose.

Les traits dans sa Fable semez
Ne sont en l'Ouvrage du Poëte
Ni tous, ni si bien exprimez.
Sa loüange en est plus complete.

De la chanter sur la Muzette,
C'est mon talent; mais je m'attens
Que mon Heros dans peu de tems
Me fera prendre la trompette.

Je ne suis pas un grand Prophete,
Cependant je lis dans les Cieux
Que bientôt ses faits glorieux
Demanderont plusieurs Homeres;
Et ce tems-ci n'en produit gueres.
Laissant à part tous ces mysteres;
Essaïons de conter la Fable avec succez.

Le Renard dit au Loup : Nôtre cher, pour tous mets,
J'ai souvent un vieux Coq, ou de maigres Poulets;
C'est une viande qui me lasse.
Tu fais meilleure chere avec moins de hazard.
J'approche des maisons, tu te tiens à l'écart.
Apprens-moi ton métier, Camarade, de grâce :
Rens-moi le premier de ma race
Qui fournisse son croc de quelque Mouton gras,
Tu ne me mettras point au nombre des ingrats.
Je le veux, dit le Loup : Il m'est mort un mien frere;
Allons prendre sa peau, tu t'en revêtiras.
Il vint, et le Loup dit : Voici comme il faut faire
Si tu veux écarter les Mâtins du Troupeau.
Le Renard aïant mis la peau
Repetoit les leçons que lui donnoit son maître.
D'abord il s'y prit mal, puis un peu mieux, puis bien,
Puis enfin il n'y manqua rien.

A peine il fut instruit autant qu'il pouvoit l'être
Qu'un Troupeau s'approcha. Le nouveau Loup y court,
Et répand la terreur dans les lieux d'alentour.
   Tel vêtu des armes d'Achille
Patrocle mit l'alarme au Camp et dans la Ville :
Meres, Brus et Vieillards au Temple couroient tous.
L'ost au Peuple bêlant crut voir cinquante Loups :
Chien, Berger et Troupeau, tout fuit vers le Village,
Et laisse seulement une Brebis pour gage.
Le larron s'en saisit. A quelque pas de là
Il entendit chanter un Coq du voisinage.
Le Disciple aussi-tôt droit au Coq s'en alla,
   Jetant bas sa robe de classe,
Oubliant les Brebis, les leçons, le Regent,
   Et courant d'un pas diligent.
   Que sert-il qu'on se contrefasse?
Pretendre ainsi changer, est une illusion :
   L'on reprend sa premiere trace
   A la premiere occasion.

  De vôtre esprit, que nul autre n'égale,
Prince, ma Muse tient tout entier ce projet.
   Vous m'avez donné le sujet,
   Le dialogue et la morale.

FABLE X.

L'ECREVISSE ET SA FILLE.

Les Sages quelquefois, ainsi que l'Ecrevisse,
Marchent à reculons, tournent le dos au
   port.
C'est l'art des Matelots : C'est aussi l'artifice
De ceux qui pour couvrir quelque puissant effort
Envisagent un poinct directement contraire,
Et font vers ce lieu-là courir leur adversaire.

Mon sujet est petit, cet accessoire est grand.
Je pourrois l'appliquer à certain Conquerant
Qui tout seul déconcerte une Ligue à cent têtes.
Ce qu'il n'entreprend pas, et ce qu'il entreprend
N'est d'abord qu'un secret, puis devient des conquêtes.
En vain l'on a les yeux sur ce qu'il veut cacher,
Ce sont arrêts du sort qu'on ne peut empêcher,
Le torrent à la fin devient insurmontable.
Cent Dieux sont impuissans contre un seul Jupiter.
LOUIS et le destin me semblent de concert
Entraîner l'Univers. Venons à nôtre Fable.
Mere Ecrevisse un jour à sa Fille disoit :
Comme tu vas, bon Dieu ! ne peux tu marcher droit ?
Et comme vous allez vous-même ! dit la Fille.
Puis-je autrement marcher que ne fait ma famille ?
Veut on que j'aille droit quand on y va tortu ?
            Elle avoit raison ; la vertu
            De tout exemple domestique
            Est universelle, et s'applique
En bien, en mal, en tout ; fait des sages, des sots ;
Beaucoup plus de ceux-ci. Quant à tourner le dos
A son but ; j'y reviens, la methode en est bonne,
            Sur tout au metier de Bellone :
            Mais il faut le faire à propos.

FABLE XI.

L'AIGLE ET LA PIE.

L'Aigle Reine des airs, avec Margot la Pie,
    Differentes d'humeur, de langage, et d'esprit,
            Et d'habit,
        Traversoient un bout de prairie.
Le hazard les assemble en un coin détourné.
L'Agasse eut peur ; mais l'Aigle aïant fort bien dîné,
La rassure, et lui dit, Allons de compagnie.
Si le Maître des Dieux assez souvent s'ennuie,

Lui qui gouverne l'Univers,
J'en puis bien faire autant, moi qu'on sçait qui le sers.
Entretenez-moi donc, et sans ceremonie.
Caquet bon-bec alors de jaser au plus drû :
Sur ceci, sur cela, sur tout. L'homme d'Horace
Disant le bien, le mal a travers champ [1], n'eût sçû
Ce qu'en fait de babil y sçavoit nôtre Agasse.
Elle offre d'avertir de tout ce qui se passe,
        Sautant, allant de place en place,
Bon espion, Dieu sçait. Son offre aiant déplu,
        L'Aigle lui dit tout en colere;
        Ne quittez point vôtre sejour,
Caquet bon-bec ma mie : adieu, je n'ai que faire
        D'une babillarde à ma Cour;
        C'est un fort méchant caractere.
        Margot ne demandoit pas mieux.
Ce n'est pas ce qu'on croit, que d'entrer chez les Dieux;
Cet honneur a souvent de mortelles angoisses.
Rediseurs, Espions, gens à l'air gracieux,
Au cœur tout different, s'y rendent odieux;
Quoi qu'ainsi que la Pie il faille dans ces lieux
        Porter habit de deux paroisses.

FABLE XII.

LE MILAN, LE ROI, ET LE CHASSEUR.

A SON ALTESSE SERENISSIME
MONSEIGNEUR LE PRINCE DE CONTI[2].

omme les Dieux sont bons, ils veulent que
        les Rois
Le soient aussi : c'est l'indulgence
Qui fait le plus beau de leurs droits,

---

1. ....*Dicenda, tacenda locutus* (Epist. lib. I, VII, 72).
2. Dans *Les Œuvres postumes*, cette fable est intitulée :
LE ROY, LE MILAN, ET LE CHASSEUR.

Non les douceurs de la vengeance.
Prince c'est vôtre avis. On sçait que le courroux
S'éteint en vôtre cœur si tôt qu'on l'y void naître.
Achille qui du sien ne put se rendre maître
     Fut par là moins Heros que vous.
Ce titre n'appartient qu'à ceux d'entre les hommes
Qui comme en l'âge d'or font cent biens ici bas [1],
Peu de Grands sont nez tels en cet âge où nous sommes.
L'Univers leur sçait gré du mal qu'ils ne font pas.
     Loin que vous suiviez ces exemples,
Mille actes genereux vous promettent des Temples.
Apollon Citoïen de ces Augustes lieux
Pretend y celebrer vôtre nom sur sa Lire [2],
Je sçais qu'on vous attend dans le Palais des Dieux :
Un siecle de sejour doit ici vous suffire [3].
Hymen veut sejourner tout un siecle chez vous.
     Puissent ses [4] plaisirs les plus doux
     Vous composer des destinées
     Par ce temps à peine bornées !
Et la Princesse et vous n'en méritez pas moins;
     J'en prens ses charmes pour témoins :
     Pour témoins j'en prens les merveilles
Par qui le Ciel pour vous prodigue en ses presens,
De qualitez qui n'ont qu'en vous seuls leurs pareilles,
     Voulut orner vos [5] jeunes ans.
Bourbon de son esprit ces graces assaisonne [6].

1.   Ce titre n'appartient qu'aux bienfaicteurs des hommes
     L'Age d'Or en fit voir quelques-uns icy bas.
          (*Les Œuvres postumes.*)

2.   Ils devroient de bonté nous donner plus d'exemples,
     Car la valeur chez eux s'acquiert assez de Temples.
     Vous avez l'un et l'àure, et ces dons precieux
     Font qu'il n'est point d'honneurs où vôtre cœur n'aspire;
          (*Les Œuvres postumes.*)

3.   Un siecle de sejour icy vous doit suffire,
          (*Les Œuvres postumes.*)

4. *Les,* dans *Les Œuvres postumes.*
5. *Ses,* dans *Les Œuvres postumes.*
6.   BOURBON d'un rare esprit ses graces assaisonne.
          (*Les Œuvres postumes.*)

Le Ciel joignit en sa personne
Ce qui sçait se faire estimer
A ce qui sçait se faire aimer.
Il ne m'appartient pas d'étaler vôtre joie.
Je me tais donc, et vais rimer [1]
Ce que fit un Oiseau de proie [2].

Un Milan de son nid antique possesseur,
Etant pris vif par un Chasseur,
D'en faire au Prince un don cet homme se propose.
La rareté du fait donnoit prix à la chose.
L'Oiseau par le Chasseur humblement presenté,
Si ce conte n'est apocriphe,
Va tout droit imprimer sa griffe
Sur le nez de sa Majesté.
Quoi sur le nez du Roi? Du Roi même en personne.
Il n'avoit donc alors ni Sceptre ni Couronne?

1.   Ce qui sçait la faire estimer
        A ce qui sçait la faire aimer,
  Il ne m'appartient pas de dire vôtre joye :
        Je m'en tais donc, et vais rimer.
                (*Les Œuvres postumes.*)

2. On trouve ici, dans *Les Œuvres postumes*, le morceau
suivant :

Je change un peu la chose. Un peu? J'y change tout ;
La Critique en cela me va pousser à bout;
      Car c'est une étrange femelle.
Rien ne nous sert d'entrer en raison avec elle.
Elle va m'alleguer que tout fait est sacré,
Je n'en disconviens pas, et me sçay pourtant gré
D'alterer celui-cy, c'est à cette licence
      Que je dois l'acte de clemence,
Par qui je donne aux Rois des leçons de bonté ;
      Tous ne ressemblent pas au nostre.
      Le monde est un Marchand mêlé,
      L'on y voit de l'un, et de l'autre.
      Icy bas le beau ni le bon
Ne sont estimez tels, que par comparaison.
      LOUIS seul est incomparable,
Je ne lui donne point un éloge affecté,
L'on sçait que j'ay toûjours entremêlé la Fable
      De quelque trait de vérité.
Revenons à l'Oyseau, le fait est memorable,

Quand il en auroit eu, ç'auroit été tout un.
Le nez Roïal fut pris comme un nez du commun.
Dire des Courtisans les clameurs et la peine,
Seroit se consumer en efforts impuissans.
Le Roi n'éclata point ; les cris sont indécens
      A la Majesté Souveraine.
L'Oiseau garda son poste. On ne put seulement
      Hâter son départ d'un moment.
Son Maître le rappelle, et crie, et se tourmente,
Lui presente le leurre et le poing, mais en vain[1].
      On crut que jusqu'au lendemain
Le[2] maudit animal à la serre insolente
      Nicheroit là malgré le bruit,
Et sur le nez sacré voudroit passer la nuit.
Tâcher de l'en tirer irritoit son caprice.
Il quitte enfin le Roi, qui dit, Laissez aller
Ce Milan, et celui qui m'a crû régaler.
Ils se sont acquittez tous deux de leur office,
L'un en Milan, et l'autre en Citoïen des bois,
Pour moi qui sçais comment doivent agir les Rois,
      Je les affranchis du supplice.
Et la Cour d'admirer. Les Courtisans ravis
Elevent de tels faits par eux si mal suivis[3].
Bien peu, même des Rois, prendroient un tel modelle ;
      Et le Veneur l'échapa belle,
Coupable seulement, tant lui que l'animal,
D'ignorer le danger d'approcher trop du[4] Maître.
      Ils n'avoient appris à connoître
Que les hôtes des bois : étoit-ce un si grand mal ?

---

1.   Chacun s'empresse, et tous en vain.
              (*Les Œuvres postumes.*)

2. *Ce,* dans *Les Œuvres postumes.*

3.   Et la Cour d'admirer, et Courtisans ravis
      D'admirer de tels traits, par eux si mal suivis.
             (*Les Œuvres postumes.*)

4. *Le,* dans *Les Œuvres postumes.*

Pilpay fait pres du Gange arriver l'Avanture [1].
    Là nulle humaine Creature
Ne touche aux Animaux pour leur sang épancher.
Le Roi même feroit scrupule d'y toucher.
Sçavons-nous, disent-ils, si cet Oiseau de proie
    N'étoit point au siége de Troie?
Peut-être y tint-il lieu d'un Prince ou d'un Heros [2]
    Des plus hupez et des plus hauts.
Ce qu'il fut autrefois il pourra l'être encore.
    Nous croïons aprés Pythagòre,
Qu'avec les Animaux de forme nous changeons,
    Tantôt Milans, tantôt Pigeons,
    Tantôt Humains, puis [3] Volatilles,
    Aïant dans les airs leurs familles.

    Comme l'on conte en deux façons
L'accident du Chasseur, voici l'autre maniere.
Un certain Fauconnier aïant pris, ce dit-on,
A la Chasse un Milan (ce qui n'arrive guere)
    En voulut au Roi faire un don,
    Comme de chose singuliere.
Ce cas n'arrive pas quelquefois en cent ans.
C'est le *Non plus ultra* de la Fauconnerie.
Ce Chasseur perce donc un gros de Courtisans,
Plein de zele, échaufé, s'il le fut de sa vie.
    Par ce parangon des presens
    Il croïoit sa fortune faite,
    Quand l'Animal porte-sonnette,
    Sauvage encore et tout grossier,
    Avec ses ongles tout d'acier
Prend le nez du Chasseur, hape le pauvre sire [4] :

1.   Si je craignois quelque censure
    Je citerois Pilpay touchant cette avanture,
    Ses recits en ont l'air : il me seroit aisé
    De la tirer d'un lieu par le Gange arrosé.

2. *De Prince ou de Heros*, dans *Les Œuvres postumes*.

3. *Qui*, dans *Les Œuvres postumes*.

4. Lorsque sur ce Chasseur l'animal se rejette,

Lui de crier, chacun de rire,
Monarque et Courtisans. Qui n'eût ri? Quant à moi
Je n'en eusse quitté ma part pour un Empire.
  Qu'un Pape rie, en bonne foi
Je ne l'ose assurer ; mais je tiendrois un Roi
  Bien malheureux s'il n'osoit rire.
C'est le plaisir des Dieux. Malgré son noir sourci
Jupiter, et le Peuple Immortel rit aussi.
Il en fit des éclats, à ce que dit l'Histoire,
Quand Vulcain clopinant lui vint donner à boire.
Que le Peuple Immortel se montrât sage ou non [1],
J'ai changé mon sujet avec juste raison ;
  Car puisqu'il s'agit de Morale,
Que nous eût du Chasseur l'avanture fatale
Enseigné de nouveau? l'on a vû de tout tems
Plus de sots Fauconniers, que de Rois indulgens.

FABLE XIII.

LE RENARD, LES MOUCHES, ET LE HERISSON.

Aux traces de son sang, un vieux hôte des [bois,
Renard fin, subtil, et matois
Blessé par des Chasseurs, et tombé dans la [fange,
Autrefois attira ce Parasite aîlé

  Et de ses ongles tout d'acier,
  Sauvage encore et tout grossier,
  Hape le nez du pauvre Sire.
    (*Les Œuvres postumes.*)

f. C'est le plaisir des Dieux. Jupiter rit aussi,
Bien qu'Homere en ses vers lui donne un noir soucy;
  Ce Poëte assure en son Histoire,
Qu'un Ris inextinguible en l'Olimpe éclata,
  Petit ni grand n'y resista,
Quand Vulcain clopinant s'en vint verser à boire.
Que le peuple immortel fust assez grave ou non,
    (*Les Œuvres postumes.*)

Que nous avons Mouche appellé,
Il accusoit les Dieux, et trouvoit fort étrange
Que le sort à tel poinct le voulût affliger,
 Et le fist aux Mouches manger.
Quoi! se jetter sur moi, sur moi le plus habile
 De tous les Hôtes des Forêts?
Depuis quand les Renards sont-ils un si bon mets?
Et que me sert ma queuë; est-ce un poids inutile?
Va, le Ciel te confonde, animal importun;
 Que ne vis-tu sur le commun!
 Un Herisson du voisinage,
 Dans mes Vers nouveau personnage,
Voulut le délivrer de l'importunité
 Du Peuple plein d'avidité.
Je les vais de mes dards enfiler par centaines,
Voisin Renard, dit-il, et terminer tes peines.
Garde-t'en bien, dit l'autre; ami ne le fais pas :
Laisse-les, je te prie, achever leur repas.
Ces animaux sont saouls; une troupe nouvelle
Viendroit fondre sur moi, plus âpre et plus cruelle.
Nous ne trouvons que trop de mangeurs ici-bas :
Ceux-ci sont Courtisans, ceux-là sont Magistrats.
Aristote appliquoit cet Apologue aux Hommes[1].
 Les exemples en sont communs,
 Sur tout au païs où nous sommes.
Plus telles gens sont pleins moins ils sont importuns[2].

---

1. *Rhétorique*, II, 20.
2. M. Walckenaër a publié un *fac-simile* de la première rédaction de cette fable, en regard de la page 328 de l'*Histoire de la vie et des ouvrages de J. de La Fontaine.* — Paris, Nepveu, 1820, 8°. Voici ce texte :

LE RENARD ET LES MOUCHES.
 Un Renard tombé dans la fange,
 Et de mouches presque mangé,
 Trouvoit Jupiter fort étrange
De soufrir qu'à ce poinct le sort l'eust outragé.
 Un hérisson du voisinage,
 Dans mes vers nouveau personnage,

FABLE XIV.

L'AMOUR ET LA FOLIE.

Tout est mystere dans l'Amour, [son Enfance.
Ses Fléches, son Carquois, son Flambeau,
            Ce n'est pas l'ouvrage d'un jour,
            Que d'épuiser cette Science.
Je ne pretends donc point tout expliquer ici.
Mon but est seulement de dire à ma maniere
            Comment l'Aveugle que voici
(C'est un Dieu) comment, dis-je, il perdit la lumiere :
Quelle suite eut ce mal, qui peut-être est un bien ;
J'en fais Juge un Amant, et ne décide rien.

La Folie et l'Amour joüoient un jour ensemble.
Celui-ci n'étoit pas encor privé des yeux.
Une dispute vint : l'Amour veut qu'on assemble
            Là dessus le Conseil des Dieûx.
            L'autre n'eut pas la patience.
Elle lui donne un coup si furieux
            Qu'il en perd la clarté des Cieux.
            Venus en demande vengeance.
Femme et mere il suffit pour juger de ses cris :
            Les Dieux en furent étourdis ;

Voulut le delivrer de l'importun éxaim.
Le Renard ayma mieux les garder et fut sage.
            Vois tu pas, dit il, que la faim
Va rendre une autre troupe encor plus importune ?
Celle cy desja soule aura moins d'aspreté.
Trouver à cette fable une moralité
            Me semble chose assez commune.
            On peut sans grand effort d'esprit
            En appliquer l'exemple aux hommes.
Que de mouches void on dans le siecle où nous sommes !
Cette fable est d'Esope ; Aristote le dit.

Et Jupiter, et Némesis,
Et les Juges d'Enfer, enfin toute la bande.
Elle representa l'énormité du cas.
Son fils sans un bâton ne pouvoit faire un pas.
Nulle peine n'étoit pour ce crime assez grande.
Le dommage devoit être aussi réparé.
   Quand on eut bien consideré
L'interêt du Public, celui de la Partie,
Le Resultat enfin de la suprême Cour
   Fut de condamner la Folie
   A servir de guide à l'Amour.

FABLE XV.

LE CORBEAU, LA GAZELLE, LA TORTUE, ET LE RAT[1].

A MADAME DE LA SABLIERE.

Je vous gardois un Temple dans mes Vers:
Il n'eût fini qu'avecque l'Univers.
Déja ma main en fondoit la durée
Sur ce bel art qu'ont les Dieux inventé,
Et sur le nom de la Divinité
Que dans ce Temple on auroit adorée.
Sur le portail j'aurois ces mots écrits :
PALAIS SACRÉ DE LA DEESSE IRIS
Non celle-là qu'a Junon à ses gages;
Car Junon même, et le Maître des Dieux
Serviroient l'autre, et seroient glorieux

1. Dans les *Ouvrages de prose et de poësie,* le titre de cette fable est : *Le Rat, le Corbeau, la Gazelle et la Tortue.*

Du seul honneur de porter ses messages.
L'Apotheose à la voûte eût paru.
Là tout l'Olimpe en pompe eût été vû
Plaçant Iris sous un Dais de lumiere.
Les murs auroient amplement contenu
Toute sa vie, agreable matiere ;
Mais peu feconde en ces évenemens
Qui des Etats font les renversemens.
Au fond du Temple eût été son image,
Avec ses traits, son soûris, ses appas,
Son art de plaire et de n'y penser pas,
Ses agrémens à qui tout rend hommage.
J'aurois fait voir à ses pieds des mortels,
Et des Heros, des demi-Dieux encore ;
Même des Dieux ; ce que le Monde adore
Vient quelquefois parfumer ses Autels.
J'eusse en ses yeux fait briller de son ame
Tous les tresors, quoi qu'imparfaitement :
Car ce cœur vif et tendre infiniment,
Pour ses amis et non point autrement ;
Car cet esprit qui né du Firmament
A beauté d'homme avec graces de femme
Ne se peut pas comme on veut exprimer.
O vous, Iris, qui sçavez tout charmer,
Qui sçavez plaire en un degré suprême,
Vous que l'on aime à l'égal de soi-même,
(Ceci soit dit sans nul soupçon d'amour,
Car c'est un mot banni de vôtre Cour ;
Laissons-le donc) agréez que ma Muse
Acheve un jour cette ébauche confuse.
J'en ai placé l'idée et le projet,
Pour plus de grace, au-devant d'un sujet
Où l'amitié donne de telles marques,
Et d'un tel prix, que leur simple recit
Peut quelque-temps amuser vôtre esprit.
Non que ceci se passe entre Monarques :
Ce que chez vous nous voïons estimer
N'est pas un Roi qui ne sçait point aimer ;

C'est un Mortel qui sçait mettre sa vie
Pour son ami. J'en vois peu de si bons.
Quatre animaux vivans de compagnie
Vont aux humains en donner des leçons.

La Gazelle, le Rat, le Corbeau, la Tortuë,
Vivoient ensemble unis; douce société.
Le choix d'une demeure aux humains inconnuë
    Assuroit leur felicité.
Mais quoi, l'homme découvre enfin toutes retraites.
    Soïez au milieu des deserts,
    Au fond des eaux, au haut des airs,
Vous n'éviterez point ses embûches secretes.
La Gazelle s'alloit ébatre innocemment,
    Quand un chien, maudit instrument
    Du plaisir barbare des hommes,
Vint sur l'herbe éventer les traces de ses pas.
Elle fuit, et le Rat à l'heure du repas
Dit aux amis restans, D'où vient que nous ne sommes
    Aujourd'hui que trois conviez?
La Gazelle déja nous a-t-elle oubliez?
    A ces paroles la Tortue
    S'écrie, et dit, Ah! si j'étois
    Comme un Corbeau d'aîles pourvûë,
    Tout de ce pas je m'en irois
    Apprendre au moins quelle contrée,
    Quel accident tient arrêtée
    Nôtre compagne au pied leger;
Car à l'égard du cœur il en faut mieux juger.
    Le Corbeau part à tire d'aîle.
    Il apperçoit de loin l'imprudente Gazelle
    Prise au piege et se tourmentant.
Il retourne avertir les autres à l'instant.
Car de lui demander quand, pourquoi, ni comment,
    Ce malheur est tombé sur elle,
Et perdre en vains discours cet [1] utile moment,

1. *Maint*, dans les *Ouvrages de prose et de poësie.*

Comme eût fait un Maître d'Ecole[1];
Il avoit trop de jugement.
Le Corbeau donc vole et revole.
Sur son rapport les trois amis
Tiennent conseil. Deux sont d'avis
De se transporter sans remise
Aux lieux où la Gazelle est prise.
L'autre, dit le Corbeau, gardera le logis.
Avec son marcher lent [2], quand arriveroit-elle?
      Aprés la mort de la Gazelle.
Ces mots à peine dits, ils s'en vont secourir
      Leur chere et fidele Compagne,
      Pauvre Chevrette de montagne.
      La Tortuë y voulut courir.
      La voilà comme eux en campagne,
Maudissant ses pieds courts avec juste raison,
Et la necessité de porter sa maison.
Rongemaille (le Rat eut à bon droit ce nom)
Coupe les nœuds du lacs : on peut penser la joie.
Le Chasseur vient, et dit : Qui m'a ravi ma proie?
Rongemaille à ces mots se retire en un trou,
Le Corbeau sur un arbre, en un bois la Gazelle :
      Et le Chasseur à demi fou
      De n'en avoir nulle nouvelle,
Apperçoit la Tortuë, et retient son courroux.
      D'où vient, dit-il, que je m'effraie?
Je veux qu'à mon souper celle-ci me défraie[3].
Il la mit dans son sac. Elle eût paié pour tous,
Si le Corbeau n'en eût averti la Chevrette. ·
      Celle-ci quittant sa retraite,

1. Voyez ci-dessus, pages 58 et 265, 266.
2. *Avecque sa lenteur,* dans les *Ouvrages de prose et de poësie.*

3.   Apperçoit la Tortuë; il dit, consolons nous :
     Nous souperons malgré que Jupiter en aye.
     Je prétens qu'aujourd'huy celle-cy me défraye.
          (Ouvrages de prose et de poësie.)

Contrefait la boiteuse et vient se presenter.
    L'Homme de suivre, et de jetter
Tout ce qui lui pesoit; si bien que Rongemaille
Autour des nœuds du sac tant opere et travaille,
    Qu'il délivre encor l'autre sœur,
Sur qui s'étoit fondé le soupé du Chasseur.

Pilpay conte qu'ainsi la chose s'est passée.
Pour peu que je voulusse invoquer Apollon,
J'en ferois pour vous plaire un Ouvrage aussi long
    Que l'Iliade ou l'Odyssée.
Rongemaille feroit le principal Heros,
Quoi-qu'à vray dire icy chacun soit necessaire.
Portemaison l'Infante y tient de tels propos
    Que Monsieur du Corbeau va faire
Office d'Espion, et puis de Messager.
La Gazelle a d'ailleurs l'adresse d'engager
Le Chasseur à donner du temps à Rongemaille.
    Ainsi chacun en son endroit
    S'entremet, agit et travaille.
A qui donner le prix? Au cœur, si l'on m'en croit *.

---

1. On lit ici dans les *Ouvrages de prose et de poësie* les dix vers suivants :

    Que n'ose et que ne peut l'amitié violente!
    Cet autre sentiment que l'on appelle Amour
    Merite moins d'honneurs; cependant chaque jour
        Je le celebre, et je le chante.
    Helas! il n'en rend pas mon ame plus contente :
    Vous protegez sa sœur, il suffit, et mes vers
    Vont s'engager pour elle à des tons tout divers.
    Mon maître étoit l'Amour j'en vais servir un autre,
        Et porter par tout l'Univers
        Sa gloire aussi bien que la vôtre.

FABLE XVI.

LA FOREST ET LE BUCHERON.

Un Bucheron venoit de rompre ou d'égarer
Le bois dont il avoit emmanché sa coignée.
Cette perte ne put si-tôt se reparer   [gnée.
Que la Forest n'en fût quelque-tems épar-
L'Homme enfin la prie humblement
De lui laisser tout doucement
Emporter une unique branche,
Afin de faire un autre manche.
Il iroit emploïer ailleurs son gagne pain :
Il laisseroit debout maint Chêne et maint Sapin
Dont chacun respectoit la vieillesse et les charmes.
L'innocente Forest lui fournit d'autres armes.
Elle en eut du regret. Il emmanche son fer.
        Le miserable ne s'en sert
        Qu'à dépoüiller sa bien-faitrice
        De ses principaux ornemens.
        Elle gémit à tous momens :
        Son propre don fait son supplice.

Voila le train du Mondě, et de ses Sectateurs.
On s'y sert du bienfait contre les bienfaiteurs.
Je suis las d'en parler : mais que de doux ombrages
        Soient exposez à ces outrages,
        Qui ne se plaindroit là-dessus !
Helas ! j'ai beau crier, et me rendre incommode ;
        L'ingratitude et les abus
        N'en seront pas moins à la mode.

FABLE XVII.

LE RENARD, LE LOUP,
ET LE CHEVAL.

Un Renard jeune encor, quoique des plus
    madrez,
  Vid le premier Cheval qu'il eût vû de sa vie.
  Il dit à certain Loup, franc novice, Accourez:
  Un Animal paît dans nos prez,
Beau, grand; j'en ai la veuë encor toute ravie.
Est-il plus fort que nous? dit le Loup en riant :
  Fais-moi son Portrait, je te prie.
Si j'étois quelque Peintre, ou quelque Etudiant,
Repartit le Renard, j'avancerois la joie
   Que vous aurez en le voïant.
Mais venez : Que sçait-on? peut-être est-ce une proie
   Que la Fortune nous envoie.
Ils vont; et le Cheval qu'à l'herbe on avoit mis,
Assez peu curieux de semblables amis,
Fut presque sur le point d'enfiler la venelle.
Seigneur, dit le Renard, vos humbles serviteurs
Apprendroient volontiers comment on vous appelle.
Le Cheval qui n'étoit dépourvû de cervelle,
Leur dit : Lisez mon nom, vous le pouvez, Messieurs;
Mon Cordonnier l'a mis autour de ma semelle.
Le Renard s'excusa sur son peu de sçavoir.
Mes parents, reprit-il, ne m'ont point fait instruire.
Ils sont pauvres, et n'ont qu'un trou pour tout avoir.
Ceux du Loup, gros Messieurs, l'ont fait apprendre
   Le Loup par ce discours flaté [à lire.
   S'approcha; mais sa vanité
Lui coûta quatre dents : le Cheval luy desserre

Un coup; et haut le pied. Voilà mon Loup par terre,
　　　Mal en point, sanglant et gâté.
Frere, dit le Renard, ceci nous justifie
　　　Ce que m'ont dit des gens d'esprit :
Cet animal vous a sur la machoire écrit
Que de tout inconnu le Sage se méfie.

FABLE XVIII.

LE RENARD ET LES POULETS D'INDE.

ontre les assauts d'un Renard
Un arbre à des Dindons servoit de citadelle.
Le perfide aïant fait tout le tour du rempart,
　　　Et vû chacun en sentinelle,
S'écria : Quoi ces gens se mocqueront de moi !
Eux seuls seront exemts de la commune loi !
Non, par tous les Dieux, non. Il accomplit son dire.
La Lune alors luisant sembloit contre le Sire
Vouloir favoriser la Dindonniere gent.
Lui qui n'étoit novice au métier d'assiégeant
Eut recours à son sac de ruses scelerates :
Feignit vouloir gravir, se guinda sur ses pattes,
Puis contrefit le mort, puis le ressuscité.
　　　Harlequin n'eût executé
　　　Tant de differens personnages
Il élevoit sa queuë, il la faisoit briller,
　　　Et cent mille autres badinages,
Pendant quoi nul Dindon n'eût osé sommeiller.
L'ennemi les lassoit, en leur tenant la vûë
　　　Sur même objet toûjours tenduë.
Les pauvres gens étant à la longue éblouïs,
Toûjours il en tomboit quelqu'un ; autant de pris ;
Autant de mis à part : prés de moitié succombe.
Le Compagnon les porte en son garde-manger.
Le trop d'attention qu'on a pour le danger
　　　Fait le plus souvent qu'on y tombe.

FABLE XIX.

LE SINGE.

Il est un Singe dans Paris
A qui l'on avoit donné femme.
Singe en effet d'aucuns maris,
Il la battoit : La pauvre Dame
En a tant soupiré qu'enfin elle n'est plus.
Leur fils se plaint d'étrange sorte ;
Il éclate en cris superflus :
Le pere en rit ; sa femme est morte.
Il a déjà d'autres amours
Que l'on croit qu'il battra toûjours.
Il hante la Taverne, et souvent il s'enyvre.
N'attendez rien de bon du Peuple imitateur,
Qu'il soit Singe, ou qu'il fasse un Livre.
La pire espece c'est l'Auteur.

FABLE XX.

LE PHILOSOPHE SCITHE.

Un Philosophe austere, et né dans la Scithie,
Se proposant de suivre une plus douce vie,
Voïagea chez les Grecs, et vid en certains
        lieux
Un Sage assez semblable au vieillard de Virgile ;
Homme égalant les Rois, homme approchant des Dieux.
Et comme ces derniers satisfait et tranquille.
Son bonheur consistoit aux beautez d'un Jardin.

Le Scithe l'y trouva, qui la serpe à la main,
De ses Arbres à fruit retranchoit l'inutile,
Ebranchoit, émondoit; ôtoit ceci, cela,
    Corrigeant par tout la Nature,
Excessive à païer ses soins avec usure.
    Le Scithe alors lui demanda :
Pourquoi cette ruine? Etoit-il d'homme sage
De mutiler ainsi ces pauvres habitans?
Quittez-moi vôtre serpe, instrument de dommage.
    Laissez agir la faux du temps :
Ils iront assez-tôt[1] border le noir rivage.
J'ôte le superflu, dit l'autre; et l'abatant
    Le reste en profite d'autant.
Le Scithe retourné dans sa triste demeure, [heure;
Prend la serpe à son tour, coupe et taille à toute
Conseille à ses voisins, prescrit à ses amis
    Un universel abatis.
Il ôte de chez luy les branches les plus belles,
Il tronque son Verger contre toute raison,
    Sans observer temps ni saison,
    Lunes ni vieilles ni nouvelles.
Tout languit et tout meurt. Ce Scithe exprime bien
    Un indiscret Stoïcien.
    Celui-ci retranche de l'ame
Desirs et passions, le bon et le mauvais,
    Jusqu'aux plus innocens souhaits.
Contre de telles gens, quant à moi je reclame.
Ils ôtent à nos cœurs le principal ressort.
Ils font cesser de vivre avant que l'on soit mort.

---

1. Ainsi dans les *Ouvrages de prose et de poësie;* l'édition
de 1694 donne *aussi-tôt,* qui semble une moins bonne
leçon.

FABLE XXI.

L'ELEPHANT ET LE SINGE
DE JUPITER.

Autrefois l'Elephant et le Rinoceros
   En dispute du pas et des droits de l'Empire,
   Voulurent terminer la querelle en champ clos.
   Le jour en étoit pris, quand quelqu'un vint
     Que le Singe de Jupiter   [leur dire
Portant un Caducée, avoit paru dans l'air.
Ce Singe avoit nom Gille, à ce que dit l'Histoire.
     Aussi-tôt l'Elephant de croire
     Qu'en qualité d'Ambassadeur
     Il venoit trouver sa Grandeur.
     Tout fier de ce sujet de gloire,
Il attend Maître Gille, et le trouve un peu lent
     A lui presenter sa créance.
     Maître Gille enfin en passant
     Va saluër son Excellence.
L'autre étoit préparé sur la légation ;
     Mais pas un mot : l'attention
Qu'il croïoit que les Dieux eussent à sa querelle
N'agitoit pas encor chez eux cette nouvelle.
     Qu'importe à ceux du Firmament
     Qu'on soit Mouche ou bien Elephant?
Il se vid donc reduit à commencer lui-même.
Mon cousin Jupiter, dit-il, verra dans peu
Un assez beau combat de son Thrône suprême.
     Toute sa Cour verra beau jeu.
Quel combat? dit le Singe avec un front severe.
L'Elephant repartit : Quoi vous ne sçavez pas
Que le Rinoceros me dispute le pas?
Qu'Elephantide a guerre avecque Rinocere?

Vous connoissez ces lieux, ils ont quelque renom.
Vraiment je suis ravi d'en apprendre le nom,
Repartit Maître Gille ; on ne s'entretient guere
De semblables sujets dans nos vastes Lambris.
          L'Elephant honteux et surpris
Lui dit, Et parmi nous que venez-vous donc faire?
Partager un brin d'herbe entre quelques Fourmis.
Nous avons soin de tout : Et quant à vôtre affaire,
On n'en dit rien encor dans le conseil des Dieux.
Les petits et les grands sont égaux à leurs yeux.

FABLE XXII.

UN FOU ET UN SAGE.

Certain Fou poursuivoit à coups de pierre
          un Sage.
Le Sage se retourne, et lui dit, Mon ami,
C'est fort bien fait à toi ; reçois cet écu-ci :
Tu fatigues assez pour gagner davantage.
Toute peine, dit-on, est digne de loïer.
Voi cet homme qui passe, il a dequoi païer :
Adresse-lui tes dons, ils auront leur salaire.
Amorcé par le gain, nôtre Fou s'en va faire
          Même insulte à l'autre Bourgeois.
On ne le païa pas en argent cette fois.
Maint Estafier accourt : on vous happe nôtre homme,
          On vous l'échine, on vous l'assomme.

     Auprés des Rois il est de pareils fous.
     A vos dépens ils font rire le Maître.
     Pour reprimer leur babil, irez-vous
     Les maltraiter? vous n'etes pas peut-être
     Assez puissant. Il faut les engager
     A s'addresser à qui peut se vanger.

FABLE XXIII.

LE RENARD ANGLOIS.

A MADAME HERVAY.

Le bon cœur est chez vous compagnon du
    bon sens.
    Avec cent qualitez trop longues à déduire,
    Une noblesse d'ame, un talent pour conduire
    Et les affaires et les gens.
Une humeur franche et libre, et le don d'être amie
Malgré Jupiter même, et les temps orageux.
Tout cela meritoit un éloge pompeux ;
Il en eût été moins selon vôtre genie ;
La pompe vous déplaît, l'éloge vous ennuie :
J'ai donc fait celui-ci court et simple. Je veux
    Y coudre encore un mot ou deux
    En faveur de vôtre Patrie :
Vous l'aimez. Les Anglois pensent profondément,
Leur esprit en cela suit leur tamperamment.
Creusant dans les sujets, et forts d'experiences,
Ils étendent par tout l'empire des Sciences.
Je ne dis point ceci pour vous faire ma Cour.
Vos gens à penetrer l'emportent sur les autres :
    Même les Chiens de leur séjour
    Ont meilleur nez que n'ont les nôtres.
Vos Renards sont plus fins. Je m'en vais le prouver
    Par un d'eux qui pour se sauver
    Mit en usage un stratagême
Non encore pratiqué ; des mieux imaginez.
Le scelerat réduit en un peril extrême,
Et presque mis à bout par ces Chiens au bon nez,
    Passa prés d'un patibulaire.

Là des animaux ravissans,
Blereaux, Renards, Hiboux, race encline à mal-faire,
Pour l'exemple pendus instruisoient les passans.
Leur confrere aux abois entre ces morts s'arrange.
Je crois voir Annibal qui pressé des Romains
Met leurs Chefs en défaut, ou leur donne le change,
Et sçait en vieux Renard s'échaper de leurs mains.
Les Clefs de Meute parvenuës
A l'endroit où pour mort le traître se pendit,
Remplirent l'air de cris : leur maître les rompit,
Bien que de leurs abois ils perçassent les nuës.
Il ne put soupçonner ce tour assez plaisant.
Quelque Terrier, dit-il, a sauvé mon galant.
Mes Chiens n'appellent point au delà des colonnes
      Où sont tant d'honnêtes personnes.
Il y viendra, le drôle. Il y vint, à son dam.
      Voilà maint Basset clabaudant;
Voilà nôtre Renard au charnier se guindant,
Maître pendu croyoit qu'il en iroit de même
Que le jour qu'il tendit de semblables panneaux;
Mais le pauvret ce coup y laissa ses houzeaux;
Tant il est vrai qu'il faut changer de stratagême.
Le Chasseur, pour trouver sa propre sûreté,
N'auroit pas cependant un tel tour inventé;
Non point par peu d'esprit : est-il quelqu'un qui nie
Que tout Anglois n'en ait bonne provision?
      Mais le peu d'amour pour la vie
      Leur nuit en mainte occasion.

      Je reviens à vous non pour dire
      D'autres traits sur votre sujet;
      Tout long éloge est un projet[1]
      Trop abondant[2] pour ma Lire.
      Peu de nos chants, peu de nos Vers

---

1. Nous prenons ce vers dans les *Ouvrages de prose et de poësie;* il manque dans l'édition de 1694.
2. *Peu favorable,* dans les *Ouvrages de prose et de poësie.*

Par un encens flatteur amusent l'Univers,
Et se font écouter des Nations étranges :
    Vôtre Prince vous dit un jour,
    Qu'il aimoit mieux un trait d'amour
    Que quatre pages de loüanges.
Agréez seulement le don que je vous fais
    Des derniers efforts de ma Muse :
    C'est peu de chose ; elle est confuse
    De ces Ouvrages imparfaits.
    Cependant ne pourriez-vous faire
    Que le même hommage pût plaire
A celle qui remplit vos climats d'habitans
    Tirez de l'Isle de Cythere ?
    Vous voïez par là que j'entens
Mazarin des Amours Déesse tutelaire.

FABLE XXIV.

DAPHNIS ET ALCIMADURE.

Imitation de Theocrite.

A MADAME DE LA MESANGERE.

Aimable fille d'une mere
  A qui seule aujourdhui mille cœurs font la
    cour,   [vous plaire,
  Sans ceux que l'amitié rend soigneux de
Et quelques-uns encor que vous garde l'amour.
    Je ne puis qu'en cette Preface
    Je ne partage entre elle et vous
Un peu de cet encens qu'on recueille au Parnasse,
Et que j'ai le secret de rendre exquis et doux.
    Je vous dirai donc... Mais tout dire,
    Ce seroit trop ; il faut choisir,

Ménageant ma voix et ma Lire,
Qui bien-tôt vont manquer de force et de loisir.
Je loûrai seulement un cœur plein de tendresse,
Ces nobles sentimens, ces graces, cet esprit ;
Vous n'auriez en cela ni Maître, ni Maîtresse,
Sans celle dont sur vous l'éloge rejallit.
  Gardez d'environner ces roses
  De trop d'épines, si jamais
  L'Amour vous dit les mêmes choses,
  Il les dit mieux que je ne fais.
Aussi sçait-il punir ceux qui ferment l'oreille
  A ses conseils : Vous l'allez voir.

  Jadis une jeune merveille
Méprisoit de ce Dieu le souverain pouvoir ;
  On l'appelloit Alcimadure,
Fier et farouche objet, toûjours courant aux bois,
Toûjours sautant aux prez, dansant sur la verdure,
  Et ne connoissant autres loix
Que son caprice ; au reste égalant les plus belles,
  Et surpassant les plus cruelles ;
N'aïant trait qui ne plût, pas même en ses rigueurs ;
Quelle l'eût-on trouvée au fort de ses faveurs ?
Le jeune et beau Daphnis, Berger de noble race,
L'aima pour son malheur : jamais la moindre grace,
Ni le moindre regard, le moindre mot enfin,
Ne lui fut accordé par ce cœur inhumain.
Las de continuer une poursuite vaine,
  Il ne songea plus qu'à mourir ;
  Le desespoir le fit courir
  A la porte de l'Inhumaine.
Helas ! ce fut aux vents qu'il raconta sa peine ;
  On ne daigna lui faire ouvrir
Cette maison fatale, où parmi ses Compagnes
L'Ingrate, pour le jour de sa nativité,
  Joignoit aux fleurs de sa beauté
Les tresors des jardins et des vertes campagnes :
J'esperois, cria-t-il, expirer à vos yeux,

Mais je vous suis trop odieux,
Et ne m'étonne pas qu'ainsi que tout le reste
Vous me refusiez même un plaisir si funeste.
Mon pere aprés ma mort, et je l'en ai chargé,
  Doit mettre à vos pieds l'heritage
  Que vôtre cœur a negligé.
Je veux que l'on y joigne aussi le pâturage,
  Tous mes troupeaux, avec mon chien,
  Et que du reste de mon bien
  Mes Compagnons fondent un Temple,
  Où vôtre image se contemple,
Renouvellans de fleurs l'Autel à tout moment;
J'aurai pres de ce Temple un simple monument;
  On gravera sur la bordure :
Daphnis mourut d'amour; Passant arrête-toi :
Pleure, et di: Celui-ci succomba sous la loi
  De la cruelle Alcimadure.
A ces mots par la Parque il se sentit atteint ;
Il auroit poursuivi, la douleur le prévint :
Son Ingrate sortit triomphante et parée.
On voulut, mais en vain, l'arrêter un moment,
Pour donner quelques pleurs au sort de son Amant.
Elle insulta toûjours au fils de Cytherée,
Menant dés ce soir même, au mépris de ses Loix,
Ses Compagnes danser autour de sa Statuë;
Le Dieu tomba sur elle, et l'accabla du poids;
  Une voix sortit de la nuë;
Echo redit ces mots dans les airs épandus :
Que tout aime à present, l'Insensible n'est plus.
Cependant de Daphnis l'Ombre au Styx descenduë
Fremit, et s'étonna la voïant accourir.
Tout l'Erebe entendit cette Belle homicide
S'excuser au Berger qui ne daigna l'ouïr,
Non plus qu'Ajax Ulysse, et Didon son perfide.

———

FABLE XXV.

LE JUGE ARBITRE, L'HOSPITALIER,
ET LE SOLITAIRE.

Trois Saints également jaloux de leur salut,
Portez d'un même esprit, tendoient à même
        but.   [diverses¹.
Ils s'y prirent tous trois par des routes
Tous chemins vont à Rome : ainsi nos Concurrens
Crurent pouvoir choisir des sentiers differens.
L'un touché des soucis, des longueurs, des traverses
Qu'en appanage on void aux Procés attachez,
S'offrit de les juger sans récompense aucune,
Peu soigneux d'établir ici-bas sa fortune.
Depuis qu'il est des Loix, l'Homme pour ses pechez²
Se condamne à plaider la moitié de sa vie.
La moitié? les trois quarts, et bien souvent le tout.
Le conciliateur crut qu'il viendroit à bout
De guérir cette folle et détestable envie³.
Le second de nos Saints choisit les Hôpitaux.
Je le louë; et le soin de soulager ces⁴ maux
Est une charité que je prefere aux autres.
Les Malades d'alors étant tels que les nôtres,
Donnoient de l'exercice au pauvre Hospitalier;

---

1. Ils suivirent pourtant des routes bien diverses.
        (*Recueil de vers choisis* et *Œuvres postumes.*

2. Au lieu des trois vers qui précèdent, on lit le suivant
dans le *Recueil de vers choisis* et *Les Œuvres postumes* :
        Se fit Arbitre né. L'homme pour ses pechez

3. *Cette aveugle et perverse manie*, dans le *Recueil de vers
choisis* et *Les Œuvres postumes.*
4. *Les*, dans *Les Œuvres postumes.*

Chagrins, impatiens, et se plaignant sans cesse[1] :
Il a pour tels et tels un soin particulier ;
   Ce sont ses amis ; il nous laisse.
Ces plaintes[2] n'étoient rien au prix de l'embarras
Où se trouva réduit l'Appointeur de[3] débats.
Aucun n'étoit content ; la Sentence arbitrale
   A nul des deux ne convenoit :
   Jamais le Juge ne tenoit
   A leur gré la balance égale[4].
De semblables discours rebutoient l'Appointeur.
Il court aux Hôpitaux, va voir leur[5] Directeur.
Tous deux ne recueillant que plainte et que murmure,
Affligez, et contraints de quitter ces emplois,
Vont confier leur peine au silence des bois[6].
Là sous d'âpres rochers, prés d'une source pure,
Lieu respecté des vents, ignoré du Soleil,
Ils trouvent l'autre Saint, lui demandent conseil.
Il faut, dit leur ami, le prendre de soi-même[7].
   Qui mieux que vous sçait vos besoins ?
Apprendre à se connoître est le premier des soins
Qu'impose à tous mortels la Majesté[8] Suprême.
Vous étes-vous connus dans le monde habité ?

---

1. On lit ici dans Les Œuvres postumes :
    On les entendoit s'écrier

2. Propos, dans Les Œuvres postumes.

3. Des dans Les Œuvres postumes.

4. On lit dans le Recueil de vers choisis et Les Œuvres postumes au lieu de ces quatre derniers vers :

    Nul ne lui sçavoit gré ; l'Arbitrale Sentence
    Toûjours selon leur compte, inclinoit la balance.

5. Le, dans le Recueil de vers choisis et Les Œuvres postumes.

6. On lit dans le Recueil de vers choisis et Les Œuvres postumes, au lieu de ces deux vers :

    Pour ne point retomber dans ce qu'ils ont souffert
    Cherchènt à s'établir dans le fond d'un Desert.

7. Mes Amis, leur dit-il, demandez-le à vous-même.
    (Recueil de vers choisis et Œuvres postumes.)

8. Puissance, dans le Recueil de vers choisis et Les Œuvres postumes.

L'on ne le peut qu'aux lieux pleins de tranquillité :
Chercher ailleurs ce bien, est une erreur extrême.
      Troublez l'eau ; vous y voyez-vous?
Agitez celle-ci. Comment nous verrions-nous ;
      La vase est un épais nuage
Qu'aux effets du cristal nous venons d'opposer.
Mes Freres, dit le Saint, laissez la reposer ;
      Vous verrez alors vôtre image.
Pour vous mieux contempler demeurez au desert[1].
      Ainsi parla le Solitaire.
Il fut crû, l'on suivit ce conseil salutaire.
Ce n'est pas qu'un emploi ne doive être souffert.
Puisqu'on plaide et qu'on meurt, et qu'on devient
Il faut des Medecins, il faut des Avocats.   [malade,
Ces secours, grace à Dieu, ne nous manqueront pas ;
Les honneurs et le gain, tout me le persuade.
Cependant on s'oublie en ces communs besoins[2].
O vous dont le Public emporte tous les soins,
      Magistrats, Princes, et Ministres,
Vous que doivent troubler mille accidens sinistres,
Que le malheur abbat, que le bonheur corrompt,
Vous ne vous voïez point, vous ne voïez personne.
Si quelque bon moment à ces pensers vous donne,
      Quelque flateur vous interrompt,
Cette leçon sera la fin de ces Ouvrages :
Puisse-t-elle être utile aux siecles à venir !
Je la presente aux Rois, je la propose aux Sages ;
      Par où sçaurois-je mieux finir?

1. *Habitez un lieu coy*, dans le *Recueil de vers choisis*.
    Pour mieux vous contenter habitez un lieu coy.
             (*Œuvres postumes.*)

2. On lit dans le *Recueil de vers choisis* et *Les Œuvres postumes*, au lieu de ces six derniers vers :

    Ce n'est pas que chacun doive fuir tout employ,
      Puis qu'on plaide et qu'on meurt, il faut qu'on se propose
      D'avoir des Appointeurs, et d'autres gens aussi
          On n'en manque pas, Dieu merci.
      L'ambition d'agir, et l'or sur toute chose,
      N'en font naître que trop pour les communs besoins.

APPENDICE[1].

LE SOLEIL ET LES GRENOUILLES.

IMITATION D'UNE FABLE LATINE[2].

Les Filles du limon tiroient du Roy des Astres
 Assistance et protection:
 Guerre ni pauvreté, ni semblables desastres
 Ne pouvoient approcher de cette Nation.
Elle faisoit valoir en cent lieux son empire.

---

1. Les deux fables qui suivent portent dans la plupart des éditions les numéros XXV et XXVI et précèdent *le Juge arbitre,* mais elles ne se trouvent pas dans le volume de 1694. La première a paru d'abord en 1693 dans le *Recueil de vers choisis* du P. Bouhours et, en 1696, dans *Les Œuvres posthumes,* la seconde, publiée dans le *Mercure galant,* en décembre 1692, a été réimprimée dans *Les Œuvres posthumes.*

Quant aux diverses fables attribuées à La Fontaine, nous en parlerons à la fin des *poësies diverses,* en même temps que des autres ouvrages dont il a été considéré comme l'auteur.

2. Cette fable, imitée de la pièce du P. Commire, intitulée *Sol et Ranæ,* est dirigée contre les Hollandais.

Les Reynes des étangs, grenoüilles veus je dire,
    (Car que coûte-t-il d'appeller
    Les choses par noms honorables?)
Contre leur bienfacteur [1] oserent cabaler,
    Et devinrent insupportables.
L'imprudence, l'orgueil, et l'oubli des bienfaits,
    Enfans de la bonne fortune,
Firent bien-tost crier cette troupe importune;
    On ne pouvoit dormir en paix.
        Si l'on eust crû leur murmure
        Elles auroient par leurs cris
        Soulevé grands et petits,
        Contre l'œil de la Nature.
Le Soleil, à leur dire, alloit tout consumer,
        Il falloit promptement s'armer,
        Et lever des troupes puissantes
        Aussi-tost qu'il faisoit un pas.
            Ambassades Croassantes
            Alloient dans tous les Etats.
            A les ouïr, tout le monde,
            Toute la machine ronde
            Rouloit sur les interests
            De quatre méchants marests.
            Cette plainte temeraire
            Dure toûjours; et pourtant
            Grenoüilles devroient [2] se taire,
            Et ne murmurer pas tant.
            Car si le Soleil se pique,
            Il le leur fera sentir.
            La Republique aquatique
            Pourroit bien s'en repentir.

1. *Bienfaicteur*, dans *Les Œuvres postumes.*
2. *Doivent* dans *Les Œuvres postumes.*

LA LIGUE DES RATS.

Une Souris craignoit un Chat,
 Qui dés long-temps la guettoit au passage.
 Que faire en cet état? Elle, prudente et sage,
 Consulte son Voisin; c'estoit un maistre Rat,
  Dont la rateuse Seigneurie
 S'estoit logée en bonne Hostellerie,
 Et qui cent fois s'étoit vanté, dit-on,
  De ne craindre de Chat ou[1] Chate,
  Ny coup de dent, ny coup de pate.
 Dame Souris, luy dit ce Fanfaron,
   Ma foy, quoy que je fasse
Seul je ne puis chasser le Chat qui vous menace,
 Mais assemblant tous les Rats d'alentour,
 Je luy pourray joüer d'un mauvais tour.
 La Souris fait une humble reverence,
  Et le Rat court en diligence
A l'Office, qu'on nomme autrement la Dépense,
  Où maints Rats assemblez
Faisoient aux frais de l'Hoste une entiere bombance.
  Il arrive les sens troublez,
  Et les poumons tout essouflez[2].
Qu'avez-vous donc, luy dit un de ces Rats? Parlez.
En deux mots, répond-il, ce qui fait mon voyage,
C'est qu'il faut promptement secourir la Souris,
  Car Raminagrobis
 Fait en tous lieux un etrange ravage[3].

---

1. *Ni*, dans *Les Œuvres postumes*.

2.   Et tous les poumons essouflez.
       (*Œuvres postumes.*)

3. *Carnage*, dans *Les Œuvres postumes*.

 La Fontaine. — I.   25

Ce Chat, le plus diable des Chats,
S'il manque de souris, voudra manger des Rats.
Chacun dit, il est vray. Sus, sus, courons aux armes.
Quelques Rates, dit-on, répandirent des larmes.
N'importe, rien n'arreste un si noble projet,
     Chacun se met en équipage ;
Chacun met dans son sac un morceau de fromage,
Chacun promet enfin de risquer le paquet.
     Ils alloient tous comme à la feste,
     L'esprit content, le cœur joyeux ;
     Cependant le Chat plus fin qu'eux,
   Tenoit déja la Souris par la teste.
     Il s'avancèrent à grands pas
     Pour secourir leur bonne Amie.
     Mais le Chat qui n'en démord pas
Gronde, et marche au devant de la troupe ennemie.
     A ce bruit, nos tres-prudens Rats
     Craignant mauvaise destinée,
Font, sans pousser plus loin leur prétendu fracas,
     Une retraite fortunée.
     Chaque Rat rentre dans son trou,
Et si quelqu'un en sort, gare encor le Matou.

TABLE DES MATIÈRES

DU TOME I.

TABLE DES FABLES PAR ORDRE ALPHABÉTIQUE.

A

B

C

M

O

P